Eso no estaba en mi libro del Barça

GERAI PUIG

Eso no estaba en mi libro del Barça

ALMUZARA

© GERAI PUIG, 2023
© EDITORIAL ALMUZARA, S.L., 2023

Primera edición: abril de 2023

EDITORIAL ALMUZARA • COLECCIÓN HISTORIA
Director editorial: ANTONIO CUESTA
Edición de PILAR PIMENTEL

www.editorialalmuzara.com
pedidos@almuzaralibros.com - info@almuzaralibros.com

Editorial Almuzara
Parque Logístico de Córdoba. Ctra. Palma del Río, km 4
C/8, Nave L2, nº 3. 14005, Córdoba

Imprime: Romanyà Valls
ISBN: 978-84-11316-47-7
Depósito Legal: CO-460-2023

Hecho e impreso en España - *Made and printed in Spain*

A Pilar, mi mujer, la prodigiosa asistente de mis mejores goles en el trepidante partido de la vida. Su tesón y coraje nos empujan siempre a la victoria.

Y a nuestra preciosa hija Sofía, quien me concedió el título más importante de mi palmarés: el de padre.

Índice

La previa

Antes de que suene el pitido inicial y de que el balón ruede sobre el verde, periodistas y aficionados debaten sobre lo que acontecerá en el partido. Se especula con las alineaciones, con las tácticas que asumirán los equipos para doblegar a su rival y se conjetura sobre si la estrella del momento brillará en el encuentro. Estas tertulias forman parte del encanto del ritual del fútbol y constituyen el prólogo, casi preceptivo, del verdadero acontecimiento: el partido.

La fascinante historia del Fútbol Club Barcelona merece una de esas previas entusiastas y reveladoras que nos sitúe antes de entrar en materia, en la que se hable sobre el origen del fútbol y su desembarque en la Ciudad Condal. Y es que, aunque parezca inconcebible, hubo una época en la que se vivía sin fútbol. Tiempos oscuros en los que el Barça aún ni siquiera se podía soñar. De modo que hablemos del deporte rey, pues sin él no existiría nuestro amado club.

Vayamos, pues, a la semilla de la génesis. Existen precedentes muy antiguos de juegos que se parecían al fútbol y que, en ocasiones, han sido considerados como sus predecesores; aunque su relación directa es más que cuestionable. Hablamos, por ejemplo, del juego de pelota practicado en Mesoamérica, el calcio florentino, y otros pasatiempos similares que se practicaron en el medievo europeo, como el *soule* normando, cuya única regla era la prohibición de asesinar al rival. En comparación, Ramos y Pepe parecerían dos hermanitas de la caridad.

Hay referencias pretéritas, algo más legendarias y sanguinarias, si cabe, que hablan sobre cómo los habitantes de las islas británicas celebraban sus victorias contra los romanos jugando con las cabezas cortadas de sus adversarios.

La similitud más evidente entre estos «deportes» y el fútbol es el uso de un «balón». Pero no es lo único que comparten, pues, cualquiera que fuera la naturaleza de estas prácticas, todas tenían un objetivo en común con el deporte rey, que es definido a la perfección por aquella vieja locución romana *panem et circenses*. O lo que es lo mismo: pan y circo. Pero lo cierto es que el fútbol ha logrado ir mucho más allá y ha adquirido una dimensión social, política y económica desorbitada y sin precedentes.

El fútbol, tal y como hoy en día lo conocemos, nació en 1863 en Londres, año en el que se institucionalizó la FA (Football Association) y se establecieron las primeras reglas del juego, que no han parado de evolucionar hasta el día de hoy. Con el transcurso de los años y, en especial, a partir de las primeras décadas del siglo XX, el fútbol se popularizó de tal forma que alcanzó hasta los rincones más inhóspitos y olvidados del planeta. Podéis estar seguros de que, si un día la humanidad coloniza otro planeta, una de las primeras cosas que se importarían sería un balón.

Y el primer balón de fútbol que llegó a Barcelona lo hizo, probablemente, bajo los brazos de un británico. La noticia más antigua que tenemos al respecto procede de un recorte de periódico que data de 1875, donde se habla de unos encuentros informales entre ingleses, ¡que jugaban en calzones!; algo inaceptable para la sociedad de la época.

En un primer momento, parece que el fútbol no fue bien recibido o, por lo menos, parte de la población lo veía como algo poco menos que pecaminoso y peligroso. Así rezaba parte de esa nota de prensa del periódico *Linterna de Gracia* del 14 de marzo de 1875:

«Desde hace algunos días han escogido unos ingleses para lugar de diversión un campo de la calle Aribau, frente al Hospital de S. Juan de Dios, donde con unas más que regulares pelotas juegan la mayor parte de las tardes. Hasta aquí nada hay de particular ni se acordaría seguramente nadie de ellos, si no atropellasen a los transeúntes que van tranquilamente a sus ocupaciones; pues hace poco dieron con la pelota en la cabeza de una criatura que iba con su madre, a quien dejaron casi sin sentido; y el martes pasado uno de los jugadores insultó, llegando a las manos, a un joven que presenciaba sus juegos, solo por estar cerca del montón de ropa que se habían quitado de encima, pues juegan en calzoncillos y mangas de camisa».

Ingleses, herejes y exhibicionistas. El fútbol no empezó con buen pie, pero estaba destinado a inundar nuestras vidas, y eso ya no se podía detener. Después de esa primera y breve alusión en prensa, habrá que esperar algunos años más para volver a encontrar registros de esos primeros encuentros.

Entre 1892 y 1893, aparecen noticias de varios partidos de exhibición jugados por socios del Real Club de Regatas y otros equipos, entre los que se encuentra el Barcelona Football Club, conjunto compuesto, principalmente, por jugadores británicos y asociado a la Iglesia Metodista de Barcelona, al que pertenecieron futbolistas que más tarde formaron parte del primer equipo del Barça.

Un año después, aparece una pequeña y curiosa reseña en el diario *La Dinastía*, que data del 2 de febrero de 1893 y que hace alusión a los colores que vestirían los jugadores del Real Club de Regatas y el equipo rival en un partido que iba a disputarse en los días siguientes. De azul, irían los primeros. De encarnado, los segundos. Fue un encuentro azulgrana. ¿Detalle casual o causal? No lo sabemos.

Al año siguiente, en 1894, encontramos referencias en algunos rotativos que mencionan algunos partidos disputados por la Sociedad de Foot-ball de Barcelona, traducción que realizó la prensa del nombre original, Barcelona Football Club. No sabemos exactamente de qué estatus gozaba este conjunto, puede que se refiera, simplemente, a un grupo de jóvenes, amigos o conocidos aficionados al fútbol que jugaban como divertimento bajo ese nombre, pero ya con un cierto grado de institucionalidad, pues habían otorgado la presidencia del equipo, de forma honorífica, al cónsul británico de la ciudad.

El fútbol avanzaba despacio pero firme en el inexorable camino de la conquista de la sociedad. En 1895, aparecen un par de noticias más, en prensa, relacionadas con algunos partidos del equipo de los ingleses contra la Asociación de Torelló. Desde entonces, no encontraremos más referencias a esta Sociedad de Foot-ball de Barcelona, hasta transcurridos unos años. Como veremos más adelante, y aunque el nombre pueda llevar a equívocos, este equipo, el Barcelona Foot-ball Club, no está considerado, de ningún modo, como un precedente del Fútbol Club Barcelona.

El Barcelona Foot-ball Club en 1895. Arriba a la izquierda, de pie, aparece Albert Serra Guixà, quien escribió la crónica del primer partido disputado por el Fútbol Club Barcelona.

Poco a poco, el fútbol fue calando en la sociedad de la época. Quedaba menos para que se convirtiera en el deporte rey. Aunque, en 1896, comienza a caer su popularidad y parece que entra en una pequeña crisis, ya que, como hemos visto, apenas encontramos registros y alusiones en prensa sobre partidos o equipos de fútbol durante un breve pero eterno periodo de tiempo. No obstante, como aquella planta que queda semienterrada por la nieve en invierno, pocos años después el fútbol rebrotó con más fuerza que nunca. En ese contexto, llegó Gamper a la ciudad. Y con él, como narraremos con más detalle en el siguiente capítulo, empezó todo. Nació el Fútbol Club Barcelona.

La irrupción del fútbol era ya imparable. Y, así, se fue integrando en las vidas de aquellos ciudadanos de principio de siglo, hasta su gran eclosión como fenómeno global de masas. En la actualidad, pocas son las personas sobre la faz de la Tierra que no sientan unos colores, que no tengan predilección por un equipo. Y es que el fútbol tiene ese *je ne sais quoi* cautivador que fascina y embauca al aficionado. Será porque se juega con los pies, porque es un deporte vistoso desde la grada, porque con 22 jugadores sobre el campo el resultado siempre es impredecible... No lo sabemos, pero el fútbol llegó para quedarse y regalarnos tardes de gloria y aflicción. Inyecciones de emoción, al fin y al cabo. Y en esta anodina vida necesitamos esa adrenalina que nos ofrece la incertidumbre del resultado, la genialidad del gol o el virtuosismo de una parada providencial del portero. Todo cambia, pero el fútbol prevalece.

Desde esos encuentros informales en campos tortuosos, hasta las últimas noches de gloria en el impecable tapete del Camp Nou han pasado más de 120 años e innumerables personas —célebres y anónimas—, como futbolistas, trabajadores, directivos o aficionados, que han aportado su grano de arena a la apasionante historia de nuestro club. Un club grande, que siempre ha formado parte de la aristocracia futbolística y ha deslumbrado al mundo entero por su juego. Gane o pierda. Porque el trofeo es el premio, pero la huella que deja el estilo de nuestro fútbol marca escuela y, como los grandes mitos, perdurará en la memoria colectiva por mucho, mucho tiempo.

1899-1921. Nace el club

CON GAMPER EMPEZÓ TODO

No podía imaginar el joven suizo que su afán por jugar al fútbol desembocaría en la fundación de uno de los clubes de fútbol más poderosos del mundo. Un club cuya elástica ha llegado hasta los rincones más recónditos del planeta. Un equipo que ha levantado una enorme pasión y admiración en millones de personas y que ha sabido despertar un amor sin mesura por los colores azulgranas, que une a los aficionados de todo el globo bajo el mismo clamor en cada gol.

Como ocurre en la mayoría de los grandes descubrimientos e inventos, el azar también jugó un papel determinante en el nacimiento del equipo. Pues Hans-Max Gamper Haessig, que vino a Barcelona a pasar solo una temporada, por caprichos del destino, acabó disfrutando en la ciudad del resto de su vida.

Barcelona era, en un principio, una parada más en su periplo, su primera escala antes de proseguir con el viaje que había planeado hacia la provincia de Fernando Poo en Guinea Ecuatorial —que por aquel entonces aún pertenecía a España—. Provenía de una familia acomodada y el motivo para viajar a tierras africanas era estudiar la viabilidad de un negocio de exportación de azúcar.

Pero al llegar se quedó prendado del dinamismo, del inconformismo y del encanto mediterráneo de esa ciudad de contrastes, hervidero de transformaciones sociales, culturales y económicas, que era la capital catalana en esos años del cambio de siglo. En un primer momento, se instaló en casa de un familiar suyo, Emil Gaissert. Pero pronto decidió que su estancia se alargaría y encontró trabajo como contable en la Compañía de Tranvías de Sarriá. Ocupación que compaginaba con labores periodísticas para secciones de deportes de rotativos helvéticos, una suerte de corresponsal de la época.

Desde pequeño, había demostrado ser un atleta total. Pues a su corta edad —tenía 21 años cuando llegó—, ya había practicado con éxito ciclismo, *rugby* y, por supuesto, fútbol. En Suiza era considerado como uno de los mejores jugadores de fútbol de la época, y ya había militado tanto en el Fútbol Club Basilea (Fussball Club Basel) como en el FC Excelsior. De hecho, durante su etapa en el Excelsior, Gamper desempeñó un papel capital en la fusión de este con otros dos clubes —el FC Viktoria y el FC Turicum—, de la que nacería el FC Zürich. De modo que, cuando llegó a Barcelona, ya venía con experiencia en esto de fundar clubes de fútbol.

Parecía poco probable que este joven con vocación de trotamundos se asentara en Barcelona de forma perenne. Pero Barcelona era una ciudad cosmopolita, y Gamper un tío abierto e intrépido, que, rápidamente, se sintió seducido por el vitalismo de la sociedad catalana. En poco tiempo, estableció contacto tanto con extranjeros como él —pertenecientes a las importantes colonias de ingleses, suizos y franceses afincados en la ciudad en aquel entonces— como con oriundos del lugar. Transcurridos solo unos días ya estaba jugando al fútbol y pronto quiso dar un paso más allá.

Junto a su nuevo amigo, y futuro primer presidente del Barça, Walter Wild, llamó a la puerta del Gimnasio Tolosa. Habían oído que allí se estaba creando un equipo de fútbol: el Català FC. El cotarro lo dirigía Jaume Vila —profesor de gimnasia y gran amante del deporte—, quien cometió el craso error de no aceptar a los suizos, alegando que eran «extranjeros». Se ha de tener en cuenta que, en esa época, este vocablo servía tanto para definir a un forastero como a un no católico, como en el caso de los helvéticos, que eran protestantes. Y parece ser que, en este caso, fue el motivo religioso el factor decisivo por el cual fueron rechazados, pues en el Català FC jugaban algunos escoceses, que, a pesar de proceder de fuera de nuestras fronteras, eran católicos.

¡Cuánto se arrepentiría el pobre Jaume Vila de esa decisión años más tarde! No solo por el potencial futbolístico que albergaban esos dos extranjeros —en especial Gamper—, sino porque esa exclusión fue la que motivó a Gamper a fundar su propio club. Un club que se convirtió en el máximo rival del equipo de Jaume Vila. Sí, el primer rival acérrimo que tuvimos en la ciudad no fue el RCD Espanyol, sino el Català FC, que, por cierto, también vestía de blanquiazul. Así que la rivalidad con estos colores ha sido perenne desde los primeros tiempos. Durante años existió una guerra dialéctica para establecer cuál de los dos equipos fue el verdadero decano del fútbol en Barcelona. Aunque este debate no está del todo claro, parece que, en principio, se zanjó a favor del Barça, ya que el FC Català no pudo presentar una documentación fundacional que corroborara una mayor antigüedad.

Tras el rechazo de Vila, Gamper decidió llamar a otra puerta, que se abrió de par en par. La del Gimnasio Solé, ubicado en la calle Montjuic del Carmen, que también era sede del diario *Los Deportes*. Allí le recibieron, con los brazos abiertos, el señor Solé, propietario del gimnasio, y Narciso Masferrer Sala, quien no solo se encargó de difundir en su periódico la famosa nota de prensa con la que los suizos trataron de reclutar futbolistas, sino que impulsó y acompañó a Gamper en su cometido. Si bien, el señor Masferrer no tomó parte oficial de la creación formal del club, sí estuvo presente en aquella mítica reunión fundacional y ayudó, en gran medida, a cobijar y difundir las intenciones de su amigo Gamper, lo que facilitó que este lograra su objetivo. Incluso llegó a ser vicepresidente del club años más tarde.

Es un destacado personaje en la historia del club que —por motivos que escapan al objetivo de este libro y que, sin duda, darían para un caluroso debate— ha caído en un injusto olvido para la mayoría de los aficionados, mientras que unos pocos le han tratado de atribuir logros no merecidos.

Pero Masferrer no solo parece haber quedado un poco apartado de la historia del Barça, sino de la historia del deporte en general. Fue un infatigable divulgador deportivo y director de varios periódicos, como el actual *Mundo Deportivo*. Pero, sobre todo, fue un tenaz promotor de la actividad física, que luchó contra la apatía que, en general, despertaba en la población del momento este tipo de prácticas. Destacó, también, en la ardua tarea de institucionalizar el deporte y, entre otros muchos logros, fue presidente de la Federación Catalana de Fútbol.

Pero este capítulo va de Gamper y de la fundación del Barça, así que volvamos al redil. Nuestro protagonista, como ya hemos comentado, valiéndose del amplio megáfono mediático que disponía su amigo Masferrer, publicó la famosa nota de prensa del 22 de octubre de 1899 en el diario *Los Deportes*, en la que hacía un llamamiento a quienes tuvieran el deseo de formar equipo. Veámosla:

NOTAS DE SPORT

Nuestro amigo y compañero Mr. Kans Kamper, de la Sección de Foot-Vall de la «Sociedad Los Deportes» y antiguo campeón suizo, deseoso de poder organizar algunos partidos en Barcelona, ruega á cuantos sientan aficiones por el referido deporte se sirvan ponerse en relación con el, dignándose al efecto pasar por esta redacción los martes y viernes por la noche de 9 á 11.

Nota de prensa diario *Los Deportes*, 22 de octubre de 1899.

Después de esta primera llamada, habrá una segunda nota de prensa el 19 de noviembre —en la que ya aparece Walter Wild—, que explica que la creación del equipo ya está muy avanzada y habla de un primer partido entre dos *teams*. Pero sabemos muy poco sobre este encuentro. Esta confusión, sumada al hecho de que aún no se había oficializado la fundación del club, explica por qué nunca ha sido contabilizado como el primer partido.

Y así, al fin, llegó el gran día. Anoten esta fecha: 29 de noviembre de 1899. En aquel momento empezó todo. Con una reunión en el Gimnasio Solé, se constituyó el Football Club Barcelona. Y así lo reflejaron, días más tarde, *La Vanguardia* y *Los Deportes*. Los apóstoles azulgranas fueron Gamper, Walter Wild, Otto Maier, Lluís d'Ossó, Bartomeu Terrades, Carles Pujol, Josep Llobet, Pere Cabot, Enrique Ducay, Otto Kunzle y los hermanos John y William Parsons.

Página extraída del libro de actas del Fútbol Club Barcelona. Se muestran los nombres de los miembros que conformaron la primera junta. 29 de noviembre de 1899.

Aunque, al igual que ocurre en los Evangelios, la fundación no está exenta de controversia. La primera noticia que tenemos de los nombres de «los padres fundadores» la hizo pública —quién si no— Narciso Masferrer en 1924. Habían pasado 25 años y podía ser que la memoria le hubiera fallado. Y es que los hermanos Parsons —sobre el papel fundadores del club— participaron en el primer partido del Barça recién fundado, pero con un pequeño contrasentido: eran, en realidad, jugadores del equipo rival. La posible confusión tiene una explicación que ampliaremos más adelante, pero, en principio, se hace difícil pensar que participaran en la fundación de un club mientras militaban en otro.

Es conveniente añadir que, si bien el Barça había quedado fundado esa noche del 29 de noviembre de 1899, no fue oficialmente inscrito en el Registro de Asociaciones del Gobierno Civil de Barcelona hasta el 29 de diciembre de 1902. Aunque la ley marcaba que así debía ser, poco les importaba este hecho a las autoridades, pues otros clubs, como el FC Català, tampoco acostumbraban a registrarse —de hecho, este club nunca llegó a hacerlo—. Pero Jesucristo tampoco registró el cristianismo y damos por hecho que con él nació esta religión, así que no será este libro el que discuta la fecha fundacional del Fútbol Club Barcelona.

Poco más de una semana después de su fundación, el 8 de diciembre de 1899, el club ya tenía agendado su primer *match* oficial, que le enfrentó al fugaz Team Inglés, un combinado de jugadores de la colonia inglesa de Barcelona. Seguro que muchos de nosotros pagaríamos una fortuna para asistir a ese primer encuentro, pero la realidad es que el público fue escaso.

Allí estaban seis españoles, tres suizos y un alemán. Parece el inicio de un chiste, y sí, habéis calculado bien, falta uno para completar el once. Pero no me he descontado; en total sumaban solo diez jugadores. El capitán Gamper no pudo reunir a más. Este grupo variopinto estaba compuesto por un instructor de gimnasia, un universitario que llegaría a ser catedrático, el dueño de una imprenta, un representante farmacéutico y, bajo palos, un marqués. ¡Ah!, y no hay que olvidar a Schilling, el único alemán de aquel encuentro, quien jugó ese día su primer y único partido con el Barça. ¡Ahora nos sorprende ver a Ibrahimović jugar con 41 tacos!, ¡pues nuestro Schilling tenía 47!

El partido se disputó en el Velódromo de la Bonanova y los ingleses nos ganaron por 0 a 1. Empezamos mal. Pero, en vísperas de Navidad de ese mismo año, nos resarcimos venciendo al FC Català por 3 a 1. Imaginamos que en ese partido Gamper jugaría especialmente motivado por el rechazo que había sufrido, y, de hecho, anotó el primer doblete del club.

Gamper, antes de ese primer partido oficial, ya había negociado la fusión con el equipo rival: los rescoldos de la Sociedad de Foot-ball de Barcelona, conocida ahora también como Team Inglés. Pero ni el nombre ni el hecho de que la mayoría de sus miembros pasaran a formar parte del Fútbol Club Barcelona de Gamper deben hacernos pensar que ese club, fundado en 1893, sea un precedente claro del Barça, ni debemos, por tanto, adelantar varios años la fundación real de nuestro club. Solo fue una simple fusión que tuvo lugar muy poco tiempo después de la fundación del Barça.

Así pues, bajo la batuta de Gamper, ambos equipos se fundieron en uno el 13 de diciembre de 1899. Aunque el FCB lo hizo desde una posición dominante, pues la directiva se mantuvo intacta. Wild seguía siendo presidente, y del Team Inglés solo los hermanos Parsons entraron a formar parte de la junta directiva: uno como vicepresidente y el otro como segundo capitán. He aquí la posible confusión que sufrió Masferrer al recordar a los fundadores, pues no hay que olvidar que entre la fundación del Barça y su fusión con el Team Inglés solamente transcurrieron 16 días. Aunque cabe la posibilidad de que los hermanos Parsons sí que estuvieran implicados de algún modo en la primigenia constitución del club y presentes, por tanto, en la primera reunión fundacional, a pesar de que por cualquier circunstancia participaran en el primer partido documentado del naciente Barça con el equipo rival, el Team Inglés, conjunto al que habían pertenecido hasta entonces.

Hans Gamper un año antes de llegar a Barcelona. [Fuente: Lyon-deporte, CC BY-SA 4.0, via Wikimedia Commons].

De este modo, Gamper aseguró la viabilidad del club y asentó las bases para el triunfo, que le permitieron alcanzar las más altas cotas futbolísticas. Hasta el día de hoy, seguimos disfrutando de este gran legado que nos dejó. Dotado de una mente calculadora y un gran instinto, siempre fue un paso por delante de los acontecimientos. Es por ello que decidió asociarse con los ingleses y así asegurar la continuidad del equipo. Factor clave de su éxito fue concebir la organización del club de forma similar al funcionamiento de una empresa: mandos jerárquicos, división de funciones y hasta el establecimiento de una cuota por socio de dos pesetas. Un organigrama rudimentario, pero acorde al tamaño de ese equipo que aún iba en pañales.

Su figura fuera del campo jamás ha sido ensombrecida, porque simplemente no ha habido nadie tan brillante como Gamper. Él fue el padre de la criatura y, como tal, no dudó en ostentar la presidencia del club hasta cinco veces. Y no con el objetivo de vanagloriarse y colgarse medallas, no. Asumió la presidencia en los momentos más delicados, cuando pintaban bastos para el Barça. Y con su genio fue capaz de revertir la situación y reflotar el siempre inestable barco del Fútbol Club Barcelona.

Hasta aquí hemos hablado de su aportación fuera del terreno de juego. Pero ¿y el Gamper futbolista? La verdad es que no tenemos muchas referencias sobre este aspecto. Pero sí sabemos que colgó demasiado pronto las botas. Su última temporada como jugador fue la de 1903-04. Con tan solo 26 años dejó de jugar al fútbol de manera oficial. En sus cuatro años como futbolista defendió la camiseta azulgrana y ejerció de capitán. Como tal, alzó el primer trofeo del Barça: la Copa Macaya de la temporada 1901-02. Y dejó unos guarismos inalcanzables para todo *crack* de cualquier época: 123 goles en 54 partidos. Una media de más de dos goles por partido. Insuperable. Hasta hoy no ha sido igualada esta marca. Así que, aunque no dispongamos de material audiovisual para deleitarnos con sus *highlights*, sabemos que el suizo ha sido el más letal de los delanteros que han vestido la elástica azulgrana.

Nació como Hans Gamper y murió como Joan Gamper. Símbolo de su magnífica integración en la sociedad barcelonesa y del amor que profesaba por su tierra de adopción. Y es que, como es bien sabido, uno no es de donde nace, sino de donde pace. A algunos futbolistas les han dedicado canciones, a otros les han construido estatuas en su honor... Roza el delito que nuestro campo, el templo del fútbol azulgrana, no lleve su nombre. Porque con Gamper... con Gamper empezó todo.

EL PRESIDENTE OLVIDADO

Cuando hablamos de la fundación del Fútbol Club Barcelona a todos los culés nos viene un nombre a la cabeza: Gamper. Y sí, fue su principal instigador. Sin embargo, si nos preguntamos quién fue el primer presidente, la cosa se complica. Quizá algunos culés avezados en la historia del Barça sí lo sepan, pero la tendencia general es creer que el primer presidente fue el propio Gamper, y no fue así.

El primer presidente azulgrana fue alguien que nunca tuvo una calle con su nombre en la Ciudad Condal: Walter Gustav Wild, quien fue elegido por unanimidad en la famosa reunión fundacional del 29 de noviembre de 1899 en el Gimnasio Solé.

Se dice que Walter fue escogido como presidente por ser el más mayor de la asamblea. Pero eso no fue exactamente así. Los impulsores principales de la fundación del club habían sido Gamper y él, por lo que parecía lógico que uno de los dos ocupara ese cargo. Hans Gamper no podía ser legalmente presidente, pues en aquella época la mayoría de edad en España se alcanzaba a los 23 años, y Gamper tenía 22 recién cumplidos. De este modo, Walter, que contaba con 27 años, quedaba como la persona más indicada para asumir esa responsabilidad. Y, así, lo consideraron también los presentes, quienes decidieron por unanimidad que Wild se alzara como primer presidente del club.

Walter Gustav Wild fue primero en muchas cosas. Además de primer presidente, fue el primero que vistió de corto mientras ostentaba el cargo. Formó parte de la alineación del primer equipo azulgrana, encabezando así la escueta lista de tan solo seis personas que han logrado ser futbolistas y presidentes de la entidad. Además, nuestro olvidado presidente es el único y, por tanto, el primero que fue presidente antes que jugador.

En el verde, Walter Wild se desempeñó como defensa, y en alguna ocasión también jugó en la medular. Sabemos que en los partidos oficiales, los que correspondían a la fugaz y ya extinta Copa Macaya, jugaba en el medio del campo. Por desgracia, no han llegado a nuestros días relatos o crónicas deportivas de cómo era Walter como futbolista. Algo normal si tenemos en cuenta la escasa difusión del fútbol en la época y que, además, solo disputó diez partidos con la camiseta azulgrana. Pero su complexión, demarcación en el campo y liderazgo nos llevan a pensar que sería un jugador de contención, de los que van al corte con contundencia y jerarquía; de esos que no se amilanan en el cuerpo a cuerpo y que tratan de intimidar al punta del equipo rival.

En cambio, sí sabemos algo más de su breve etapa como presidente y de su gestión del recién fundado club. Una vez erigido como presidente, su propia casa en la calle Princesa sirvió como sede social del club, a la vez que hacía las veces de sala de juntas, en la que aquellos pioneros del fútbol en la Ciudad Condal se reunían para departir sobre los temas concernientes al equipo. Seguro que jamás imaginaron la magnitud que alcanzaría aquel club que de inicio fundaron sin más ambición que poder jugar al fútbol y dar rienda suelta a su afición.

Walter también fue responsable, junto a Lluís d'Ossó, de que el conjunto azulgrana gozara de su primer terreno de juego de uso privativo en el campo del Hotel Mas Casanova. Hasta aquel entonces, el Fútbol Club Barcelona había jugado en el Velódromo de la Bonanova, campo que compartía con otros equipos, en especial con el FC Català —ese primer rival histórico del Barça—, el cual se hizo con la exclusividad del velódromo mediante un alquiler. Este hecho fue el que propició que el presidente Walter pactara con el Hotel Mas Casanova el uso de sus terrenos como campo de fútbol para el equipo, que se convirtieron en el primer «estadio» del conjunto culé.

Muy a su pesar, el mandato de Wild fue breve; sus obligaciones laborales le reclamaban, y por ellas tuvo que abandonar el país cuando solo habían transcurrido 513 días desde su primera elección. En este corto periodo de tiempo, había sido reelegido hasta dos veces más, hecho que demuestra que su compromiso era total y su gestión impecable. Pero esas obligaciones ineludibles provocaron que, de forma repentina y sin dilaciones, tuviera que dimitir para marcharse de la ciudad y del país de forma definitiva. En reconocimiento a su labor, y como muestra de gratitud, fue nombrado socio de honor del club, convirtiéndose en el primer miembro honorífico de la historia del Fútbol Club Barcelona.

Walter Wild, 1899. [Fuente: Josep Thomas i Bigas (1852-1910), Public domain, Via Wikimedia Commons.]

Después de su partida en 1901, la historia de Walter Wild se desvanece. Transcurrieron casi 50 años en los que nada se supo del presidente, y, entonces, ocurrió algo sorpresivo e inesperado: el presidente olvidado resurgió del pasado. Con casi 80 años, y movido por la añoranza, escribió una carta dirigida a aquel club de fútbol que fundó junto a sus colegas de juventud en las postrimerías del siglo XIX. En dicha misiva, preguntaba si el Football Club Barcelona aún existía. Hemos de tener en cuenta que, en aquella época, los medios de comunicación no eran globales, el fútbol tenía poco alcance mediático y, de hecho, aún faltaban algunos años para que se retransmitiera el primer partido por televisión (la cual era aún un invento relativamente reciente, que ni siquiera había llegado al gran público en nuestro país). Todo ello hacía que fuera muy complicado que Walter pudiera seguir la pista del club que él mismo había, en parte, engendrado.

Imaginaos la cara que se le quedó a Agustí Montal Galobart, entonces presidente del Barça, cuando leyó la carta de su predecesor más pretérito. Después de superar la sorpresa mayúscula que le causaron esas líneas, no dudó ni un segundo en responderle e invitarle a la fiesta de celebración del 50 aniversario del nacimiento del club que iba a celebrarse en breve. El suizo aceptó sin pensárselo. No podía imaginar que aquel proyecto deportivo que había iniciado con ilusión en 1899, junto a sus amigos de juventud, con el objetivo principal de divertirse, se convertiría en un club legendario de proyección mundial que traspasaría las fronteras de lo deportivo para encumbrarse como seña de identidad de la ciudad y como referente del fútbol internacional.

En aquel entonces el Campo de Les Corts ya era conocido como «la catedral del fútbol», por su majestuosidad, su tribuna, su fantástico césped (era el primer campo de hierba del equipo) y por contar con una capacidad de hasta 60 000 espectadores. Todo un coloso comparado con otros estadios de la época. Allí, con las impresionantes gradas abarrotadas de camisetas azulgranas, Walter Wild fue recibido con todos los honores. Los culés de pie, con un sonoro y largo aplauso, rindieron pleitesía al primer presidente. Emocionado y con lágrimas en los ojos, el viejo Walter confesó que aquella había sido la satisfacción más grande de su vida.

Así, medio siglo después, el presidente olvidado resurgió de entre las brumas de la historia para recibir su merecido homenaje.

LOS SÍMBOLOS

Era el minuto 110 de la prórroga y un balón cayó en el área rival. Era un centro demasiado pasado para llegar con la puntera y demasiado bajo para un remate de cabeza. Y, entonces, surgió la genialidad de Messi, quien, lanzándose cual delfín saltando sobre el mar, logró impactar el balón con el pectoral izquierdo, justo donde se encuentra estampado el escudo: en el corazón. El balón acabó en el fondo de las mallas y aquel emblemático gol dio la victoria al Barça en la disputada final del Mundial de Clubes de 2009 contra el Estudiantes de la Plata.

El máximo goleador de la historia del Barça ha marcado goles más importantes, incluso más espectaculares. Pero ninguno ha sido más simbólico que ese. Aquel gol con el escudo fue una suerte de justicia poética, pues este es el blasón de toda la historia de un club y el distintivo que representa a una colosal afición y a un enardecido sentimiento: el azulgrana.

Hay dos símbolos inequívocos que distinguen al Fútbol Club Barcelona: su escudo y sus colores. Conocidos y reconocidos en casi cualquier rincón del mundo. Ahora bien, ¿el Barça siempre ha vestido de azulgrana? ¿El escudo ha sido siempre el mismo?

La respuesta es compleja. El Barça siempre ha vestido de azulgrana, sí. O de azul y encarnado, como se decía en las primeras crónicas deportivas. Lo que sí ha cambiado, por suerte, son los pantalones, pues en los inicios eran blancos.

Pero, ¿cómo surgen estos colores? Hay muchas teorías, algunas de ellas rocambolescas, otras un tanto singulares, e incluso las hay desternillantes.

La postura oficial del club es cuando menos curiosa. Siempre se ha dado por válida la teoría clásica; aquella que postula que la combinación azul y grana era un tributo al FC Basilea, el último club en el que militó Gamper en su tierra natal antes de llegar a Barcelona. Pero, en los últimos años, ha surgido un nuevo postulado que fue reconocido por la junta directiva en 2016.

Esta teoría, algo controvertida, sigue aceptando que Gamper estableció el azulgrana en recuerdo del Basilea, club con el que además comparte las siglas «FCB», pero añade otro cofactor no probado como tal documentalmente: que los colores del Basilea son, a su vez, los colores del equipo de *rugby* del colegio inglés Merchant Taylors de Crosby, Liverpool. Y sí, es cierto que este conjunto vestía en aquella época con esa combinación cromática, pero ¿cómo se importó al Fútbol Club Barcelona? Pues, según este postulado, a través de los hermanos Witty, futbolistas que se unieron al club en aquella fusión del Barça con el Team Inglés, quienes habían jugado en dicho equipo de *rugby* antes de llegar a Barcelona. Se presupone, entonces, que, al existir esta doble coincidencia, Gamper y estos hermanos ingleses acordaron que se impusiera esta hermosa amalgama de color.

Puede ser cierto. Pero hay algunos indicios que nos hacen dudar. El 29 de noviembre de 1924, nuestro incombustible Narciso Masferrer rememoraba la fundación del Fútbol Club Barcelona —de la que se cumplían 25 años— en un artículo que publicó en *La Vanguardia*, titulado «Constitución de una nueva sociedad», en el que detallaba cómo fue aquella reunión fundacional a la que él asistió, y el cual constituye una valiosísima fuente primaria sobre este asunto:

> «Se trató extensamente del nombre y colores que adoptaría el club, quedando acordado, como título de la sociedad el de Football Club Barcelona y los colores los azul y grana,

que son, si no estamos equivocados, los mismos del F.C. de Basilea, al que ha pertenecido hasta hace poco el ex campeón suizo Hans Gamper, nuestro estimado amigo».

Si tenemos en cuenta que *La Vanguardia* era ya un periódico muy leído, con toda probabilidad, esta publicación no pasaría desapercibida ni para Gamper ni para los Witty. Pero, al parecer, ninguno de ellos protestó o enmendó públicamente a Masferrer. Y esto hace que esta nueva teoría de 2016 pierda algo de fuerza; pues no deja de ser controvertido que una fuente primaria, en este caso la publicación de Masferrer, mencione que ya en la primera reunión fundacional se habían establecido los colores del equipo. Reunión de la cual, en principio, los Witty no participaron en modo alguno, pues no se unirían al club hasta unas semanas después, tras ya haberse enfrentado al equipo de Gamper en las filas del conjunto rival. Tal y como aclara la crónica del primer partido que disputó el Barça, firmada por el periodista Albert Serra Guixà, quien no solo resume los acontecimientos del partido, sino que al citar las alineaciones menciona a los hermanos Witty como componentes del Team Inglés.

Además, Arthur Witty, que disfrutó de una longeva vida, nunca reivindicó este hecho, por lo menos públicamente. Tampoco su hermano, Ernest Witty. Hay que destacar que Arthur tuvo un papel más relevante que su hermano en el club. Hombre de fuerte carácter, lideró el vestuario en esos primeros años del equipo e incluso llegó a ser presidente de 1903 a 1905.

A pesar de todo lo expuesto, la teoría de 2016 puede ser la más fiel a la realidad, sí contemplamos la posibilidad de que Narciso Masferrer, en su famoso artículo de 1924, confundiera, dado el paso del tiempo, los acuerdos de la primera reunión con los establecidos en la segunda. Y que, en realidad, la decisión sobre los colores se tomara en esa segunda asamblea en la que sí participaron los Witty.

Las demás teorías las comentaremos a modo de anécdota, porque no gozan de verosimilitud alguna. Hay quienes quieren ver en el asunto un componente misterioso y enigmático y afirman que la combinación azulgrana es un guiño a la masonería, pues existe un cargo dentro de la orden, el Royal Arch, que viste de estos colores. Y, por lo visto, el tío de Gamper era masón. De ahí, la conexión. Así, sin más.

A continuación, procedo a escenificar otra teoría mucho más mundana. Imaginaos a Gamper, sentado en su despacho, dándole vueltas al tema de los colores de la equipación, mientras juguetea con un lápiz bicolor azul y rojo, que era la combinación de colores de los lápices que usaban en aquel entonces los contables —profesión que ejerció Gamper en la Compañía de Tranvías de Sarriá durante sus primeros años en Barcelona—. Y *voilà*, misterio resuelto: según esta improbable teoría, esa fue toda la inspiración que Gamper necesitó para diseñar la equipación del equipo de su vida.

Otra versión afirma que el azulgrana culé responde a la combinación de colores de la bandera del cantón natal de Gamper. Podría ser, por aquello de la nostalgia. Pero nuestro helvético nació en Winterthur, que pertenece al cantón de Zúrich, cuya bandera es blanca y azul. Como diría Schuster: «No hace falta decir nada más». Incluso, por esa regla de tres, podríamos unir los colores del cantón de Zúrich, azul y blanco, más los colores de la bandera de Suiza, rojo y blanco. Y la combinación resultante sería la camiseta azulgrana y los pantalones blancos. No hay pruebas ni teóricos que la defiendan, pero también cuadraría.

Pero hay más, y más descabelladas. Se ha llegado a afirmar que era un guiño a la bandera británica. Por el azul, el rojo y el blanco de los pantalones. Sin ninguna justificación adicional. Otras teorías igual de peregrinas dicen que fueron esos colores los elegidos porque la madre de los hermanos Comamala, que era tejedora, solo disponía de esa combinación para fabricarles camisetas. Estaría bien si no fuera porque los Comamala no pasaron a formar parte del Fútbol Club Barcelona hasta los primeros años del siglo xx, cuando el Barça ya había jugado unos cuantos partidos de azulgrana. Sin duda, y como veremos más adelante, la familia

Comamala tenía grandes dotes para el *marketing*, o alguien estaba interesado en promocionarla, pues también se le atribuyó el diseño del escudo.

Por último, y no sabemos si fue una socarronería, Otto Maier —uno de los padres fundadores— siempre mantuvo en su círculo más privado que los colores azul y grana se debían a la empresa que él representaba en España, la marca Hartmann (que todavía hoy sigue existiendo), que a su vez había adoptado los colores de la región de Heidenheim, Alemania. No hay pruebas, pero un día, su hijo, Enrique Maier —gran tenista y primer campeón español de Wimbledon—, hizo pública esta información.

Algunos historiadores serios también han llegado a sugerir, con cautela y únicamente como hipótesis, la posibilidad de que la selección cromática de la equipación también se viera influida, además de por todos los factores ya mencionados, por el alto valor económico de los tintes de ambos colores; y es que recordemos que el fútbol, inicialmente, se trataba de un deporte elitista. Tal vez esa elección estuvo relacionada, por tanto, con la búsqueda de un nuevo símbolo de poder y prestigio en forma de camiseta.

Como vemos, sobre este tema han corrido muchos rumores, suposiciones, leyendas, habladurías y muy pocos hechos contrastados.

El escudo, sin embargo, genera menos controversia. En sus inicios, el Barça adoptó el blasón de la Ciudad Condal. Se ligaba, así, el club a la ciudad, lo cual era la mejor forma de reivindicar la hegemonía en su feudo. En aquel momento, sobre la corona que remata el escudo de Barcelona aún lucía un murciélago —reminiscencia medieval en honor a Jaime I el Conquistador—. Además, estaba escoltado por dos ramas, una de laurel y otra de palmera. Pero este escudo duró poco en la camiseta azulgrana.

El club seguía creciendo, y, en 1910, la junta directiva decidió abrir un concurso para cambiar el escudo. Se presentaron muchos bocetos, y el ganador fue el de Santiago Femenia, exjugador y socio del Barça. A grandes rasgos, el escudo que creó Femenia es el mismo que el de hoy en día. Aunque ha ido sufriendo pequeños retoques para adaptarlo a los gustos y estilos del momento, con el fin de hacerlo más atractivo.

Aun así, hay quien afirma que el creador del escudo fue el prolífico delantero Carles Comamala, a cuya familia —que gozaba de un gran poder propagandístico—, como recordaréis, también se le había atribuido la elección de los colores azulgrana. Aunque hoy en día no cabe duda de que el ganador de aquel concurso, Santiago Femenia, fue el legítimo diseñador del escudo.

El emblema ha ido variando a lo largo de la historia para adaptarse a los cánones de cada época. El estilo más barroco de la versión original se ha ido simplificando, hasta llegar al diseño que todos conocemos hoy en día. Aunque uno de los cambios más significativos fue impuesto durante los primeros años del franquismo. Las siglas «FCB» tuvieron que cambiar, porque el inglés no era nada patrio, y el Barça pasó a denominarse Club de Fútbol Barcelona. De este modo, sus iniciales en 1941 pasaron a ser CFB. Tuvo también que desaparecer la *senyera*, que fue sustituida por tres franjas amarillas y dos rojas. En 1960, se permitió que el club recuperara la cuatribarrada. Pero no fue hasta 1974, con el franquismo ya dando sus últimos coletazos, cuando el Barça pudo rescatar sus siglas originales y genuinas de FCB.

Hubo una última intentona de modificar el escudo en 2018. Una apuesta muy arriesgada, que no solo pretendía estilizar las líneas del escudo, sino que también contemplaba la eliminación de las siglas.

La directiva decidió someter la decisión a votación de los socios —como no podía ser de otra manera—, pero, en las horas previas a la votación, los socios estaban muy crispados con la propuesta y la opinión general estaba posicionada, claramente, en contra. En vistas del fracaso garantizado, la junta decidió recular y eliminar la votación del orden del día y quedó, así, zanjado el asunto. Ganó el clamor popular. Los socios se mantuvieron fieles al escudo que tantas glorias ha dado al club y no permitieron el sacrilegio. Cuando algo funciona es mejor no cambiarlo, y más cuando se trata de las señas de identidad. Es por ello que la esencia del escudo ha permanecido inalterable desde 1910. Y así debe seguir, para que los nietos de nuestros nietos vean lucir en el pecho de los jugadores azulgranas de su tiempo el mismo escudo del que tanto se enorgullecieron los abuelos de nuestros abuelos.

LAS PIONERAS AZULGRANAS

El Barça tiene 140 798 socios (cifras del 2020), de los cuales casi un 27 % son mujeres. Esto implica que más de 37 000 mujeres son socias del Barça. Pero hubo una época donde el número de socias era igual a cero. Y esta integración no ha sido posible solo gracias a la transformación social y cultural que hemos vivido a lo largo del pasado siglo, que ha favorecido que más mujeres se sientan atraídas por el fútbol, sino que lo cierto es que el factor decisivo que permitió la incorporación femenina a la membresía del club fue la derogación de una de las normas existentes en los antiguos estatutos, la cual impedía expresamente que cualquier mujer fuera socia del Fútbol Club Barcelona, pues el fútbol se consideraba tradicionalmente un deporte exclusivo de *gentlemans*.

Tal y como cito de manera literal, los estatutos del club dejaban claro quiénes podían ser socios del Barça:

> «(…) varones españoles o extranjeros que habiéndolo solicitado hayan sido admitidos por la Junta Directiva, sean de buenas costumbres y tengan cumplidos los diez y seis años de edad».

Pero un día llegó Edelmira Calvetó y tiró la puerta abajo. Gracias a su perseverancia logró ser la primera socia. Y, el 1 de enero del año 1913, recibió su carnet. Marcó el camino. Y después de ella vendrían más, muchas más.

Nuestra precursora era una asidua al campo de aquel entonces, situado en la calle Industria: la Escopidora. Acudía habitualmente acompañada de su marido y un amigo, y, más tarde, ya siendo madre, asistía con su recién nacido. Algo inusual y llamativo para la época. En el campo se deleitaba con las atajadas de Lluís Renyé, con los goles de Paulino Alcántara o de Carles Comamala y con los regates y centros de Enric Peris. El fútbol le fascinaba y no comprendía por qué ella no podía ser socia del equipo que amaba.

Por desgracia, muchas mujeres han debido ser pioneras y hacer extraordinarios esfuerzos para equiparar sus derechos a los de los hombres. A pesar del sacrificio personal y el estigma social que aquello suponía, protagonizaron desafiantes luchas para denunciar las vergüenzas de leyes, normas y estereotipos impuestos por una sociedad que desde tiempos inmemoriales las había apartado.

La sociedad de aquellos primeros años del siglo XX era profundamente machista y relegaba a la mujer al ámbito doméstico. Para contextualizar, hay que tener en cuenta que hasta 1931 no se logró el sufragio femenino en España. Así que imaginaos los muros que tuvo que derribar Edelmira.

De hecho, no era ni la primera ni la única mujer que asistía a las gradas del templo azulgrana. Hacía tiempo que muchas damas de la aristocracia barcelonesa acudían al campo, pero según las crónicas de la época lo hacían solo para socializar, y no atendían al partido, pues, según el criterio de aquel tiempo, no comprendían ni el juego ni sus normas. Su asistencia era considerada tan anecdótica, exótica y ajena al propio ecosistema deportivo que eran agasajadas con un ramo de flores cuando visitaban el campo.

Para no entender ni un carajo del juego, resulta llamativo que el mismo año en el que Edelmira logró ser socia, obligando al club a abrir las puertas a las aficionadas azulgranas, varias mujeres más se inscribieron como miembros del club. Pero, como ya sabemos, las cosas de palacio van despacio y, hasta 1921, el Barça no modificó oficialmente los estatutos para eliminar la discriminación por sexo.

Edelmira Calvetó continuó acudiendo al campo y celebrando los goles de su equipo hasta que la salud se lo permitió. Y fue socia hasta el final de sus días. Cuando murió en 1959, ni el club ni la prensa se acordaron de la pionera. Y su nombre quedó condenado al olvido.

Hasta el siglo XXI no se enmendó la afrenta. Otras dos mujeres desempolvaron el recuerdo de Edelmira: Susana Monje y Pilar Guinovart. Crearon el grupo de trabajo Edelmira Calvetó, desde el cual reivindicaron el papel de las socias e impulsaron su protagonismo dentro del club. Además de llevar a cabo la ardua tarea de recuperar la memoria histórica de las mujeres azulgranas.

Resulta cuando menos peligroso juzgar el pasado desde el prisma actual, pero la realidad es que, por una gran confluencia de motivos, el fútbol en todos sus ámbitos ha sido territorio eminentemente masculino, pasto vetado durante años a las féminas amantes del deporte rey.

El equipo Spanish Girl's Club dividido en dos conjuntos para disputar un partido de exhibición (1914). [Fuente: Diario *El Mundo Deportivo* (1914). Public domain, via Wikimedia Commons].

Sin embargo, tal y como demuestra la historia, los barceloneses y barcelonesas podemos enorgullecernos de haber sido destacados precursores en este asunto, ya que el fútbol femenino en la ciudad hunde sus raíces en las profundidades del siglo xx.

En 1913 apareció el Helénico Foot-ball Club. Un equipo diferente. Si bien no era un conjunto femenino, pues sus futbolistas eran hombres, sí fue una iniciativa impulsada por mujeres, pues la junta directiva en su totalidad estaba compuesta por audaces damas de la sociedad barcelonesa. Ya en 1914, un equipo llamado Spanish Girl's Club de Barcelona, auspiciado por el azulgrana Paco Bru, cuya plantilla sí estaba formada íntegramente por mujeres, inició una gira de partidos de exhibición por todo el país. Pero su progresión se vio truncada cuando estalló la Gran Guerra, y a partir de ahí el rastro de ese equipo pionero se desvaneció.

Pero las mujeres barcelonesas perseveraron en su afición y en los años 70 irrumpieron con mucha más fuerza. No como sección femenina del club, pues su integración de pleno derecho no sería efectiva hasta 2001, pero sí como equipo femenino vinculado al Barça.

En cualquier caso, en 1970 y dirigido por el mítico Ramallets, este conjunto adelantado a su tiempo jugó su primer partido en el Camp Nou. Aunque la condición de avanzadilla de la sección femenina del Barça dentro del panorama español las llevó a tener que esperar hasta 1988 —cuando por fin nació la Primera División Femenina— para poder empezar a disputar campeonatos de forma regular.

La precocidad del Barça femenino ha propiciado que posea una base muy sólida y un primer equipo formidable que arrasa tanto en la competición doméstica como en Europa. De hecho, el Barça es el único club que puede presumir de tener en sus vitrinas Champions de ambos sexos.

Sin embargo, esta lucha debe continuar hasta que hablar de este tema no sea necesario, porque todas las mujeres del planeta que deseen disfrutar del fútbol puedan hacerlo en plena libertad y con los mismos derechos que el sexo opuesto.

Entonces y solo entonces, habremos alcanzado la igualdad real en el terreno futbolístico.

EL INTERLUDIO DE LA GRAN GUERRA

Cuando estalló la Gran Guerra, no hubo ningún jugador azulgrana en activo que marchara a la contienda. Pues en ese momento la presencia de extranjeros en el primer equipo era mínima. Pero sí hubo seis futbolistas que habían militado en el Barça que participaron en aquel conflicto y que combatieron en el frente occidental. En las trincheras aliadas estaban, por ejemplo, Sandy Steel, ariete que jugó entre 1911 y 1913 con el Barça, o George Patullo, escocés de depurada técnica y con mucho gol, quien, según dicen, adiestró a Paulino Alcántara en las artes ofensivas y en el remate de volea. En el frente opuesto se encontraba el alemán Walter Rositzky o, mejor dicho, el teniente Rositzky, el único exfutbolista culé que participó con las potencias centrales. Alemán de origen judío que militó tanto en el Barça como en el Madrid. Amigo íntimo de Gamper que al finalizar la guerra escribió al suizo para confirmarle que había sobrevivido.

De los seis exjugadores culés que participaron en la contienda, cinco pudieron regresar al calor de sus hogares, aunque algunos con heridas de guerra. Pero hubo uno que jamás volvió, René Victor Fenouillère: el primer jugador francés de la historia del Barça murió en combate.

Fenouillère fue herido en 1915, cuando el ejército francés trataba de evitar la ocupación de Bélgica por parte del ejército alemán. Una vez recuperado de las heridas, ese mismo año jugó un amistoso con el US Avranches, modesto equipo de fútbol de la región de Normandía, de donde él era oriundo, y en el que había militado en su juventud, contra un combinado de jugadores del ejército aliado. Él no lo sabía, pero aquel sería su último partido.

Enrolado en el 2.º Batallón del 410.º Regimiento de Infantería francés, combatió en el más arduo y sangriento de los choques del frente occidental: la Batalla de Verdún. Allí logró esquivar las balas y bombardeos del enemigo. Pero un año después, en el frente del Marne, su batallón fue emboscado y cayó bajo el fuego enemigo. La guerra arrebató la vida a Fenouillère y despojó al fútbol de uno de los mejores jugadores que había parido hasta entonces. En una época donde no había premios dorados ni *rankings* individuales, Fenouillère fue considerado por *Los Deportes*, en su décima publicación en marzo de 1903, como el tercer mejor futbolista del momento.

René Víctor Fenouillère, primer futbolista francés del Barça. Murió en el transcurso de la Primera Guerra Mundial.

España no participó en aquella guerra cruel, y eso tuvo cierto efecto positivo sobre la ciudad de Barcelona —si es que las guerras pueden tener algo bueno—, porque se convirtió en una suerte de oasis en medio de la desolación que devastaba Europa. Artistas y personajes influyentes se refugiaron y se asentaron en la ciudad, lo que contribuyó a impulsar la economía y dinamizar la vida social y cultural en la Ciudad Condal.

Pero para el Fútbol Club Barcelona no fueron buenos tiempos. Durante los cuatro años que duró la contienda, el club solo fue capaz de alzar dos Campeonatos de Cataluña. El de la temporada 1915-16, y el de la 1918-19, con la guerra recién finalizada.

Fue una etapa oscura para el fútbol, para el Barça y, sobre todo, para Europa. Pero cuando se disiparon las nubes de la guerra, un pequeño rayo de luz retornó la alegría al Barça: el joven Paulino Alcántara había regresado a Barcelona, dispuesto a romper las redes de las porterías de los rivales y guiar al Barça hacia su época más dorada del siglo xx.

EL ETERNO RIVAL

Todo buen culé desea que el Real Madrid pierda siempre, ¿por qué negarlo? Incluso en el parchís le deseamos la derrota. Es una rivalidad de vasos comunicantes. A veces, incluso, un fracaso del eterno contrincante te deja mejor sabor de boca que una victoria azulgrana.

Tenemos la sensación de que el Real Madrid ha sido siempre nuestro principal adversario y, de hecho, lo era incluso antes de ser «Real» —pues en un principio se llamó Madrid Club de Fútbol a secas; el título de «Real» se lo otorgaría el rey Alfonso XIII en 1920—. La rivalidad, como vemos, viene de muy lejos, al menos, desde hace más de 100 años. Pero ¿cuándo nació exactamente?

Todo empezó en 1916, en una semifinal de Copa extremadamente polémica, y desde entonces el Madrid, «Real» o no, se convirtió en nuestro enemigo futbolístico más acérrimo.

Hasta 1916, las relaciones entre el Barça y el Madrid CF habían sido cordiales, incluso amistosas. No existía aún una liga nacional y solamente se encontraban en partidos de Copa o en amistosos en los que un club invitaba al otro. De hecho, hasta aquel entonces solo se habían enfrentado en siete ocasiones, y el Barça aún no sabía lo que era perder contra los merengues. Pero la semifinal de Copa de 1916 lo cambió todo. Se rompieron los vínculos afectivos y empezó una guerra sin cuartel que se perpetuará mientras exista el fútbol. La Copa del Rey, en ese entonces, la jugaban solo los ganadores de los cinco campeonatos regionales que existían en el momento: el Campeonato Regional Sur, el Campeonato de Cataluña, el Campeonato de Galicia de Fútbol, el Campeonato Regional Norte y el Campeonato Regional Centro.

Samitier y el portero madridista Cándido Martínez. Partido de cuartos de final de Copa disputado el 25 de abril de 1926. El Barça venció por 3 goles a 0, con doblete de Samitier. [Fuente: *Diario L'Esport Català* (1926), Public domain, vía Wikimedia Commons].

Aquel año los campeones del Campeonato Sur y los del Campeonato de Galicia renunciaron a su participación. Y solo quedaron los tres clubes históricos de la Copa: Fútbol Club Barcelona, Athletic Club y Madrid CF.

Dado que los vascos habían ganado la última Copa, se les concedió el privilegio de pasar directamente a la final, y Barça y Madrid se batieron en la semifinal. La ida se jugó en Barcelona, y los azulgranas se impusieron con un 2-1, con goles de Paulino y de Martínez. La prensa de ambos bandos destacó la dureza del adversario, pero la cosa quedó ahí, no hubo mucha más polémica.

Pero la vuelta, ya en Madrid, empezó con controversia. El Barça saltó al campo con tan solo nueve jugadores. Vinyals y Santiago Massana —este último era el capitán del equipo, y un personaje muy peculiar que se autoexilió años después en una isla amazónica donde estableció una suerte de comuna comunista— habían partido hacia Madrid más tarde que el resto del equipo por asuntos personales y, debido a un accidente ferroviario, no llegaron a tiempo al encuentro. Los azulgranas solicitaron aplazar el partido, pero tanto el Madrid como la Federación se negaron.

El Barça hacía aguas y estaba siendo dominado por un potente Madrid liderado por Santiago Bernabéu. Ante esa inferioridad numérica y futbolística, el Barça decidió que en el minuto 15 Costa saltara al terreno de juego. Costa había viajado en calidad de suplente y, viendo que Vinyals y Massana no llegaban, era conveniente reforzar el equipo. En aquella época aún no existía la posibilidad de hacer sustituciones, por ese motivo esperaron un cuarto de hora para ver si llegaban los dos titulares que faltaban, pero se les agotó la paciencia, no podían permitirse seguir con solo nueve jugadores.

En el minuto 30 sucedió algo imprevisible y que hoy día sería impensable. Paco Bru, socio del Barça y enviado especial de *Mundo Deportivo* para cubrir el evento, entró al terreno de juego para completar el once azulgrana. ¿Os imagináis estar en el campo viendo tranquilamente un partido y tener que saltar al césped? Pues así sucedió. Aunque hay que matizar. Bru había sido futbolista; de hecho, se había retirado hacía poco tiempo. Y en aquella época ser socio del club bastaba para poder jugar con el equipo.

Paco Bru es uno de esos personajes que merecerían un capítulo propio. Futbolista, periodista, árbitro y entrenador. Fue una de las figuras más relevantes en el fútbol español de aquellos primeros años. Incluso, se cuenta que arbitró su primer partido con un revólver encima, que se encargó de mostrar a los jugadores para así disfrutar de un partido tranquilo. Genio y figura.

Pues bien, a pesar de la entrada de Bru y Costa al campo, el Barça cayó 4 a 1 contra el conjunto blanco. Por suerte, la diferencia de goles en las eliminatorias no se tenía en cuenta, así que había que jugar un tercer partido para deshacer el empate.

En contra de los intereses del Barça, aquel tercer partido se jugó también en Madrid. Y, para más inri, el árbitro fue Berraondo, exjugador merengue. El encuentro empezó de forma trepidante, ambos equipos ordenaron zafarrancho de combate y desplegaron un juego muy ofensivo y vistoso, deleite para los espectadores.

2 a 2 indicaba el marcador al finalizar el primer tiempo. La tendencia de la segunda parte fue más de lo mismo: ambos equipos volcados hacia la portería rival. Y a falta de diez minutos, cuando el Barça ganaba 3-4, Belaunde anotó el cuarto para los merengues. Transcurridos los 90 minutos reglamentarios, llegó la prórroga. Vibrante partido, sin duda. El público estaba encandilado y ovacionó a ambos conjuntos por aquel festival de fútbol y goles que les estaban regalando.

Se inició la prórroga y pronto Santiago Bernabéu puso en ventaja a su equipo, pero Paulino Alcántara devolvió el golpe de inmediato. Minutos más tarde los azulgranas anotaron el sexto gol. Ventaja culé. Pero la vieja tradición madridista de marcar en las postrimerías de los encuentros ya existía en aquella época. En la última jugada, y con el Madrid por debajo en el marcador, el balón estaba en los pies de René Petit —habilidoso y escurridizo delantero que formó una gran dupla con Bernabéu—, quien logró zafarse de todos, incluso del portero, aunque su disparo a puerta vacía fue detenido con la mano por Massana. Penalti, gol de Bernabéu, empate y final del partido.

Ese penalti no fue protestado porque era claro, pero era el tercero que había lanzado el Madrid en aquel encuentro, y el ambiente en el vestuario azulgrana ya empezaba a estar caldeado por la toma de decisiones del colegiado Berraondo.

El cuarto partido para el desempate —¡qué buena idea tuvo el inventor de los penaltis!— también se jugó en Madrid y lo silbó, de nuevo, Berraondo. El equipo blanco contó con Zabala como jugador, quien, presumiblemente, no formaba parte de su plantilla, ya que pertenecía al Real Unión de Irún. Pero las protestas del Barça ante este hecho fueron desestimadas, al fin y al cabo, también había saltado Paco Bru de las gradas al terreno de juego en el segundo partido. Eran otros tiempos.

El partido se desarrolló con cierta tranquilidad, con un fútbol menos ofensivo y más especulativo. Se llegó al descanso con un 1-2 favorable al Barça, hasta que René Petit centró y Zabala rubricó la igualada. A pocos minutos del final, el trencilla pitó otro penalti para el Madrid; ¡ya iban cinco en toda la eliminatoria! El público merengue, contra todo pronóstico, afeó la decisión del árbitro al considerarla injusta. ¡Qué elegancia!

Pero Bru —Lluís Bru en este caso, el portero titular del Barça— se hizo inmenso bajo palos y detuvo la pena máxima. Silbó Berraondo y el partido se fue a la prórroga. El Barça la inició con un vendaval de fútbol ofensivo impresionante, pero Paulino Alcántara falló varias ocasiones clarísimas, de esas que el Romperredes nunca perdonaba. Y, en una jugada aislada, el Madrid anotó el tercero en fuera de juego. Aun así, Berraondo lo validó: ventaja para el Madrid. Los azulgranas continuaban dominando el partido, con rabia, corazón y mucho fútbol. El Madrid seguía agazapado y perdiendo tiempo, el partido se le estaba haciendo muy largo. Y, en una de las pocas ocasiones en las que lograron cruzar a campo contrario, Sotero se internó en el área azulgrana y, mientras un jugador agarraba a Lluís Bru, consiguió anotar el cuarto y definitivo gol. Berraondo se tragó la acción y también lo dio por bueno. Y ese fue el tanto que colmó el vaso.

Los futbolistas azulgranas se sintieron profundamente humillados y perjudicados por el arbitraje partidista de Berraondo y, a una señal de su capitán Massana, impotente ante tales acontecimientos, abandonaron el terreno de juego.

Como recogía *Mundo Deportivo* en la crónica del partido: «No se abandona, así como así, el campo donde han puesto en juego su honor, sin causas muy fundadas».

Tan grave tuvo que ser el arbitraje de ese día que hasta los propios aficionados madridistas censuraron las múltiples decisiones del trencilla cuando este se retiró del campo.

El propio Paulino Alcántara se refería años más tarde al árbitro de aquella eliminatoria de la siguiente forma: «Nunca olvidaré las martingalas de aquel fullero Berraondo». En una época en la que el insulto no era tan gratuito como en nuestros tiempos de Twitter, no era nada habitual escuchar a un futbolista hablar de este modo.

A partir de este partido se abrió la veda. El Madrid CF jugó la final contra el Athletic Club, la cual, curiosamente, se disputó en Barcelona. Allí los aficionados culés recibieron a la expedición merengue como nunca antes se había hecho: insultos, pedradas y todo tipo de violentas sandeces. Por suerte, el Athletic ganó por un contundente 4 a 0. Pero, aun así, los jugadores madridistas tuvieron que salir escoltados del terreno de juego por la guardia civil.

Desde entonces, la guerra sigue abierta. Después de aquello, los partidos entre Barça y Madrid, que ahora conocemos como «clásicos», son encuentros de alto voltaje, en los cuales sale a relucir lo mejor y lo peor de técnicos, aficionados y futbolistas. Terreno fértil para la violencia de la que hacen gala algunos energúmenos. Pero también son partidos repletos de emotividad y de gestos deportivos encomiables: el pasillo de los futbolistas azulgranas a un Real Madrid campeón de Liga, el estadio Santiago Bernabéu entero y de pie aplaudiendo la magistral actuación de Ronaldinho o, como hecho más reciente, Piqué pidiendo al público del Camp Nou que cesara en los insultos contra Sergio Ramos.

Estos enfrentamientos son los más apasionados, sobre todo cuando pintas la cara al rival, ya sea en tu campo o en feudo ajeno. Como la manita a domicilio del Barça liderado por Cruyff o el mítico 2 a 6 con goles de Piqué y Puyol. Por no hablar del antológico 5 a 0 al Madrid de Mourinho en el Camp Nou. O el bochornoso «partido de la vergüenza», una vuelta de un enfrentamiento copero —el Barça había vencido 3 a 0 en la ida—, en la que el Real Madrid nos endosó un soberbio 11 a 1. Aunque era 1943 y parece que ciertos militares «instaron» a los azulgranas a no competir demasiado en aquel encuentro.

Sea como fuere, y a pesar de esta marcada rivalidad, Barça y Madrid se necesitan mutuamente, pues son el espejo contra el que compiten. Los mayores logros de ambos clubes siempre han llegado cuando el adversario también estaba en un momento fuerte. ¿Qué hubiera sido de Messi sin su némesis, Cristiano Ronaldo, en el otro lado? ¿El equipo de Guardiola hubiera alcanzado la excelencia futbolística sin Mourinho? La motivación de doblegar y superar al enemigo es el mejor de los combustibles para que los futbolistas den lo mejor de sí mismos. Mientras dure el sempiterno duelo entre ambos equipos, las espadas seguirán en alto para asestar la próxima estocada al eterno rival.

ROMPERREDES

Cuando un tipo es apodado «el Romperredes» significa que tiene un cañón en la pierna, que no se anda con rodeos y que jamás perdona. Un tipo que siempre acude puntual a su cita con el gol. Un delantero con el punto de mira puesto en la portería rival, que fusila al guardameta ante la más mínima oportunidad. Cuando el Romperredes saltaba al campo, la defensa contraria no era capaz de detenerlo, a lo sumo conseguía retrasar lo inevitable, su gol certero.

El Romperredes colgó las botas en 1927. Y dejó una marca para la posteridad: 369 goles en 357 partidos. Se erigió así como el máximo goleador histórico de la entidad azulgrana, récord que ostentó hasta la segunda década del siglo XXI. Tuvieron que transcurrir 87 años para que alguien le superara. En 2014, un tal Leo Messi batió su marca, pero necesitó 453 partidos para igualarlo.[1]

Más de un siglo después del nacimiento de Paulino, la bruma de la historia junto al inexorable paso del tiempo han difuminado los logros de esta gran figura del barcelonismo. Quizá, algunos lectores conozcan su nombre por haberlo visto en los *rankings* de goleadores azulgranas, en los que siempre aparece casi de forma anónima, como si una eterna chincheta fijara en el tablón su nombre y sus números, así, sin más, de forma obligada por los guarismos, pero sin un reconocimiento real a su meritoria carrera.

Pero la realidad es que sin Paulino no se puede comprender el éxito de la década de 1920, tiempos en los que al Barça se le caían los trofeos de los bolsillos. No llegó a ser una figura tan mediática como su contemporáneo Samitier, pero fue uno de los primeros *cracks* del club y el baluarte ofensivo de aquel equipo que arrasaba en toda competición que se le ponía por delante.

El Romperredes nació en 1896 en Iloilo, Filipinas. Hijo de padre español y madre filipina, a muy temprana edad desembarcó en Barcelona. Era 1899 y, tras la pérdida de esta

---

1   Técnicamente Paulino es el séptimo goleador histórico del Barça. Sin embargo, jugó en una época en la cual aún no existía la Liga, y en la que los partidos amistosos eran en ocasiones más importantes que los partidos de los torneos regionales. Por ello, el cómputo global de goles que aquí le atribuimos es el total de sus tantos anotados tanto en partidos oficiales como en amistosos.

posesión de ultramar, su familia se había visto obligada a regresar al Viejo Continente. Su padre era militar y, como tal, crió a su hijo de forma castrense. Algo que marcó de por vida a Paulino y que, sin duda, le dotó de esa férrea determinación con la que afrontaba todos los aspectos de su vida, incluido el fútbol.

En aquella época, en la que el fútbol era poco más que una diversión, Paulino debía labrarse una carrera «seria» para convertirse en un hombre de bien. Pero llevaba el veneno del fútbol en las venas y para eso no hay antídoto que valga. Cuentan que Paulino, siendo aún un niño, era uno de esos pocos espectadores asiduos de aquellos partidos que jugaban los hombres de Gamper a principios del siglo XX. Allí se enamoró del balón y su idilio continuó hasta el fin de sus días.

Debutó con el primer equipo con tan solo 15 años, contra el Català FC, y, en su primer partido, ya marcó un *hat trick* al rival. Formidable carta de presentación.

Acostumbrados a los delanteros corpulentos, Paulino era un *rara avis*. Un tipo escuálido, de esos que, si te lo cruzaras por la calle, jamás lo identificarías como el delantero centro del Fútbol Club Barcelona. Pero detrás de esa delgadez casi enfermiza y de su baja estatura se escondía un monstruo, un verdadero depredador del área. Un tipo astuto e inteligente que hacía alardes de una gran técnica y presumía de una abrumadora potencia de disparo. Su mentalidad de hierro hacía que se pasara las tardes perfeccionando su disparo a balonazo limpio contra una pared, hasta lograr su merecido apodo: Romperredes.

El jovencísimo delantero del Barça no paraba de marcar goles, llevaba solo cinco temporadas en el primer equipo y, con tan solo 20 años, ya parecía un veterano. Pero su carrera se vio frenada de forma inesperada por motivos inconcebibles en la actualidad, lo que causó una profunda desazón en la afición azulgrana. A finales de 1916, su familia decidió regresar a Filipinas, donde Paulino empezó a cursar sus estudios de Medicina. La afición azulgrana acudió al puerto a despedir a su joven promesa con alma de galeno.

Paulino Alcántara vistiendo la camiseta del Barça.

Una vez en Filipinas, no tardó en recuperar su pasión y se enroló en el Bohemian Sporting Club, equipo de fútbol de Manila. Allí su juego siguió brillando, pero él añoraba Barcelona y al Barça. En 1918, tras recibir varios telegramas en los que se le informaba de que su club, el Barça, le necesitaba, forzó la situación y logró regresar a la Ciudad Condal. Tan solo cuatro días más tarde de su regreso, se volvió a vestir de azulgrana y anotó un *hat trick*.

Algunos partidos después, el entrenador británico del equipo, Jack Greenwell, decidió probar a Alcántara en otra posición; lo retrasó hasta la defensa. Lo alejaba así de su territorio natural, de su coto de caza: el área rival. Este tipo de genialidades no siempre obtienen un buen resultado —incluso a Guardiola le salían mal a veces—, y la afición era consciente de ello, lo que conllevó una gran protesta unánime por parte de los socios. O Paulino volvía a la delantera o se negarían a pagar su cuota. La pela es la pela y los resultados también, así que Alcántara volvió a la zona de ataque y su rendimiento eclosionó: despachó las dos temporadas siguientes con más de un gol por partido.

Con tan solo 24 años, la fama de goleador incansable de Paulino era conocida por todos los aficionados al fútbol. Y eso le valió para ser convocado con España para los Juegos Olímpicos de Amberes de 1920. Aún no existía el Mundial de Fútbol, por lo que aquella era la cita internacional más relevante para las selecciones. Pero Paulino era un tipo muy particular, con las ideas extremadamente claras. Las fechas en las que se disputaba el evento coincidían con las de sus exámenes de Medicina, así que renunció a acudir con la selección para priorizar sus estudios. ¿Os imagináis a un futbolista actual haciendo esto?

Un par de años más tarde, en 1922, fue convocado de nuevo por la selección española para disputar en Burdeos un partido contra el combinado galo. Esta vez no pudo negarse y, además, acudió como capitán. Durante el encuentro, Paulino recibió el balón en la frontal del área, y frente el estupor de los centrales franceses y del guardameta, Alcántara se sacó de la chistera un verdadero obús contra el cual el portero no pudo hacer nada, pero tampoco la propia portería, la cual no resistió a su envite. Le pegó de tal manera al esférico que traspasó la red. Y así fue como se ganó su legendario alias: el Romperredes.

Años más tarde, su colega de delantera en aquel partido, Manuel López, apodado el Travieso, relató aquel acontecimiento al diario bilbaíno *Excelsius*:

> «La red, una red construida aproximadamente en tiempos de Carlos Martel, se hallaba a tono con los acordes musicales esparcidos por el *field*: repletita de agujeros».

Puede ser que la red fuera vieja, que estuviera en mal estado, pero en aquel partido, que acabó 0-4 a favor de la selección española, el mismo Travieso metió dos goles, y ninguno de ellos logró perforarla.

El idilio con el gol continuó toda su carrera, y con la afición también. Nunca más se planteó Paulino vestir otros colores. Incluso en sus últimos años, en los que protagonizó fuertes encontronazos con Gamper —que por aquel entonces volvía a ser presidente—, se mantuvo firme en su idea, porque el Romperredes tenía el alma teñida de azul y grana.

Paulino colgó las botas con tan solo 31 años y pasó de ser el Romperredes al doctor Alcántara. Tras de sí, dejó una carrera brillantísima como futbolista, con unos registros de escándalo. Marcó más goles que partidos jugó. Y contribuyó a sumar a las vitrinas de su equipo cinco Copas de España, dos Copas de los Pirineos y diez Campeonatos de Cataluña.

Justo después de su retirada, se inició el Campeonato de Liga. Haber jugado, al menos, aquella primera edición de la competición hubiera sido el broche de oro a su carrera, porque, sin lugar a duda, se habría coronado como el primer pichichi. Pero no fue así. Paulino dejó el fútbol estando aún en plenitud, cuando todavía era un ídolo. Un ídolo que ya había logrado el apodo más temible que puede recibir un delantero: el Romperredes.

LOS PRIMEROS CAMPOS

El Camp Nou es el templo del fútbol azulgrana. El estadio más grande de toda Europa, con una capacidad de casi 100 000 espectadores —el cual incluso en el Mundial de Naranjito llegó a tener, temporalmente, capacidad para 120 000 espectadores, gracias a una remodelación—. Desde su construcción en 1957, han pasado por él los mayores astros de la constelación futbolística. Como espectador impertérrito, el Camp Nou ha visto desfilar por su siempre inmaculado tapete a los más insignes héroes del fútbol mundial.

Incluso ha sido testigo de pequeños seísmos antrópicos. En el encuentro de la remontada imposible contra el PSG, aquel gol en el descuento de Sergi Roberto, que, a la postre, daba el pase a cuartos de final de la Champions, hizo estallar a la afición azulgrana de tal manera que aquella eclosión de alegría quedó registrada en los sismógrafos.

Este mítico estadio, que ahora pide a gritos una reforma, ha sido el lugar en el que más tiempo ha jugado el Barça. Quedan pocos culés que hayan visto jugar al Fútbol Club Barcelona en el anterior estadio, el viejo Campo de Les Corts, inaugurado hace justo un siglo. Y es que el Barça, antes de instaurarse en el Camp Nou, durante más de un decalustro, deambuló por varios campos. ¿Pero cuáles fueron?, y ¿cuál fue el primero? ¡Veámoslo!

EL VELÓDROMO DE LA BONANOVA

Este campo fue el primero en el que jugó el Barça, aunque no fue nunca de su propiedad. Como su nombre indica, era un lugar donde se celebraban carreras de bicicletas. Pero, debido a su uso menguante, se decidió aprovechar el recinto deportivo para otras prácticas. De este modo, la parte central del circuito ciclista fue convertida en un campo de fútbol. Aunque le llamamos «campo», su imagen está muy alejada de lo que podríais esperar. Si hoy en día aún quedan terrenos de juego que son un auténtico patatal, debéis imaginaros este campo como algo mucho peor: un firme irregular de tierra, cuyas únicas zonas «verdes» eran una suerte de pradera salvaje, y las porterías sin red, obviamente.

Era un campo que alquilaban distintos equipos para disputar sus encuentros, entre ellos el Català FC, el cual en el 1900 llegó a un acuerdo para su uso exclusivo, apeando del recinto al Fútbol Club Barcelona.

Fue, por tanto, el hogar compartido azulgrana solamente durante nueve meses, entre 1899 y 1900, en los que al Barça le dio tiempo de ganar su primer trofeo: el de las Fiestas Federales, que organizaba la Federación Gimnástica Española.

No sabemos si hubo cierto espíritu de venganza en este pacto de exclusividad por parte del Català FC contra el

Barça, pues unos meses antes del acuerdo habían disputado un partido que acabó en una tangana monumental.

Desterrados de este campo, tocó buscar otro recinto, y gracias a las gestiones de Walter Wild y Lluís d'Ossó, el Barça se asentó en su nuevo feudo: el campo del Hotel Casanovas.

El Velódromo de la Bonanova en 1899. [Fuente: *Diario Los Deportes* (1899), Public domain, vía Wikimedia Commons].

CAMPO DEL HOTEL CASANOVAS

El Hotel Casanovas no gozaba de muy buena salud económica, pues su lejanía con el centro de la Barcelona del momento hacía que pocos turistas recalaran en él. Para mitigar esta funesta situación financiera, llegaron a un acuerdo con el Fútbol Club Barcelona, mediante el cual cedían una parte de su terreno para usarlo como campo de fútbol. Así, quizá la asistencia de público haría que el hotel se fuera dando a conocer. La medida no triunfó y los propietarios se vieron obligados a vender sus terrenos en 1901, en los que se construyó el Hospital de la Santa Cruz y San Pablo. El Barça quedó así, de nuevo, huérfano de campo y prosiguió con su nomadismo.

CAMPO DE LA CARRETERA DE HORTA

Este campo fue el primero en el que el Barça invirtió algo de dinero para su adecuación, ¡1000 pesetas! Hoy en día cualquier socio se ofrecería a pagar este importe por un estadio, pero en la época esta inversión equivalía aproximadamente al salario anual de un trabajador. Y, para un club recién fundado, fue toda una inversión. En este campo alzamos los primeros títulos oficiales: la Copa Macaya y el primer Campeonato de Cataluña. En partidos relevantes, solían acudir hasta 4000 espectadores. El Barça empezaba a encandilar a los barceloneses. Pero en 1905 los azulgranas toparon con el ladrillo: los dueños del terreno decidieron venderlo para la construcción de viviendas. Así, el Barça tuvo que recoger su hatillo y peregrinar de nuevo.

CAMPO DE LA CALLE MUNTANER

Rodeado de edificios y en pleno corazón del Ensanche barcelonés, el Barça se instaló en este campo y, para celebrarlo, invitó al club que más le gustaba vencer, al Català FC. Pero el tiro salió por la culata y nos derrotaron en el partido de inauguración. Mal augurio. Este campo, con un terreno más regular y mejor delimitado, nos duró hasta 1909.

Gamper se cansó de que el club estuviera siempre de prestado y decidió adquirir el primer campo en propiedad del Barça.

LA ESCOPIDORA

Diez años después de la fundación del club, por fin llegaba nuestro primer campo en propiedad. Ubicado en la calle Industria, era conocido popularmente como la Escopidora, debido a su reducido tamaño, que recordaba a una escupidera. No era muy grande, pero constituía un verdadero salto de calidad respecto a los anteriores, y, de hecho, fue un campo totalmente revolucionario.

Gozaba de iluminación artificial y dispuso de la primera tribuna del fútbol español. Una tribuna de dos pisos, un orgullo para los culés, que sacaban pecho frente a los aficionados de otros clubes. Y, hablando de culés, ¡aquí nació el apodo con el que se nos identifica a los aficionados!

Entrada al Campo de la Calle Industria, «La Escopidora». El muro perimetral que se aprecia es donde se sentaban los aficionados azulgranas que no tenían localidad. Allí nació el apodo *culé*.

El Barça empezó a despegar, y las 6000 localidades del recinto eran insuficientes para albergar el gentío que deseaba ver al equipo azulgrana. Por ello, cuando el campo estaba lleno hasta la bandera, los aficionados se sentaban en el muro perimetral. Una multitud de traseros que asomaban por encima del muro quedaban entonces a la vista de los transeúntes que caminaban por fuera del recinto. No es el mote más glamuroso, pero es el nuestro.

Junto al magnífico campo, para su época, del que gozaba el Fútbol Club Barcelona, llegó también una generación espectacular de jugadores que hizo que la mítica Escopidora pronto se quedara pequeña. Había iniciado la década de los años 20 y jugadores como Alcántara, Samitier, Zamora, Sagi, Torralba o Sancho deslumbraban y arrasaban. Así que el club tuvo que buscar un lugar que pudiera albergar a la entusiasta masa culé, que no cesaba de crecer.

CAMPO DE LES CORTS

Este campo, por justicia, deberíamos llamarlo «estadio», pues cumplía con prácticamente todos los requisitos que se les exigen hoy en día a unas instalaciones de esas características. El Barça lo inauguró el 20 de mayo de 1922. Su capacidad inicial era de 25 000 espectadores, pero la creciente afición al Barça condujo a una serie de remodelaciones, hasta lograr las 60 000 localidades. Una barbaridad para la época. Y quien inauguró las redes de este campo no podía ser otro que Paulino Alcántara.

El magnífico Campo de Les Corts en 1939. Se puede apreciar la gran cubierta que protegía la zona de tribuna de las inclemencias meteorológicas.

En 1926 el terreno de juego dejó de ser de tierra y pasó a tener césped. Todo un lujo para los futbolistas de la época. Durante más de 30 años el Campo de Les Corts las vio de todos los colores: vivió el ciclo dorado del Barça de los años 20, fue clausurado durante meses por Primo de Rivera, sobrevivió a una guerra civil y vio jugar al superlativo equipo de las cinco copas —el equivalente al sextete de hoy en día—. Y este campo, inaugurado por un adalid del juego como el Romperredes, fue clausurado por uno de los mayores mitos azulgranas: László Kubala. Laszi fue el principal culpable de que el campo se quedara pequeño, y, en 1954, el presidente Miró-Sans ordenó la construcción del Camp Nou.

***

El Camp Nou, como decíamos al principio, ha envejecido silenciosamente. Poco a poco, se fueron escuchando sus murmullos que rogaban una mejora, pero ya resuenan sus gritos que claman por una ambiciosa reforma. Aunque, quizás, ha llegado el momento de iniciar el éxodo hacia un nuevo estadio: un nuevo feudo y un nuevo césped donde nuestros futbolistas nos regalen infinitas tardes de gloria.

¡BARÇA, BARÇA, BARÇA!

Tenim un nom
el sap tothom:
¡Barça, Barça, Barça!

Así reza nuestro himno; cinco letras para expresar un sentimiento. Este es el apelativo cariñoso de nuestro amado club. Y el cual constituye, además, una fantástica pista para identificar quién puede ser aficionado o simpatizante del conjunto azulgrana. Pues es extraño oír a un culé referirse a su equipo de otra forma.

Ahora bien, ¿cómo surgió este hermoso sobrenombre?, ¿de dónde sale esa «c» cedilla o caudata? La «ç» perdió su uso en el castellano durante los siglos XVI y XVII, pero en catalán sigue vigente su empleo siempre que preceda a las vocales «a, o, u». Por tanto, su uso es una mera formalidad.

Sin embargo, y seguro que lo estáis pensando, estrictamente la apócope (supresión del algún sonido a final de palabra) de la denominación «Barcelona» debería ser «Barce» y no «Barça». Cierto es. Pero el origen de esta «a» final está en el lenguaje oral. Los barceloneses pronunciamos la «e» átona de forma muy parecida a la «a». De este modo, la transcripción fonética del nombre de la ciudad en boca de sus habitantes es: *Barsalona*.

Por tanto, cuando los antiguos culés acortaron el nombre del equipo de forma cariñosa y por cuestiones de economía del lenguaje (ya sabemos que en lo que a ahorro se refiere los catalanes siempre hemos tenido fama), este pasó a ser conocido popularmente como el «Barsa». Y, como es normal, cuando esta acuñación tuvo que ser trasladada al lenguaje escrito, se adecuó a las normas ortográficas, lo que dio lugar a la palabra Barça.

Pero ¿cuándo se usó por primera vez?

Responder a esa pregunta a día de hoy resulta imposible. Más cuando, a causa del carácter oral y coloquial de sus inicios, su origen es irrastreable. Sin embargo, sobre su uso escrito sí tenemos más pistas. Es probable que nunca identifiquemos el primer documento en el que apareció el término, y, en caso de hallarlo, tampoco sabríamos con seguridad sí fue realmente el primero. De hecho, hasta hace pocos años, se consideraba que la referencia más antigua a la palabra «Barça» se encontraba en un párrafo de la edición del 30 de noviembre de 1922 del extinto semanario satírico-deportivo Xut! que decía:

«Als jugadors de postín del «Barça», la Junta els ha fet ofrena d'unes targetes de visita amb el seu nom i l'escut del club campió a la banda de dalt, a mà esquerra».

(A los jugadores de postín del «Barça», la Junta les ha ofrecido unas tarjetas de visita con su nombre y el escudo del club campeón en la parte superior a mano izquierda).

Como hemos dicho, durante años este ha sido el referente más pretérito del mítico vocablo, pero en 2016, el socio Nicolás Sanz, presidente de la Peña Barcelonista Arandina e infatigable investigador y coleccionador de reliquias históricas azulgranas, descubrió que entre sus tesoros había un hallazgo de inconmensurable valor. Era una publicación especial del semanario *Jornada Deportiva* titulada *Història del Barcelona. Amb lletra i ninots de broma,* fechada el 8 de diciembre de 1921, en la que aparecían 48 viñetas ilustradas por el dibujante Jaume Passarell, que de forma cómica relataban la historia del club hasta aquel entonces. El curioso descubrimiento del señor Sanz acababa de retrasar en prácticamente un año la primera evidencia del uso del vocablo.

Y, por si fuera poco, la palabra «Barsa» no aparecía una sola vez, sino que lo hacía en cinco de esas viñetas, y sin contextualización previa por parte del autor. Lo que significaba que ya en aquel entonces el uso estaba totalmente extendido y era de evidente comprensión para todos sus lectores.

Por tanto, no es descabellado que algún día, en algún baúl perdido en las entrañas de cualquier sótano o buhardilla, alguien, quizás cualquiera de nosotros, desempolve un viejo periódico o una ajada revista que revele algún dato olvidado que nos obligue a reescribir la historia de este club al cual los que lo amamos llamamos «Barça».

1922-1935. Otra dimensión

LOS PRIMEROS ÍDOLOS DE MASAS

La década de los años 20 del siglo pasado fue uno de los periodos más prósperos de la historia reciente de Occidente. Después de superar los rigores y catástrofes de la Gran Guerra, Europa estaba remontando. La economía prosperaba y la sociedad disfrutaba de los entretenimientos propios de la época. Entre ellos, el fútbol. El deporte rey se impuso de forma definitiva sobre las demás disciplinas y se transformó en un verdadero fenómeno de masas. La fiebre del fútbol se extendió por toda la sociedad y tanto pobres como ricos sucumbieron ante su fascinante virulencia. Los clubes crecieron, los estadios se adecentaron y, a finales de la década, los futbolistas ya se habían convertido en profesionales de su pasión.

Y estos felices años 20 también sonrieron al Barça. El club pasó de 2973 socios, en 1919, a 9122 socios a finales de 1929. Triplicó, por tanto, el número de socios en tan solo una década.

Incluso tras el aumento de la cuota de dos a tres pesetas en 1920 —un incremento muy considerable para los bolsillos de la época y, más aún, en una ciudad donde la pela siempre ha sido la pela— el número de socios seguía creciendo.

Samitier junto a su gran amigo «el Divino» Zamora en un
partido de liga de 1929. [Fuente: *Diario Gaceta Deportiva*
(1929), Public domain, vía Wikimedia Commons].

Y cuando el viento sopla por popa beneficia a todos los tripulantes del barco. Durante esta década el Barça fue capaz de reunir a grandes futbolistas en su plantilla, y, a pesar de que hubo altas y bajas, la columna vertebral se mantuvo. Si ahora añoramos los tridentes ofensivos de los que ha gozado el Barça los últimos años, en los años 30 añoraban más aún la pólvora que tuvo aquel equipo de los años 20: Paulino Alcántara, Samitier, la «Bruja» Piera, Sagi-Barba, Arocha o el «Cabecita» Martínez.

Era un equipo hercúleo arropado en la medular por Carulla, Torralba y por el incombustible Agustí Sancho, que defendió la camiseta azulgrana en más de 400 encuentros. En la retaguardia hubo más rotación, pero podríamos destacar a dos baluartes defensivos: Josep Planes y el alemán Emil Walter, quien, además de ser un gran defensa, disponía de un potente disparo.

La portería estuvo cerrada a cal y canto por dos grandes guardametas. Ricardo Zamora «el Divino» fue quien inició la década bajo los palos azulgranas. Probablemente, uno de los mejores porteros de la historia del fútbol español, pero que no se casaba con nadie. Este legendario portero se lo birlamos al RCD Espanyol, pero tras, tan solo, tres temporadas, regresó al conjunto perico por no sentirse lo suficientemente valorado por la directiva —eufemismo para decir que no le pagaban todo lo que él quería— y, finalmente, acabó recalando en el Real Madrid, hasta que en 1936 tomó el camino al exilio y se enroló, ya siendo muy veterano, en el OGC Nice junto a Samitier. La difícil tarea de sustituir a Zamora recayó en el gigante húngaro Ferenc Plattkó. Y lo logró con creces. El magiar era ágil, fuerte y con grandes reflejos. Además, valoraba muy poco su integridad física. Aunque para ser un gran portero siempre es necesario un punto de temeridad, Plattkó se dejaba, literalmente, la piel en el partido. Su osadía y sus admirables habilidades le convirtieron en leyenda y hasta Alberti le dedicó un poema.

Esta plantilla de ensueño fue el primer *dream team* del Barça, y a lo largo de la década alzó ocho de los diez

Campeonatos de Cataluña que disputaron, así como la mitad de las Copas del Rey, y, por encima de todo, ganaron la primera Liga, la del 1928-29, amén de otros torneos y campeonatos menores.

Pero a todos los ciclos ganadores les llega su fin. Ya hubo un primer y tímido aviso en 1925, cuando Primo de Rivera clausuró el Campo de Les Corts y mandó a Gamper al exilio. Aquello trastabilló al club, aunque consiguió resarcirse. Pero los años seguían pasando y la directiva no tuvo la capacidad de ir renovando aquella pléyade de estrellas que con la edad, poco a poco, se iban apagando. En 1928 colgó las botas Alcántara, y con él se fue el máximo goleador del club hasta entonces.

El 30 de julio de 1930 se iba de este mundo el padre de todo, Hans Gamper. La *alma mater* del club nos dejó de forma precipitada, y la zozobra y la tristeza se instalaron como una oscura nube que nubló el ánimo de jugadores y directivos.

Aunque este glorioso ciclo recibió la puntilla final con la salida del club del Hombre Langosta. Además, de forma muy traumática, pues firmó por el Real Madrid.

En los próximos capítulos trataremos con mayor profundidad los principales acontecimientos de esta década dorada, en la cual el Fútbol Club Barcelona se encumbró futbolísticamente y dejó para el recuerdo una generación de oro que un siglo después aún seguimos recordando.

EL HOMBRE LANGOSTA

Todos los futbolistas reciben un apodo que refleja alguna peculiaridad física o un carácter distintivo de su forma de jugar. Y lo cierto es que, si hoy en día el Barça tuviera un futbolista de tantísima calidad como Josep Samitier Vilalta, sin duda no le llamaríamos el Hombre Langosta. Es un apodo poco explícito y sobre todo poco comercial.

Se dice que recibió este apelativo porque sus malabarismos con el balón y su gran capacidad aérea recordaban a los movimientos de una langosta. Curiosa comparación. Por suerte, en su época alguien también se dio cuenta y fue rebautizado como el Mago. Con este sobrenombre es mucho más fácil imaginarnos qué tipo de futbolista era. Jugador de tres cuartos de campo hacia adelante, con una gran técnica y artífice de prodigiosos movimientos acrobáticos siempre al servicio del deleite de los aficionados. Pero no solo era un artista del balón, era también un tipo muy efectivo, con la portería siempre entre ceja y ceja.

Tanto la vida como la carrera futbolística de Samitier fueron apasionantes. La forma de jugar de un futbolista es reflejo de su forma de ser fuera del campo, y Josep Samitier fue genio y figura. Sus pies albergaban una excelsa magia que maravillaba a los aficionados culés y desesperaba a las defensas rivales. Además, tenía un potente golpeo y un gran cabezazo, que le dotaban de una envidiada efectividad de cara al gol. También destacaba por su capacidad de liderazgo y de automotivación extrema. Fuera del terreno de juego era un tipo astuto y elegante, de férreas convicciones y con un magnetismo especial. Extrovertido y con una gran dialéctica, no dejaba indiferente a nadie. Se relacionó con lo más variopinto de la sociedad, desde políticos, militares y artistas de la talla de Gardel, a humildes ciudadanos de su barrio. Creó de este modo una conexión muy especial con el diverso público azulgrana. Se tomaba la vida con cierta ironía y tenía una respuesta ingeniosa para todo; el mismo talante que demostraba con el balón.

El Hombre Langosta marcó la época dorada del Barça en los felices años 20 del siglo pasado, y se le recuerda como uno de los mejores futbolistas que han vestido la camiseta azulgrana. Su figura en el club iba más allá de lo meramente deportivo, y es que, como decíamos, supo ganarse con rapidez el corazón y la admiración de todos los culés. Y, con permiso del Romperredes, Samitier se convirtió en el primer ídolo de masas de la afición azulgrana.

Aunque empezó jugando en la medular, en concreto de volante izquierdo, a las pocas temporadas, pasó a ocupar la delantera. Allí actuó como un futbolista ratonero, de esos que causan estragos y dolores de cabeza a la defensa rival. Un jugador astuto que se filtraba entre la zaga adversaria, ya fuera conduciendo el balón con su depurada técnica u ocupando los espacios detrás de los centrales, a la espera de recibir un pase filtrado para luego fusilar al portero rival. Virtuosismo puro con el balón en los pies; un tipo rápido y escurridizo que además contaba con una inusual fortaleza física, a pesar de que no destacaba por su corpulencia. Picardía, olfato de gol y una gran visión del juego convertían a Samitier en uno de los mejores delanteros de la época y de la historia del club.

Han pasado más de 100 años de su debut y continúa siendo el tercer máximo goleador histórico del Barça. Solo por detrás de Paulino «Romperredes» y Messi, casi nada. Marcó la friolera de 361 goles en tan solo 504 partidos —contabilizando, como en el caso de Alcántara, los goles en encuentros amistosos. Sin tenerlos en cuenta, Samitier sería el quinto máximo goleador, con 187 dianas—. Además, mantiene aún la marca de ser el futbolista azulgrana con más goles en el torneo copero; 64 en 75 partidos.

Por desgracia se conservan muy pocos vídeos que muestren su juego. Pero podemos hacernos una idea de la fascinación que despertaba su fútbol a través de los relatos de sus contemporáneos:

> No hay jugadores capaces de vulnerar sus intentos y malograr sus intenciones. Su habilidad es tan grande, su superioridad sobre todos los demás jugadores es tan palpable, que siempre, en todos los instantes de un partido, hay un hueco disponible por donde poner la cabeza o el pie y lograr el gol deseado.

Este pequeño extracto pertenece a una publicación de *Jornada Deportiva* de diciembre de 1923 e ilustra la talla del futbolista que fue Josep Samitier, pero, si encontráramos este texto en cualquier resumen de partido de algún diario deportivo actual refiriéndose a Messi, nos parecería una definición igualmente extraordinaria.

El Hombre Langosta ya apuntaba maneras desde pequeño. Era de esos niños locos por el fútbol que siempre andan con un balón en los pies. Gracias a la amistad que tenía su abuelo con Manuel Torres, mítico conserje de la Escopidora —el campo de la calle Industria donde en aquel momento jugaba el Barça—, Samitier podía ir a ver algunos partidos del conjunto azulgrana. En el entretiempo, él y otros intrépidos jóvenes saltaban al rectángulo a pelotear hasta que se reanudaba el partido. Un día, cuando Manuel Torres echaba a los críos antes del inicio del segundo tiempo, el joven Samitier le miró con semblante serio y le prometió que un día jugaría allí. Y vaya si lo hizo.

Antes de fichar por el Barça, con tan solo 14 años, ingresó en las filas del FC Internacional: otro de los equipos de la ciudad que, aunque tuvo un recorrido muy corto —pues desapareció en 1922—, gozó de cierta relevancia en Barcelona. A los 15 años ya era titular en el equipo y, gracias a sus brillantes actuaciones, con solo 17 años el Barça se fijó en él.

Cuando aún militaba en el FC Internacional, jugó un partido a préstamo con el Barça. Lo querían probar. Fue un amistoso contra una selección de jugadores de los países aliados, que, unos meses antes, habían vencido en la Primera Guerra Mundial. El Barça ganó y Samitier metió el primer gol del encuentro. En ese mismo partido, por cierto, también debutó otra leyenda de nuestro fútbol: el portero Ricardo Zamora, el Divino.

La actuación de Samitier aquel día convenció a la directiva azulgrana, que se apresuró a sellar su contratación. En aquella época ya existían las primas de fichaje, aunque no era raro que se pagaran en especie, como fue el caso. A cambio de un traje con chaleco y un reloj de esfera luminosa —toda una novedad tecnológica de su tiempo—, Samitier firmó por el Barça. Era 1919, el Hombre Langosta solo tenía 17 años y ya había hecho realidad su sueño.

Al día siguiente del encuentro, Sami vio la reseña del partido en un periódico deportivo, y, a pesar de que destacaban su actuación, habían escrito mal su apellido. Con el garbo que le caracterizaba, el jovencísimo jugador se dirigió a la sede del rotativo y los advirtió de que aprendieran a escribir su apellido correctamente, pues sus notorias actuaciones darían mucho que hablar y tendrían que escribirlo muchas veces. Y, al igual que ocurrió con aquel primer vaticinio que pronunció ante Manuel Torres, sus presagios se cumplieron.

Se cuenta que, en uno de los primeros partidos que disputó Samitier como azulgrana, Esteve Sala —el dueño del quiosco Canaletas, además de gran empresario y directivo del club, quien, años más tarde, llegó a ser presidente— se le acercó antes del inicio del encuentro y le prometió que, si marcaba en aquella ocasión, podría disfrutar de por vida de cualquiera de sus restaurantes u hoteles de forma gratuita. Como siempre, el Hombre Langosta cumplió y anotó un tanto.

Las malas lenguas dicen que Samitier era un hijo no reconocido del empresario. Se afirma, además, que esta promesa incluso quedó plasmada en el testamento de Sala. Será difícil que podamos saber la verdad sobre estos dos rumores, pero lo que está claro es que Samitier tenía una relación muy especial con Esteve.

Sus buenas actuaciones en la primera temporada de azulgrana le valieron un puesto en el primer once de la selección española. En los Juegos de Amberes de 1920 el fútbol era considerado, por primera vez, deporte olímpico, y el conjunto nacional obtuvo la medalla de plata. Logro muy destacable, ya que en aquel entonces las Olimpiadas eran la máxima y única competición de selecciones nacionales. Aún habría que esperar diez años para que se celebrara el primer Mundial.

Al regresar de la cita olímpica, el fútbol de Samitier eclosionó. Y, acompañado de figuras como Piera, Coma, Martínez Sagi, Sagi Barba, Sastre, Emil Walter, Planas, Sancho, Paulino Alcántara, Torralba o Zamora —quien más tarde fue sustituido por el gran Plattkó—, formó parte de aquel Barça de ensueño que no se cansaba de levantar copas. Y, como no podía ser de otra manera, aquel imparable equipo ganó también la primera Liga Española, que se disputó en 1928-29.

Tal fue el impacto social que tuvo el Barça en aquella época, que el campo de la Escopidora se quedó pequeño y tuvieron que trasladarse en 1922 al Campo de Les Corts.

Si se dice que el Camp Nou se construyó por Kubala, podríamos decir que, en gran medida, el Campo de Les Corts se construyó gracias al Hombre Langosta.

Pocos años más tarde, en un partido de cuartos de final de la Copa de 1926, Samitier demostró una vez más su astucia en el terreno de juego. Se enfrentaban al eterno rival, el cual jugaba aún en el campo de Chamartín. La defensa del conjunto merengue probó una táctica aún muy poco extendida: adelantar la defensa para hacer caer a los delanteros adversarios en fuera de juego. Los primeros 20 minutos funcionó, pero el Mago se percató con rapidez y, valiéndose de su extraordinaria visión de juego, consiguió burlar la estrategia defensiva del conjunto blanco para acabar endosándole un póker de goles. El resultado final del partido fue un escandaloso 1-5. El partido de vuelta, muy descafeinado por la rotunda victoria culé de la ida, sirvió para que Samitier marcara dos goles más. Sumó así un total de seis goles en aquel cruce del campeonato copero, que acabó con el Barça como épico ganador después de una disputada final contra el Athletic Club de Madrid (sí, por aquellas fechas aún eran «Athletic» y no «Atlético»).

Años más tarde, en 1932 —con un Samitier que ya superaba la treintena—, el Barça se encontraba sumido en una crisis institucional y futbolística. La plantilla estaba muy envejecida y ya no cosechaba las victorias de antaño. Los elevados emolumentos de aquellas viejas glorias hacían difícil la renovación del equipo. El rendimiento del Hombre Langosta en el campo era muy discutido y su ascendencia sobre la masa social del Barça hacía que la directiva recelara de él. Así, el 28 de diciembre de aquel año, le comunicaron que deseaban prescindir de sus servicios, con el pretexto de no poder asumir su elevado salario. Quedaba libre, por tanto, para fichar por el equipo que quisiera. A pesar de que aquel día se celebraban los Santos Inocentes, no se trataba de una broma; el conjunto azulgrana había decidido desprenderse de su leyenda.

Pocos días después de recibir la invitación para abandonar el club, el Barça se enfrentaba al Real Madrid, era 1 de enero de 1932. Y allí mismo, Santiago Bernabéu —ilustre madridista y gran amigo de Samitier— le ofreció jugar en el club blanco y, para el asombro de la leyenda merengue, el Hombre Langosta aceptó sin pensárselo. El 7 de enero de 1933, Josep Samitier ya se encontraba en la capital para firmar su nuevo y flamante contrato.

Caprichos del destino, tres meses después, el Real Madrid de Samitier se enfrentaría al Barça, y el Hombre Langosta, imaginamos que con tristeza y rabia a la vez, les endosó un doblete que sirvió para dar la victoria al conjunto merengue.

Ese mismo año levantó el trofeo de Liga con el Real Madrid y, al año siguiente, consiguió ganar la Copa. En principio, la final de este campeonato iba a ser su último partido como jugador. Aún nadie podía imaginar el funesto panorama que el destino le tenía reservado a nuestro país, el cual cambiaría de forma radical el futuro de Samitier y de la mayoría de sus compatriotas.

Tras colgar las botas y desconectar un tiempo breve del fútbol, en 1936 regresó al verde, pero esta vez de entrenador, haciéndose cargo del Atlético de Madrid. Aunque su aventura duró muy poco. El ambiente estaba enrarecido en la capital por la convulsa situación política. Se mascaba la incertidumbre y la tragedia. A los pocos meses, la guerra estalló. El Hombre Langosta vio como algunos de sus compañeros de profesión eran detenidos y, en el peor de los casos, fusilados, como fue el caso de Suñol, presidente del Barça en aquel momento.

Tras un percance con unos anarquistas que lo arrestaron unas horas, decidió que era el momento de seguir el triste camino que muchos españoles ya habían tomado: cruzar los

Pirineos en búsqueda de refugio y paz en Francia. Se dice que, en sus primeros días de exilio en el pueblo fronterizo francés de Le Perthus, cruzaba la frontera cada día para ir a comer a la fonda Can Duran. El sarcasmo con el cual afrontaba la vida le permitía sobrellevar los rigores y penurias de la guerra.

Una vez asentado en el país galo, se afincó en Niza. Y para ganarse la vida hizo lo que mejor sabía hacer, jugar al fútbol. Descolgó las botas y se enroló en el principal equipo de la ciudad, el Olympique Gymnaste Club de Nice, que en aquel entonces se batía en la segunda división francesa. El Hombre Langosta ya era muy veterano, pero su fama había traspasado, como él, la frontera y el OGC Nice no iba a desaprovechar esa oportunidad.

El Mago no brilló con la misma intensidad que en épocas pretéritas, pero dejó buenas actuaciones en Niza que le valieron para dilatar un poco más su carrera. En 1939, ya con 37 años, colgó las botas de forma definitiva.

Aún en Francia, dirigió como entrenador al OGC Nice durante unos meses. Pero la nostalgia podía con él y necesitaba regresar a su tierra. Tras sufrir varios interrogatorios y gracias a la ayuda de algunos amigos muy influyentes, que de una forma u otra estaban vinculados al régimen franquista, consiguió regresar a su Barcelona del alma en 1944.

Cuentan también que, antes de que estallara el conflicto, había coincidido con Franco y que no dudó en espetarle de forma burlona: «Azaña le ha dejado en fuera de juego». De hecho, esta expresión, que ahora nos resulta común, fue patentada por el mismísimo Sami, quien fue de los primeros en extrapolar los lances del fútbol a las situaciones cotidianas de la vida.

Más tarde, ya con Franco como caudillo y con Samitier de vuelta del exilio, el generalísimo se cobró su venganza diciéndole de forma siniestra: «Dime ahora quién ha dejado fuera de juego a quién».

Una vez en casa, tomó las riendas, como entrenador, del equipo de su vida y demostró ser tan genial como cuando vestía de corto. De pie, cerca del verde, con su gabardina, su sombrero y su inseparable habano en la boca, dirigía cual dandi a sus retoños. Es cierto que no ganó muchos títulos, pero tampoco disponía de una generación de futbolistas brillantes como los que le rodearon a él.

El Barça había quedado instalado en una crisis permanente. Un lastre que venía arrastrando desde antes de la guerra, pero Sami fue capaz de devolver al club a su legítima posición preponderante en la liga doméstica y alzó el título de la temporada 1944-45. Y, aunque no logró muchos trofeos más, a su favor cabe recordar que la última liga ganada antes de su retorno como técnico fue la de 1929, cuando él aún era futbolista azulgrana.

Destacó por dotar de relevancia a la figura del entrenador. En cierto modo, profesionalizó el fútbol. Hoy en día nos parece obvio que los futbolistas han de llevar una vida sana, equilibrada y sin grandes excesos. Pero antes no era así. Fue él quien comenzó a controlar la alimentación de sus jugadores, a limitar la ingesta de alcohol y a establecer rutinas de preparación. Era muy estricto con los horarios de entrenamiento y fomentó los ejercicios tácticos conjuntos frente a la preparación individual.

Como gran novedad, también prestó mucha atención a la preparación psicológica de los futbolistas. Y se encargó de formarlos tácticamente. En ocasiones, reunía a toda la plantilla y se los llevaba a ver partidos de otros equipos de categorías inferiores. Allí, en la grada, les impartía clases magistrales mientras observaban y analizaban los errores que cometían los conjuntos que protagonizaban el encuentro.

Su obsesión por el juego estratégico le llevó a ampliar el Campo de Les Corts, gracias a la retirada de las primeras filas de sillas que encerraban el terreno de juego. Los metros ganados generaban más espacios, y eso favorecía a los futbolistas azulgranas, que, por lo general, eran tácticamente más dotados que sus adversarios.

Su tiempo en la siempre convulsa banqueta azulgrana duró tres temporadas. Los pobres resultados y sus tiranteces y desencuentros con la directiva del club fueron el detonante de su salida. Fue entonces cuando pasó a ocupar el cargo de secretario técnico del Barça; puesto en el cual también brilló con luz propia.

Fue artífice del gran fichaje de Kubala, incluso del de Di Stéfano. Aunque este se truncó por razones extradeportivas. También trajo a otros jugadores de época que no forman parte del santoral azulgrana pero que tuvieron un rendimiento óptimo, como el punta brasileño Evaristo de Macedo o el extremo uruguayo Villaverde.

Durante aquellos tiempos la ascendencia de Samitier era total sobre la directiva y sobre el entrenador de turno. Hasta que, en 1958, llegó al banquillo el legendario Helenio Herrera. Es sabido que dos gallos no pueden convivir en un mismo corral y, dado que el nuevo técnico quería controlar todos los aspectos deportivos, la figura de Samitier ya no tenía sentido y él tampoco estaba dispuesto a aceptar un papel secundario.

Así que Samitier, emulando lo que ya hizo en años anteriores, se trasladó a Madrid para ejercer de secretario técnico del conjunto blanco, bajo la presidencia de su amigo Bernabéu. Allí contribuyó a establecer las bases del Madrid de Di Stéfano, que ejercería su tiranía futbolística durante varios años, tanto en la competición doméstica como en Europa.

Aunque, como es sabido por todos, la cabra siempre tira para el monte, y tan solo un año después, en 1959, ya estaba de vuelta a su Barcelona natal. Según dijo su gran amigo Santiago Bernabéu:

> «Samitier quiere demasiado a Barcelona y al Barcelona como para obligarle a que se quede en Madrid. La nostalgia terminaría con él, y yo quiero mucho a Samitier (...)».

Los siguientes años ejerció de forma más bien oficiosa de hombre de club: asesor, relaciones públicas, lo que le hiciera falta a su amado equipo. Su figura fue muy útil gracias a la gran ascendencia que ejercía sobre todo el mundo del fútbol. Con su carisma y audacia era capaz de convencer a quien fuera y contribuyó a mejorar las relaciones diplomáticas del Fútbol Club Barcelona, tanto con las autoridades como con otros clubs.

El 3 de mayo de 1972, Samitier olvidó las gafas en las instalaciones del equipo. Pero nunca regresó a recogerlas. Al día siguiente murió a la edad de 70 años.

Se iba un genio, se iba un mito. Pero, sobre todo, se iba una persona extraordinaria y un culé que había entregado toda su vida al Barça. La ciudad y todo el mundo del fútbol lloraron su muerte como nunca antes se había hecho. Y es que el jugador azulgrana que más cerca nació del Camp Nou nunca fue un futbolista más.

La directiva del Fútbol Club Barcelona solicitó al consistorio una estatua en honor a esta insigne figura. Pero se negaron y se limitaron a rebautizar una calle con su nombre. Una triste placa que, sin duda, jamás será capaz de rendir el homenaje que merece el primer mito culé.

¡ESTE CAMPO SE CIERRA!

«El incidente no puede sorprender a nadie que conozca el carácter de este club, tan político, por lo menos, como deportivo (...)».

Así comenzaba la nota de prensa del diario *ABC* que explicaba lo sucedido el fatídico 14 de junio de 1925 en el Campo de Les Corts.

El Barça iba viento en popa, acababa de levantar el enésimo Campeonato de Cataluña y había ganado también la Copa. Un doblete, como diríamos hoy en día, y lo máximo a lo que podía aspirar, pues fueron los únicos dos campeonatos que disputó aquella temporada.

Pero hubo un partido que estuvo a punto de enviar al Fútbol Club Barcelona a los anales de la historia. Aquel encuentro con consecuencias funestas fue un *match* de exhibición jugado contra el CD Júpiter. Hacía poco que el Orfeón Catalán había estado en Roma, y sus actuaciones fueron un rotundo éxito. Por este motivo el Barça decidió organizar un encuentro para homenajear a la institución.

La primera parte transcurrió con normalidad: el Barça ganaba, Paulino Alcántara había anotado ya su gol... Todo iba según lo previsto. Pero en el descanso se armó un *rock and roll* de proporciones épicas.

Dado el carácter festivo del evento y su vínculo con la sociedad coral, se había invitado a presenciar el partido a la banda musical de un buque de bandera británica que se hallaba atracado en el puerto de Barcelona. Los músicos anglosajones, como buenos invitados, interpretaron en el campo la *Marcha real* —el himno nacional— y el público, o gran parte de este, lo silbó. Quizá por desafección al régimen, quizá por tener un ideario secesionista o tal vez por no parecerle de recibo que en un homenaje a una institución catalanista sonara el himno de España.

Los músicos británicos no sabían por dónde les soplaba el viento y, sorprendidos, pasaron acto seguido a interpretar *God Save The Queen*, y caso curioso, este himno de la realeza británica sí fue aplaudido. Después del estruendo, se reanudó el partido, y acabó con victoria azulgrana, 3 a 0. Pero el resultado fue lo de menos.

Aquel hecho nada patrio a ojos de una dictadura trajo consecuencias muy graves para el Fútbol Club Barcelona. Y, si no hubiera sido por la intervención de algunos burgueses azulgranas y afectos al régimen, el Barça hubiera pasado a mejor vida y quizás hoy no tendríamos más remedio que ser del RCD Espanyol.

Diez días después del partido, el gobernador civil de Barcelona, Milans del Bosch, convocó una rueda de prensa para hacer público el castigo que recibiría el Fútbol Club Barcelona por lo que habían hecho los asistentes a aquel partido. El club fue suspendido y el campo clausurado durante un periodo de seis meses. Ante las quejas y reclamaciones de

Gamper por las sanciones recibidas, se le invitó a abandonar la institución y el país.

Se marchó a Suiza, aunque volvió a Barcelona poco después, pues le habían conminado al exilio de forma no tácita, y ninguna pena recaía, en realidad, sobre él. Salvo una, y la más importante para Gamper, la inhabilitación para ostentar cualquier cargo dentro del club.

Para no perjudicar aquello que más amaba, no volvió a involucrarse en la dirección de la entidad y acudía al campo como un espectador más. Sobre la figura de Gamper y su vinculación con el catalanismo han corrido ríos de tinta. Ahora no departiremos sobre este tema, pero sí es importante destacar que el término no tenía la misma significación que posee en la coyuntura actual. Para rematar este inciso, es preciso tener también en cuenta que las ideas de las personas cambian y mutan en el tiempo. Y lo que pensaba Gamper sobre el régimen solo lo sabía Gamper. Pero es una realidad que en 1923, tras el alzamiento y triunfo del golpe de Estado de Primo de Rivera, Gamper fue miembro del Somatén Nacional del Distrito Segundo de Barcelona, institución de carácter parapolicial que cooperaba con las fuerzas policiales y militares para mantener el orden en aquellos tiempos convulsos.

Fuera como fuere, el Barça quedaba inoperativo y descabezado. Pero gracias a que Arcadi Balaguer —gran amigo del golpista y del rey Alfonso XIII— tomó las riendas del club, se logró que la sanción se redujera a la mitad y así se consiguió mitigar, en cierto modo, el daño causado al Barça. También, la Federación Catalana de Fútbol, al considerar injusto el castigo, pospuso el inicio de la nueva temporada hasta que venciera la restricción, con el objetivo de que el club no se perdiera ningún partido y evitar así el consecuente perjuicio que esto le conllevaría. Una sanción severa, pero, si tenemos en cuenta la mano dura que normalmente caracteriza a cualquier dictadura, podríamos considerarla incluso, en cierto modo, laxa. Lo importante es que se consiguió saltar esa piedra en el camino: el club sobrevivió y el balón volvió a rodar sobre el Campo de Les Corts.

ODA A PLATTKÓ

Sin tu sangre, tu impulso, tu parada, tu salto
temieron las insignias.
No, nadie, Platko, nadie,
nadie se olvida.

Rafael Alberti

El portero vive de forma diferente el fútbol, ya que en un juego de pies su éxito depende de las manos. Permanece bajo el arco oteando el devenir del juego desde su particular rectángulo, que es su territorio y su prisión. Es el último escollo para el delantero y el chivo expiatorio cuando el gol del adversario se cuela entre sus guantes.

Un aura de romanticismo envuelve al único jugador diferente, aquel que, en principio, nunca marcará un gol, pero que, por muchos años que pasen, siempre recordará todos los que ha encajado.

El Barça siempre, o casi siempre, ha gozado de grandes porteros. Y este homenaje a Plattkó lo es también para todos los que, sin vestir jamás de azulgrana, defendieron sus colores con garra bajo los pesados palos de la exigente arquería culé.

La portería del Barça no está hecha para todos, hay que ser de otra pasta para defenderla con solvencia. Desde Zamora a Ramallets, pasando por Bru, Urruti, Artola, Velasco, Renyé o Salvador Sadurní, o los más recientes como Zubizarreta o el introvertido y extraordinario Víctor Valdés, defendieron en cuerpo y alma el arco azulgrana. Todos ellos han alcanzado el estatus de leyenda gracias a sus vuelos sin motor, a sus atajadas increíbles y decisivas.

Y en los años 20 bajo palos estaba Plattkó, el gigante húngaro que llegó para hacer olvidar al «Divino» Zamora, y vaya si lo logró. Su coraje y su arrojo cautivaron tanto a los culés como a las aficiones adversarias, hasta tal punto que el poeta Alberti le regaló uno de sus poemas, la *Oda a Plattkó*. Aunque en términos literarios, lo más adecuado habría sido dedicarle una epopeya, tanto por sus hazañas deportivas como por el periplo por el mundo que protagonizó como entrenador una vez concluida su carrera como futbolista.

Pero ¿qué es lo que hizo Plattkó para ganarse el halago literario de Alberti?

Era el año 1928 y se disputaba la final de la Copa del Rey en el mítico estadio del Racing Club de Santander, el Sardinero. En el rectángulo se enfrentaba el Barça contra la Real Sociedad. Y, aunque los azulgranas partían como favoritos, los donostiarras neutralizaron la soberbia calidad técnica de su adversario a base de intensidad y agresividad al límite. Aquello más que un partido parecía una lucha de gladiadores. El viento arreciaba, la lluvia convirtió el terreno de juego en un lodazal, y la banda sonora la componían los rugidos de un mar Cantábrico enfurecido. Un escenario épico.

Transcurría la primera parte de aquel duelo, y en un mano a mano con el ariete adversario, Plattkó se abalanzó cual felino a por el balón, mientras que el delantero, ya sin posibilidad de impactar el esférico, chutó. Pero chutó la cabeza del húngaro, quien quedó tendido en el suelo, con la frente abierta, semiinconsciente y sangrando a borbotones, pero sosteniendo con fuerza el balón entre sus brazos.

El portero fue retirado del campo a hombros de sus compañeros, y en el mismo vestuario le empezaron a suturar la herida. En aquella época no había cambios, así que Arocha dejó su posición como delantero para ocupar la portería. En la segunda mitad, llegó al vestuario Samitier, también sangrando. Aquello parecía una enfermería. Pero el Oso Rubio de Hungría no podía soportar aquella humillación. Se levantó y con un improvisado vendaje que cubría los puntos de sutura saltó de nuevo al campo. Aguantó lo que quedaba de partido recibiendo las embestidas de los jugadores blanquiazules, perdiendo, incluso, el vendaje. Y, dejándose literalmente la piel, salvó el partido.

Aquella final terminó con victoria azulgrana y con un nuevo trofeo en las vitrinas después de dos partidos más de desempate —recordemos que aún no había penaltis—. Y

Plattkó, aunque la brecha recibida en la cabeza le impidió jugar esos dos partidos siguientes, fue considerado por la afición como el héroe de aquella final.

Dos años después, siendo ya veterano, dejó el Fútbol Club Barcelona y, tras un breve paso por el Racing Club de Madrid, recaló en el Basilea, donde acabó colgando las botas en 1933.

Tras su retirada se enfundó el chándal de entrenador, y ahí empezó su periplo: Suiza, Francia, España, Portugal, Estados Unidos, Rumanía, Argentina y Chile. Incluso llegó a ser entrenador del Barça en dos ocasiones. Pero sus mayores logros los cosechó entrenando al Colo-Colo chileno y a los dos colosos argentinos: el Boca y el River Plate.

Aparatoso vendaje que tuvieron que aplicarle
a Plattkó en aquella legendaria final.

Gracias al exhaustivo trabajo del historiador azulgrana Manel Tomás, que desempolvó viejas misivas que se amontonaban en los archivos del club, sabemos que, en sus últimos años, él y su mujer sufrieron estrecheces, enfermedades y calamidades. Vivía en condiciones paupérrimas y escribió varias cartas al club suplicando ayuda, ofreciendo a cambio algunas medallas de oro que había obtenido como azulgrana —que aún no había malvendido—. Parece que el Barça, como respuesta a su llamada de auxilio, le envió algo de ayuda, pues en algunas de estas cartas lo agradeció, aunque subrayaba que le era insuficiente.

Como si de un macabro designio del destino se tratara, la oda de Alberti no se cumplió. En 1983, murió en Santiago de Chile uno de los héroes de la final de Santander. Solo, pobre y olvidado después de una larga y angustiosa agonía.

> *¡Oh, Platko, Platko, Platko,*
> *tú, tan lejos de Hungría!*
> *¿Qué mar hubiera sido capaz de no llorarte?*
> *Nadie, nadie se olvida,*
> *no, nadie, nadie, nadie.*
>
> Rafael Alberti

LA MUERTE DEL PADRE

Un disparo rompía la cotidianidad de aquel funesto 30 de julio de 1930. El estruendo fue acompañado de un sonido sordo. Era el cuerpo de Gamper desplomándose sobre el suelo de su vivienda de la calle Girona n.º 4 de Barcelona.

Joan Gamper, el padre, el fundador, el primer delantero del equipo, el presidente que regresaba al club cuando más se le necesitaba, el alma azulgrana, había muerto.

Tenía solo 52 años cuando dijo basta. Cuando la muerte se le antojó más atractiva que la vida se voló los sesos con su revólver.

Los que lo conocieron siempre decían que era un hombre fuerte, clarividente, vitalista y extrovertido. Pero las circunstancias ahogaron a aquel que lo dio todo por el club, por su club.

Los desafortunados sucesos de 1925, el exilio y el hecho de haber sido apartado de su Barça habían ensombrecido sus últimos años. Aunque la puntilla final llegó en 1929. El crac financiero ocasionó la Gran Depresión y el comercio internacional decreció más de un 50 %. Y Gamper, que era un hombre de negocios, inversor en bolsa y empresario internacional, vio como aquel duro golpe arruinaba sus finanzas. Aquel inclemente revés lo dejó en la lona y, viéndose incapaz de volver al *ring*, se quitó la vida.

La noticia corrió como la pólvora que lo había matado. Al principio, había dudas y escepticismo. Nadie creía que se hubiera ido por voluntad propia. El suicidio era tema tabú en aquella época. Y Gamper era un hombre fuerte y sano, así que nadie daba crédito. Pero la tragedia pronto fue confirmada y los azulgranas quedaron huérfanos. Barcelona lloraba, era día de luto, el más doloroso desde el nacimiento del equipo.

La directiva y los personajes más relevantes del club acudieron raudos al domicilio del finado, donde se había instalado el velatorio. Y durante todo el día y toda la noche se turnaron para acompañar a la familia y despedir al eterno presidente.

El féretro de Gamper acompañado por la multitud
azulgrana por las calles de Barcelona.

Al día siguiente tuvo lugar el entierro. La bandera azulgrana ondeaba a media asta, y todos los culés salieron en masa a la calle para despedir al padre azulgrana. La multitud atestaba la calle Girona y sus inmediaciones cuando la comitiva fúnebre salió del domicilio. El féretro, envuelto en una gran bandera del Barça, avanzaba sobre los hombros de los futbolistas azulgranas: Sagi, Samitier, Llorens, Sancho o Carulla cargaban con el peso de gran parte de la historia del club.

Ningún culé quiso perderse la oportunidad de despedir a Gamper y, como si de una manifestación se tratara, toda la familia azulgrana —directivos, deportistas, amigos y aficionados— procesionaron detrás de la comitiva fúnebre para acompañar a Gamper a su morada eterna.

Pararon primero en la Iglesia de San Pedro de las Puellas, donde se entonaron los responsos. Luego, se dirigieron hacia la calle Diputación, a la sede del club. Por allí desfilaron todo tipo de personalidades para darle el último adiós: autoridades civiles, amigos, directivos, representantes de todos los estamentos futbolísticos y deportivos y delegaciones de otros clubes de fútbol venidas de toda España.

Después, el cortejo tomó rumbo al lugar donde Gamper recibiría cristiana sepultura: el cementerio de Montjuic.

El peso de la tierra y de los años corrieron un tupido velo sobre la historia del fundador. Su figura se fue difuminando y desvaneciendo con el paso del tiempo. El hecho de que se hubiera suicidado era una mancha muy negra en su historia. En aquella época, la moral cristiana imperaba sobre la sociedad, y el suicidio era considerado popularmente como un gravísimo pecado.

Esta forma de morir y la simpatía por el catalanismo de la Lliga Regionalista de la que había hecho gala durante su vida no ayudaron a que en los años venideros se hiciera justicia con su historia. De hecho, en 1934 se bautizó una calle con su nombre, pero nada más triunfar el franquismo, en 1939, se arrancó su placa y se cambió la denominación de la vía. No sería hasta 1947, y gracias a la insistencia y perseverancia del presidente Agustí Montal i Galobart, cuando las autoridades del régimen, a regañadientes, aceptaron devolver el nombre de la calle a Gamper.

En pleno franquismo, cuando se inauguró el Camp Nou, se barajó la posibilidad de que el estadio llevara su nombre, pero desde el Gobierno se instó al club a no hacerlo —y a las dictaduras no les gusta que les lleven la contraria—, así que, por el bien del equipo y de sus directivos, la idea se quedó en el tintero.

Con el paso del tiempo y la relajación del franquismo, en 1966 el presidente Enric Llaudet organizó el torneo anual del club y le otorgó el nombre del padre. Así, nació el Trofeo Joan Gamper. De este modo, el club empezaba a desempolvar y restituir la memoria del hombre que lo dio todo por el Fútbol Club Barcelona.

UNA FUENTE AZULGRANA

Un culé que se precie debe peregrinar por lo menos una vez en su vida a la fuente de Canaletas, pues es La Meca azulgrana.

Todos los equipos de fútbol tienen un lugar mítico e histórico donde se reúnen sus aficionados para celebrar las victorias y los títulos. La mayoría lo hacen en grandes plazas, en los ayuntamientos o en monumentos espectaculares. En cambio, los culés lo hacemos en un lugar casi secreto escondido en medio del bullicio, un rincón que pasa desapercibido para todos aquellos no iniciados en la secta azulgrana: en la discreta fuente de Canaletas, ubicada en las populares Ramblas de Barcelona.

Se trata de una fuente sencilla, hecha de hierro colado y de estilo modernista que dispone de cuatro grifos junto a sus correspondientes pilas circulares. Está coronada por una columna de la que nacen cuatro farolas. Un lugar austero para celebrar las victorias de nuestro equipo; pero la historia y la tradición mandan. Pero ¿por qué en Canaletas?

Hubo dos factores determinantes que convirtieron esta fuente en un símbolo azulgrana. Por un lado, justo en frente de la fuente se ubicaba la sede del extinto diario deportivo *La Rambla*, fundado en 1930 por Josep Suñol, quien más tarde sería presidente del Barça. En aquella época en la cual el fútbol todavía no se televisaba y Pepe Domingo Castaño aún no había ni nacido, era imposible conocer el resultado de los encuentros disputados fuera de casa hasta que no se publicaba la crónica del partido en los diarios. Pero los periodistas que trabajaban en *La Rambla* iban recibiendo la información de lo que acontecía en el partido para que pudieran ir preparando la reseña para la publicación del día siguiente. Y tuvieron la brillante idea de ir anotando los resultados en una pizarra situada en la entrada de la redacción para informar a aquellos culés impacientes que no podían esperar para conocer el resultado.

Pero el factor decisivo para que este lugar se convirtiera para la posteridad en enclave estratégico azulgrana fue el quiosco de Canaletas. Como su propio nombre indica, estaba situado al lado de la fuente y era propiedad de Esteve Sala —empedernido culé que llegó a ser presidente del Barça y hasta incluso creó la Copa Canaletas—. El quiosco era un dinamizador social, y ahí se reunían desde aficionados culés hasta los propios futbolistas del equipo.

Y es que, antaño, los quioscos eran diferentes. Con el tiempo han bajado de división y han perdido su estatus y glamur. En la actualidad, la mayoría de estos establecimientos, dedicados ahora a la venta de diarios y revistas, flores y chucherías, tienen una apariencia sencilla. Pero antes eran otra cosa. Su estética era más refinada. El quiosco de Canaletas había sido construido con materiales nobles, como el hierro y la madera, y lucía un diseño modernista aunque atiborrado de ornamentos que le daban un cierto aire barroco. Pero lo más importante: en aquel entonces vendían licores y todo tipo de bebidas espirituosas. Ahora, quizá, se entiende mejor por qué se reunían allí tantos aficionados y futbolistas.

Así pues, era una combinación perfecta para convertirse en un espacio clave para los aficionados, por lo que el lugar, poco a poco, devino en el punto de encuentro de los culés para festejar las victorias y títulos del equipo.

Pocos años después, la sombra de la guerra empezó a cernirse sobre España. El lugar sobrevivió a los bombardeos del 38, pero con el triunfo franquista el rotativo *La Rambla* fue clausurado por sus inclinaciones contrarias al régimen. Y, aunque el quiosco prosiguió su actividad, en aquellos primeros y duros años de posguerra los culés y toda la población anduvieron más preocupados por sobrevivir y comer que por seguir al Barça. El quiosco de Canaletas languidecía, hasta que en 1951 fue derribado. Pero el alma y la esencia azulgrana prevalecieron en el lugar. Por eso, casi 100 años después de que los primeros culés se reunieran allí, la fuente de Canaletas sigue siendo el lugar sagrado de peregrinación al que los aficionados azulgranas acudimos para honrar los triunfos de nuestro amado club.

Quiosco Canaletas, justo al lado de la mítica fuente (1909).

1936-1950. Un Barça de subsistencia

¡EL BARÇA NO SE INCAUTA!

Julio de 1936 en Barcelona. Acababa de estallar la Guerra Civil. El aire que se respiraba en la Ciudad Condal olía a sangre, miedo y pólvora. Aunque la sublevación no había triunfado en Barcelona, la Generalitat se vio abocada a crear comités paramilitares para defender la República y mantener el orden. Craso error.

Estas milicias —que ejercían bajo el auspicio de sindicatos y partidos políticos—, en su mayoría, estaban compuestas por anarquistas que hacían la guerra por su cuenta. Y, además de los sublevados, tenían a sus propios enemigos: empresarios, conservadores, religiosos… Organizados en comités, se convirtieron en una verdadera inquisición, que perseguía y mataba a todo aquel que fuera contrario a su ideología. Incautaron empresas, desalojaron conventos, quemaron iglesias y establecieron un régimen de terror en la ciudad.

En este contexto, la CNT-FAI puso la mirada sobre Les Corts y el Fútbol Club Barcelona. Pero en las tragedias siempre hay héroes, y el Barça en este caso tuvo dos: Ángel Mur Navarro y Mariano Pellegero Gasca. Masajista y utillero del club respectivamente.

Enterados de las intenciones de los anarquistas de confiscar los bienes del Barça y sus instalaciones, nuestros héroes se movieron bien y rápido. Con mucha astucia, junto a seis valientes trabajadores más, decidieron crear un comité. Se afiliaron a la UGT y constituyeron una comisión de trabajadores que «tomó» el club.

Cuando se presentaron los anarquistas, Ángel y Mariano se plantaron frente a ellos y les explicaron que el Barça ya había sido incautado. Al tratarse de una confiscación por parte de «camaradas», a los revolucionarios no les quedó más remedio que aceptar el hecho e irse con la música a otra parte.

El improvisado comité culé salvaguardó las instalaciones y los bienes del club hasta noviembre de 1937. Momento en el que, con la situación más calmada en la ciudad —el ejército regular había acabado con las milicias en mayo—, pudo devolver el poder a la entidad y se constituyó una nueva directiva.

Estos empleados, que nunca recibieron el aplauso de un estadio lleno ni jamás olieron la gloria que corona a los futbolistas, se jugaron su pellejo por el amor incondicional a algo más que una institución, más que un equipo de fútbol, más que un club: el Fútbol Club Barcelona.

EL PRESIDENTE QUE PERDIMOS

Josep Suñol es el presidente ausente. Ausente porque la muerte le obligó a marchar, porque no pudo completar su mandato, porque trató de devolver la gloria pasada al Fútbol Club Barcelona, pero no pudo, porque lo fusilaron.

Suñol era un tipo carismático, inteligente, audaz y rico, muy rico. La sangre azulgrana corría por sus venas. Hijo de una de las familias más prominentes de Barcelona, fue capaz de compaginar la gestión de los negocios familiares con su vocación periodística y filántropa. Su objetivo era democratizar el acceso al deporte y a la cultura: dos de sus grandes pasiones, en aquella época propias de la aristocracia y un lujo que no podían permitirse aquellos para los que ganarse el pan ya suponía un gran reto.

De profundas convicciones republicanas y catalanistas, su propósito era acercar la práctica deportiva a los jóvenes de todos los estratos económicos y utilizar el fútbol como aglutinante social y como cohesionador político y territorial. Pretendía crear así una base de ciudadanos atléticos y con una férrea ideología nacionalista.

Fundador y editor del diario *La Rambla*, fue el culpable de que los culés se reunieran en Canaletas, como ya hemos explicado en capítulos anteriores. Su diario compaginaba los artículos deportivos con la política, y sus páginas alentaban el nacimiento de la Segunda República española y ensalzaban la figura de Macià, a quien se unió cuando este creó el partido nacionalista ERC, dando así el salto a la política. De este modo, llegó a ser diputado de ERC en las Cortes españolas.

Con tan solo 37 años ya era una figura muy conocida y querida en Barcelona. Así, en 1935 se convirtió en presidente del Barça por clamor popular. La situación del club en aquel momento era paupérrima, pero, gracias a su gestión y aportación económica —sí, se rascó su propio bolsillo—, logró enderezarla. Saneó las cuentas del club y acometió algunos fichajes que lograron mejorar los resultados del equipo, el cual aquella temporada se proclamó campeón de Cataluña y llegó a la final de Copa, que se perdió contra el eterno rival gracias a la brillantísima actuación del exazulgrana Ricardo Zamora.

Pero la excelente trayectoria de Suñol se truncó el 6 de agosto de 1936. Ese día cometió el aciago y simple error que pagó con su vida.

Hacía menos de un mes que la Guerra Civil había empezado. Madrid se mantenía en manos republicanas, y atendiendo a las labores de su cargo como diputado, viajó a la capital. Una vez allí, leyó varias crónicas que engrandecían el éxito de las tropas republicanas en la cercana sierra de Guadarrama, al norte de Madrid, desde donde las milicias del sublevado general Mola trataban de hostigar la capital por el norte.

Suñol era un tipo optimista y confiaba en que el alzamiento duraría poco y la República saldría vencedora en pocos meses. No podía estar más equivocado.

Como hombre de Estado que era, decidió visitar el mencionado frente de la sierra de Guadarrama para ver la guerra con sus propios ojos y arengar a los soldados. Aunque también algunos autores hablan de que, probablemente, tomó aquella dirección para ir hacia Oviedo con el fin de acometer un fichaje. Nunca lo sabremos, pero se antoja improbable si tenemos en cuenta que en Oviedo había triunfado el alzamiento y poner un pie allí era demasiado peligroso para él.

Acompañado por el periodista Pere Ventura, por un oficial del ejército y por el chófer, se pasaron de frenada. Sin darse cuenta, sobrepasaron la línea de frente y se adentraron en territorio controlado por los nacionales. Y cuando llegaron a Alto de León, punto más elevado del puerto de Guadarrama, un pequeño destacamento les dio el alto.

Al grito de «¡Viva la República!», Suñol y sus acompañantes bajaron del coche para saludar a aquellos soldados. Se identificaron y los informaron de las novedades en el frente de Aragón, que Suñol conocía de primera mano al tener allí grandes extensiones de plantaciones de remolacha. Pero algo no iba bien. Aquellos hombres que les habían dado el alto vestían el uniforme del ejército, sí, pero eran sublevados.

Los cuatro visitantes fueron encañonados y despojados de sus pertenencias. Poco después se formó un pelotón de fusilamiento y, a la señal, descerrajaron sus armas contra Suñol y sus acompañantes.

El presidente murió fusilado. Lejos de su hogar y de los suyos, sin juicio ni justicia.

MÍSTER KO

Salvador Artigas Sahún, o más conocido por los jugadores que entrenó como Míster KO, era un hombre afable y cordial…, hasta que llegaba el momento de entrenar. Entonces desplegaba un arsenal de ejercicios marciales que llevaban a los futbolistas a la extenuación. Primaba siempre la preparación física y vigilaba la dieta de los jugadores hasta el extremo. Sus pretemporadas llevaban al agotamiento físico a los deportistas, quienes luego, durante la temporada, lograban llegar al máximo rendimiento y volar como aviones.

Fue un pionero en esta forma de concebir el entrenamiento, hasta el punto de que Carles Rexach —que debutó con el primer equipo de la mano de Artigas— se escondía a veces, un par de vueltas, cuando el míster los mandaba a correr en los circuitos que preparaba en el monte. Aunque ya sabemos que Charly nunca fue muy amigo de los *sprints*.

La vida de Salvador Artigas Sahún apuntaba a ser acomodada y plácida, pero se convirtió en una historia trepidante y repleta de peripecias. Le tocó lidiar con la guerra como a otros muchos jóvenes de su generación, y eso hizo que colgara las botas temporalmente para pasar a pilotar un Polikarpov I-16, avión de guerra soviético que la URSS cedió a la República, casi nada.

Nacido en Barcelona, ingresó en los juveniles del club hasta llegar a debutar con el primer equipo durante la temporada 1930-31. Sin embargo, eran años de travesía por el desierto, donde primaba la inmediatez de los resultados para salir del pozo, y, por tanto, se apostaba por la fiabilidad de los veteranos en detrimento de los jóvenes talentos que surgían de la cantera.

Artigas era un correctísimo mediocampista con buen pie, técnico, con disparo y gran visión de juego. Pero en 1934, tras no haber triunfado en el conjunto azulgrana, hizo las maletas y se mudó a Valencia para enrolarse en el FC Levante —equipo que, más tarde y tras una fusión, se convertiría en el Levante Unión Deportiva, el conjunto *granota* de nuestra Liga actual—.

Y, con el FC Levante, Salvador Artigas cumplió «la regla de los ex». Era 1935 y la suerte quiso que los cuartos de final de la Copa los disputara el Levante contra el Barça. El primer partido se celebró en Les Corts, y Artigas abrió la lata para los levantinistas. De esta forma, hizo valer aquella norma no escrita pero que casi siempre se cumple en el fútbol: tu exjugador siempre te marcará en el primer partido que juegue contra ti.

Y aquel empate, que supo a victoria, se repitió en la vuelta y llevó la contienda a un encuentro de desempate en campo neutral, en Zaragoza. Allí, el Barça recibió un meneo: un contundente 3 a 0 que lo apeó de la Copa. Había sido una gesta para el Levante, pues en aquel momento jugaban en la división de plata.

Al año siguiente estalló la guerra, y aunque se continuó jugando al fútbol, por motivos obvios, la Liga fue suspendida. Pero en los territorios de cada bando se jugaron algunos torneos más o menos organizados. Sin embargo, en 1937, Artigas decidió colgar las botas y unirse a la causa republicana. Le formaron como piloto, de hecho, por la urgencia del momento fue el único aviador que pilotó un Polikarpov I-16 sin haber recibido adiestramiento específico en la URSS.

Una vez preparado participó en la durísima batalla del Ebro, en la cual, desde el cielo, hostigó al enemigo y se batió con aeronaves adversarias. Pero el 16 de noviembre de 1938 las tropas de Franco lograron vencer y se hicieron con la totalidad de las posiciones republicanas. Aquella victoria condujo al fin de la guerra, pues el bando nacional era ya, virtualmente, el ganador de la fratricida contienda.

Con el ejército republicano acorralado y el signo de la guerra ya decidido, se ordenó a la aviación que abandonara el país. En una maniobra apresurada, los pocos aviones que quedaban partieron hacia Francia. A Artigas le sonrió la suerte, y consiguió escapar de la muerte, pues, cuando empezaban a despegar, el aeródromo fue ametrallado por las tropas nacionales, y su avión fue uno de los pocos que logró huir.

Aterrizó en Agen y, tal y como bajó de la aeronave, fue trasladado al campo de refugiados de Gurs. Allí, la suerte le sonrió de nuevo. Benito Díaz, entrenador donostiarra que también se había exiliado y se encontraba dirigiendo al Girondins de Burdeos, conoció la situación de Artigas y logró sacarle del campo de concentración para que pasara a formar parte de su equipo. Gracias a este salvoconducto, nuestro protagonista logró continuar su carrera deportiva en otros clubes franceses como el Le Mans Union Club 72 y el Stade Rennais.

De forma inesperada, en 1949 regresó a España para militar en la Real Sociedad. En torno a este hecho existe cierta controversia, pues no deja de sorprender que un combatiente del bando perdedor pudiera volver al país sin el menor de los problemas. Parece que consiguió crear un falso pero convincente relato sobre su vida según el cual había marchado con sus padres a Burdeos al principio de la guerra, con el objetivo de ocultar su participación en la contienda. La realidad no salió a relucir hasta después del franquismo, cuando se dio a conocer su historial militar.

A pesar de ser ya muy veterano, aguantó hasta 1952 en activo, momento en el que se retiró y dio el salto a los banquillos. Su carrera como entrenador fue prolífica. Dirigió en Francia al Stade Rennais y al Girondins de Burdeos. Y en España a la Real Sociedad, al Athletic Club, al FC Sevilla, a la selección española y, cómo no, al Barça.

Aunque su estancia en Barcelona como entrenador fue breve, completó dos temporadas y cinco partidos en su tercer y último curso. No destacó por sus brillantes resultados, aunque su desempeño fue aceptable y meritorio, si tenemos en cuenta las circunstancias deportivas del club en aquel momento.

Lo fichó para la temporada 1967-68 el presidente Enric Llaudet, cuya popularidad en aquel momento se hallaba comprometida ante la escasez de títulos de los últimos años.

Por lo que Artigas debía ser la solución para un equipo que no cesaba de sumar goles en contra y que, en lugar de competir, deambulaba por los terrenos de fútbol.

Míster KO logró dotar al conjunto de más empaque defensivo y alcanzó la segunda plaza del campeonato. Y, además, consiguió ganar la final de la Copa, que, por aquel entonces, era la del Generalísimo. Fue una final poética en la que los culés vacunaron al Real Madrid con su propia medicina. Bajo la atenta mirada del caudillo, los azulgranas vencieron a los de blanco, y, para más gloria, en su propio feudo. Un suficiente 0 a 1, en el que el solitario gol de la victoria fue en propia meta. Épico.

El resultado de ese decisivo encuentro provocó la ira de la afición merengue, que desembocó en una lluvia torrencial de objetos al campo, entre los que destacaban las botellas, por lo que pasó a la historia como «la final de las botellas».

La temporada siguiente transcurrió con más pena que gloria. El equipo cayó en octavos de final de la Copa, en la Liga logró una tercera posición y se perdió la final de la Recopa de Europa contra el Slovan Bratislava.

A pesar de estos discretos resultados, la directiva renovó su contrato para que Artigas continuara como técnico azulgrana otro curso más. Pero la temporada 1970-71 no destacó por lo deportivo, sino por los enredos en los despachos, que a la postre terminaron con la salida de Artigas del club.

Antes de empezar la temporada, la junta directiva ratificó la confianza en el entrenador, pero ya sabemos que, en el mundo del fútbol, esto significa que lo van a echar. Y así fue, a los pocos días, la junta ya manifestó el interés y el deseo de traer al popular técnico argentino Helenio Herrera. Pero ese fichaje no se concretó, y todo el revuelo se quedó en nada.

Y donde dije digo, digo Diego. Míster KO empezó su tercera temporada al frente del equipo. Pero la situación era insostenible. Las maniobras de la directiva habían provocado que parte de la afición estuviera en contra de Artigas, el propio club había demostrado que no confiaba en él y que la única razón de su continuidad era que no habían encontrado a nadie mejor —¿os suena de algo esta situación?—.

Con este guiso y tras cinco jornadas de resultados irregulares pero con el equipo compartiendo el liderato con Sevilla, Zaragoza y Real Madrid, Salvador Artigas presentó su dimisión con carácter irrevocable. No quiso agarrarse al sillón ni estar donde no querían que estuviera. Míster KO salió por la puerta de atrás, sin hacer ruido ni cerrar de un portazo. Era un hombre de club y para él lo más importante era el Barça. Y esa humildad y lealtad a veces se paga con indiferencia, o peor, con desprecio.

No fue el mejor entrenador ni el mejor jugador que tuvo el club, pero siempre veló por los intereses azulgranas, defendió el escudo y entregó todo su esfuerzo. Si queremos seguir siendo «més que un club» deberíamos llevar a los despachos la elegancia y el pundonor que siempre nos han definido en el campo y aprender a despedir a los nuestros, ni más ni menos que como se merecen.

DOCTOR ALCÁNTARA

A Paulino la guerra le pilló veraneando en el Maresme con su familia. Pero era un hombre con las ideas muy claras y en esta situación excepcional no dudó ni un instante.

A los pocos días de haberse iniciado la contienda, Paulino cruzaba la frontera con Andorra, y de allí hacia Francia. Pero su camino no era el exilio. Desde el país galo se dirigió a Navarra, donde se presentó voluntario a la Junta Carlista de Pamplona. El doctor Alcántara había elegido el bando nacional.

Sangre castrense corría por sus venas y su ideología y férrea voluntad le impedían quedarse de brazos cruzados, así que tomó parte en la guerra fratricida.

Con rango de alférez médico, el Romperredes es destinado al hospital del Salvador, en Zaragoza. En la retaguardia franquista. Allí permaneció casi un año, sanando a heridos y salvando vidas. Pero, en junio de 1937, pasó a la acción. Es asignado al Primer Batallón del Segundo Regimiento de Carros de Combate y destinado al frente de Aragón.

Meses después es trasladado a uno de los batallones de las Frecce Nere, que eran unidades compuestas por oficiales de la Italia fascista de Mussolini junto a soldados españoles. Su batallón combatió en el frente de Aragón, Guadalajara y en Cataluña, y Paulino ascendió a teniente médico. Con la guerra ya decidida, Paulino entró junto a las tropas franquistas a la desolada y abandonada Ciudad Condal el 26 de enero de 1939.

Después de la guerra, el doctor Alcántara reabrió su clínica de urología y compaginó la práctica médica con su pasión por el fútbol, ostentando distintos cargos dentro de su Barça e incluso llegando a ser seleccionador nacional.

En 1964, con tan solo 67 años, el Romperredes abandonó este mundo. Moría el hombre y nacía el mito. Ya hacía muchos años que Paulino no perforaba las redes rivales, pero sus hazañas permanecían en el recuerdo de los azulgranas.

La ciudad y el barcelonismo lloraron la muerte del hasta entonces máximo goleador azulgrana. Como ya sucedió con Gamper, Samitier volvió a cargar sobre su hombro el féretro de su amigo con el que compartió tantas tardes de gloria en los felices años 20, y una muchedumbre culé acompañó la comitiva fúnebre hasta la última morada del Romperredes, el cementerio de Montjuic.

Aquel día, no importó el bando. Comunistas, fascistas, republicanos y monárquicos lloraron juntos. Porque Paulino pertenece a una familia que está por encima de cualquier otra cosa: la familia culé.

Cuando el dinero cae del cielo, hay que cogerlo sin dudar. Eso es lo que le ocurrió al Fútbol Club Barcelona en 1937.

En plena guerra, el Barça estaba ahogado económicamente. La cifra de socios había caído hasta los 5000, y a duras penas tenía ingresos para continuar pagando nóminas. En enero de 1937 arrancó la Liga Mediterránea de Fútbol, en la que participaban los equipos de la zona republicana. Y la ganó el Barça. Pero la afluencia en el campo era mínima. La población estaba más por el pan que por el circo.

En ese contexto, llegó una propuesta irrechazable: una gira por las Américas. El empresario Manuel Mas Soriano —hombre con ciertos vínculos con el club y que había hecho fortuna en México— ofreció 15 000 dólares al club, además se haría cargo de los gastos de la gira. Sin pensárselo, el equipo hizo las maletas y puso rumbo al Nuevo Continente.

La llegada del conjunto azulgrana causó furor en México. Y allí se batieron con algunos de los equipos más potentes de su liga, como el Club América o el Necaxa, el vigente vencedor del campeonato nacional en aquel momento. E incluso se enfrentaron a la selección de fútbol de México en dos ocasiones, las cuales se saldaron con derrota azulgrana. La gira iba viento en popa y, tras dos meses por tierras aztecas, Manuel Mas les ofreció la oportunidad de prolongar la *tournée* y trasladarse al país del *soccer*.

El equipo viajó a Nueva York, donde disputó cuatro partidos más. En dos de los cuales se enfrentaron a dos selecciones creadas exclusivamente para la ocasión; a un combinado de jugadores de la American Soccer League y a los Jewish All Stars, un equipo compuesto íntegramente por judíos.

Hoy en día, en la órbita azulgrana hay muchos «opinólogos» que consideran que, por nuestro estilo de juego, el estado del verde es crucial para el óptimo desempeño de nuestros futbolistas. Si bien es cierto que las malas condiciones del césped no favorecen el despliegue del excelso juego del Barça, estas casi nunca justifican una derrota. Tal y como quedó demostrado en aquella gira, en la que, según Josep Escolà —prolífico delantero del Barça durante las décadas de 1930 y 1940—, disputaron algún partido en campos de béisbol (con los montículos de los lanzadores incluidos), lo que no impidió la victoria azulgrana.

Y es que en Estados Unidos el fútbol no despertaba —ni despierta— las mismas pasiones ni gozaba de la misma popularidad que en México o Europa, y no había estadios de fútbol capaces de albergar a los tantísimos aficionados que movía un evento tan extraordinario, por lo que tuvieron que improvisar como buenamente pudieron.

La gira se estaba acabando. Lo sabían los jugadores y el cuerpo técnico. Aquellos meses de oasis habían permitido que volvieran a sentirse futbolistas, y que, de algún modo, olvidaran la dramática situación que se vivía en España; pero llegaba lo más duro: la vuelta a la realidad.

En vísperas del regreso a la España en guerra, lo que quedaba de la directiva del Barça contactó con los dirigentes de la expedición azulgrana: Patrick O'Connell —entrenador irlandés que desarrolló su carrera casi en exclusiva en España— y el secretario Rossend Calvet. Les comunicó que, si decidían aprovechar la oportunidad de no regresar y exiliarse, sería comprensible.

Ambos decidieron reunir a la plantilla y trasladarle el mensaje de la directiva. Ante aquella oportunidad, la mayoría no dudó. Unos decidieron empezar una nueva vida en México, otros en Francia. Un caso anecdótico fue el de Martí Ventolrà. Extremo derecho con gran capacidad de desborde y con un guante en los pies, era también un activista político y, tal y como estaba el panorama en España, sabía que tendría problemas si la sublevación vencía.

Dice la leyenda, que Martí se enamoró de Josefina Rangel Cárdenas —nieta del presidente mexicano del momento, Lázaro Cárdenas—, a quien había conocido durante la gira y con quien años más tarde se casaría. El amor lo puede todo y el futbolista se quedó en territorio azteca, donde desarrolló el resto de su larga carrera como futbolista, que duró hasta sus 44 años.

Pero la realidad, según contó uno de sus hijos, es que Ventolrà estaba ya embarcado en el buque con el que iba a regresar a Europa. Pero su fútbol no había pasado desapercibido en México y, justo antes de zarpar, le ofrecieron un contrato para jugar allí. Martí respondió que aceptaba, si le descargaban las maletas. Pero, por una vez, podemos aplicar esa locución italiana que dice: «Se non è vero è ben trovato»; olvidemos el rigor y quedémonos con la versión romántica.

Al final, de todos los integrantes de la expedición azulgrana, solo llegaron a Barcelona el cuerpo técnico y cuatro jugadores. El primer equipo del Barça había sido desvalijado, pero habían cumplido su misión: salvar el club, y muchos, probablemente, también su vida.

LA COPA DE TODOS

La siguiente anécdota está protagonizada por un personaje anónimo, de esos que no aparecen en los diarios deportivos ni pisan el verde, quien en un momento decisivo, gracias al azar, a su coraje y a su amor al club, se convirtió en uno de aquellos héroes azulgranas sin busto ni dorsal. Hablamos de Josep Cobells, un hombre que arriesgó su vida para salvaguardar el club.

Corría el 16 de marzo de 1938, y la aviación italiana de Mussolini bombardeaba sin descanso la Ciudad Condal. Cobells era el conserje del Fútbol Club Barcelona desde hacía más de diez años y, como tal, vivía en la sede social del club. Era el guardián y custodio de las esencias azulgranas.

Casi alcanzada la medianoche, una de aquellas bombas lanzadas sobre la ciudad impactó cerca de la morada de Cubells y sede del club. El edificio quedó gravemente dañado, pero no colapsó, y la suerte quiso que Cubells salvara su vida. Pero, en vez de aplicar la lógica de la supervivencia y salir de ahí a toda prisa, nuestro conserje se puso la capa de héroe. Entre escombros, fuego y polvo, Cubells rescató documentación, la caja fuerte, actas, copas... Y así salvó la historia del club.

Su valiente actuación le dejaría algunas secuelas físicas que le obligaron a abandonar durante algún tiempo su trabajo, aunque pocos meses después, y una vez ya recuperado, solicitó reincorporarse. Pero el club se lo negó, debido a las críticas circunstancias en las que se encontraba el equipo. Ni agradecido ni pagado.

Pero Cubells no cejó en su empeño, y en 1939 se le contrató de nuevo. Aunque en una nueva posición más humilde. Hasta que finalmente en 1941 logró recuperar su puesto de conserje, que mantuvo hasta el momento de su muerte en 1960.

De su gesta, además de la supervivencia del propio club, guardamos un robusto recuerdo en forma de copa de más de 100 kilos: la Copa de Todos. Una copa creada a partir de la refundición de todos los fragmentos de copas dañadas

Inscripción de la Copa de Todos. [Fuente: autor].

que logró recuperar nuestro valiente conserje. En su base reza la siguiente inscripción:

> «Recuerdo de pequeños o grandes esfuerzos, recuerdo de un gran amor de "Barça" al club. Ofrenda de los de ayer para los de hoy y para los de siempre».

La Copa de Todos es el símbolo de la resiliencia, del amor y de la devoción por un club, y la caja de las esencias y los éxitos de los primeros años del Fútbol Club Barcelona.

Hace tiempo, esta copa figuraba impasible al paso del tiempo en el museo del Barça, contemplando impertérrita la llegada de nuevas copas que fueron más celebradas por los aficionados y más alabadas por los periodistas. Sin embargo, ahora, la Copa de Todos ha sido apartada de las demás copas, se encuentra en el descansillo de las escaleras de salida del museo. Dejada allí de forma improvisada, sin cartel explicativo que desvele su origen y naturaleza, como si fuera un viejo trasto del que hay que desprenderse.

Espero que pronto vuelva al lugar que se merece, pues esa copa atesora para la posteridad los primeros éxitos de aquellos antiguos titanes, sobre los que se construyeron los flamantes triunfos que tanto nos han emocionado.

Porque no nos equivoquemos, no hay copa más difícil de lograr que la Copa de Todos: la copa de Josep Cubells.

LA REMONTADA MÁS DIFÍCIL

La guerra había acabado. Y, aunque hubo un claro vencedor en el campo de batalla, la realidad es que todo el mundo perdió en esta guerra fratricida. Ciudades devastadas, familias rotas, hambre, penurias, censura y represión marcaron el devenir de los siguientes años.

Y en medio de esta gris postal se encontraba el Barça. El Campo de Les Corts no tardó en reabrirse y en rugir con los goles azulgranas. No habían transcurrido ni tres meses desde el final de la guerra cuando el primer equipo del Barça —o lo que quedaba de él, después de la desbandada producida en la gira por las Américas— volvía a pisar el verde de su estadio.

Les Corts se convirtió en una suerte de oasis, un lugar donde acudir para evadirse de la realidad, olvidar el pasado, no pensar en los seres queridos que se habían quedado atrás y celebrar la vida. Nos puede sonar frívolo, seguramente porque la mayoría de nosotros no hemos vivido una guerra. Pero no había nada más terapéutico que recuperar las aficiones y evadirse de una gris realidad, aunque solo fuera durante 90 minutos.

El Barça tuvo que adaptarse a la nueva situación impuesta por el régimen. Aunque más que adaptarse, lo adaptaron: por ejemplo, a la *senyera* que protagoniza la franja superior del escudo, se le quitaron un par de barras. Y aquello de «Fútbol Club Barcelona» le sonaba a Franco demasiado inglés y muy poco patrio. Así que, a partir de 1940 y hasta 1974, el Barça pasó a llamarse Club de Fútbol Barcelona. Pero el orden del factor no altera el resultado, la esencia del Barça seguía siendo la misma.

Al club se le acusaba de ser catalanista y republicano —no sin razón— y, como aquello tampoco iba con la dictadura, las autoridades franquistas controlaron a la directiva y procuraron que los máximos mandatarios del club fueran afectos al régimen. De este modo, se designó como presidente a Enrique Piñeiro, marqués de la Mesa de Asta, y, como vicepresidente, a José Vidal-Ribas Güell, quienes llevaron a cabo la difícil tarea de «adecuar» el club a la nueva realidad. Es decir, lo limpiaron de disidentes y lo adaptaron a los preceptos franquistas.

En lo económico el club empezaba a recuperarse, la cifra de socios se disparó en tan solo cinco años; de 1940 a 1945 se pasó de menos de 5000 socios a más de 20 000. El campo se volvió a llenar. Y es que nuestro presidente marqués entendía poco de fútbol, no era socio del club ni se le conocía especial afición por el deporte rey, pero supo manejar la coyuntura con solvencia. Se rodeó de una camarilla competente que tomó las riendas del club y encauzó la situación.

El mandato del marqués se extendería hasta 1943. Pero ese año no es recordado precisamente por eso, sino por la derrota más sonada que hemos sufrido contra los blancos. 11 a 1. Así, tal cual. Era la vuelta de la semifinal de Copa. En la ida, el Barça le había endosado un contundente 3 a 0 al Real Madrid, así que el resultado de Chamartín cuesta un poco de entender.

Según la prensa mesetaria, el marcador de la ida fue claramente influenciado por el belicismo de los aficionados azulgranas que amedrentaron tanto a los jugadores merengues como al árbitro —y, probablemente, algo de razón tendrían, pues *Mundo Deportivo* también destacó la pendenciera actuación del público—. Imaginaos cómo estaba el ambiente en la capital, donde esperaban al Barça con los brazos abiertos.

Las malas lenguas afirman que ciertas autoridades militares hicieron una visita de cortesía tanto al árbitro como al conjunto culé. Sería una explicación plausible, pero sin duda una actuación tan chabacana no podía provenir de una orden de arriba, como veremos más adelante. En cualquier caso, tampoco hay constancia de ello. Ni protagonistas ni periodistas mencionaron algo así, aunque, claro, eran tiempos de censura.

De hecho, hubo un joven periodista, Juan Antonio Samaranch —quien, por si no os suena, fue el máximo promotor de las Olimpiadas de Barcelona, entre otros muchos logros—, que publicó su crónica del partido en el diario *La Prensa* y resumía de esta forma lo que sucedió en el terreno de juego:

> «El Barcelona no existió, a cualquier equipo le hubiera pasado lo mismo, pues en aquel ambiente y con un árbitro que quería evitarse todo tipo de complicaciones, era humanamente imposible jugar y lo poco que podía haber hecho, justo es decirlo, tampoco lo hizo el Barcelona. (...) Quizá

si la victoria del Madrid hubiera sido de 4 a 0 nos volcaríamos a reprochar a este o aquel jugador del Barcelona. Pero un 11 a 1 son 10 tantos de ventaja. Muchos, demasiados para que no se busque otra razón que pueda explicarnos el resultado. Si los azulgranas hubieran jugado mal, francamente mal, el marcador no hubiera alcanzado esta cifra astronómica. Lo que pasa es que no jugaron. Temían hacer la más leve entrada al contrario por la consabida bronca del público… (…) No queremos regatear méritos al Madrid. Jugó muy bien, magníficamente. Su línea media fue una maravilla. Mandó en todo momento sobre el terreno, pero pensándolo un poco, cuando no hay adversario (un equipo infantil hubiera opuesto más resistencia que el Barcelona) las cosas se deslizan por cauces imprevistos…».

En esta dura reseña del partido, Samaranch achaca el tremendo resultado a la presión ambiental generada por el público, que a su vez fue propiciada por la prensa madrileña en los días previos, y que, a la postre, condujo a una actuación patética a un Barça amedrentado por la populosa presión de la hinchada blanca.

No menciona en ningún momento la intervención ni la coacción de nadie. Aun así, su crónica le valió para que le inhabilitaran como periodista hasta 1952. Podéis entender entonces que, en tal momento de control y censura de la prensa, nadie se atreviera a ir más allá, por lo que, si sucedió algo en los vestuarios, nunca lo sabremos.

Lo que parece claro es que, si hubo algún tipo de intervención, no vino de la mano de una orden directa de Franco, pues para el caudillo el fútbol era un primordial instrumento de propaganda política y de cohesión social y no podía permitir que se pervirtiera hasta tales extremos, por lo que, después de este incómodo suceso, invitó a los presidentes de ambos clubes a dimitir. Y a los presidentes entrantes los mandó organizar dos partidos de concordia para que ambos equipos —y las aficiones— enterraran las hachas de guerra.

La temporada de 1944-45 es el punto de inflexión para el triste Barça de posguerra. Regresa el hijo pródigo, regresa el Hombre Langosta. Samitier se sienta en los banquillos y, junto al flamante delantero fichado dos temporadas antes, César Rodríguez, el Pelucas, conduce al Barça a lograr la segunda Liga del palmarés.

Ahora, después de tantos años de abundancia, ganar la Liga nos sabría a poco, pero recordemos que la última Liga ganada en aquel momento había sido con Samitier en el terreno de juego.

La siguiente temporada, el Barça murió en la orilla. Se jugó, contra el Sevilla (líder entonces), la Liga en su propio campo. Al Barça solo le valía la victoria, pero no lograron pasar del empate, por lo que los de Nervión se llevaron el gato al agua.

Aquella misma noche, estaba a punto de expirar Lluís Sabaté, el cura que bendijo el Campo de Les Corts en su inauguración, y en cuyo corazón había el mismo espacio para Dios que para los colores azulgranas. Cuentan que, en el lecho de muerte, aún tuvo fuerzas para preguntar por el resultado de ese último partido. Y alguien, compadeciéndose del hombre santo, piadosamente, le dijo que el Barça había logrado vencer. Y Sabaté pudo irse en paz.

Los últimos años de la década se convirtieron en una continua progresión del Barça. El régimen otorgó ciertas concesiones al club y permitió que de nuevo los socios eligieran al presidente. En 1946 emergió la figura de Agustí Montal i Galobart, quien restableció el busto de Gamper y consiguió que la calle que un día se bautizó en honor del fundador volviera a llevar su nombre. Logró así recuperar la memoria del padre de todos los culés. En lo deportivo, el Barça levantó la Liga de la temporada 1947-48, otra vez gracias a los goles del Pelucas y de otras figuras como Gonzalvo, Basora o el gran portero Velasco. La siguiente temporada, el Barça se embolsó el primer torneo continental de su historia: la Copa Latina.

La última temporada de esta década, la de 1949-50, se saldó con cero títulos en las vitrinas. Pero se celebraron los 50 años del club, con la inesperada y emotiva aparición del primer presidente del club: Walter Wild. El Barça cerró esta convulsa década con un saldo aceptable de títulos —teniendo en cuenta de dónde veníamos—, pero lo más notable fue el retorno a la estabilidad institucional y económica, que en años anteriores había amenazado su existencia.

EL PELUCAS

Es probable que muchos de vosotros no conozcáis quién fue el Pelucas, quizá a algunos solo os suene su nombre. Bien, si miráis el listado de máximos goleadores del Fútbol Club Barcelona en partidos oficiales y os fijáis en quién ocupa la posición justo por debajo de Messi, encontraréis a César Rodríguez, el Pelucas. Temido por los zagueros rivales y admirado por los alopécicos. El delantero leonés militó 16 temporadas en el Barça, dejando unos guarismos de escándalo y siendo uno de los mejores cabeceadores que han vestido de azulgrana. 294 goles en 433 partidos; todo un depredador. De los cuales, 221 fueron en Liga, lo que le convierte en el séptimo máximo goleador histórico de nuestra competición. Aunque es probable que, cuando leas estas líneas, Karim Benzema ya lo haya superado —eso sí, con muchos más partidos jugados—.

Llegó al Fútbol Club Barcelona desde la Cultural y Deportiva Leonesa. El fichaje de César costó 600 pesetas. Muy barato, aun teniendo en cuenta la época. Eso sí que no fue un fichaje de los que hace la portera, como diría Núñez. Pero era 1939, los rifles de la Guerra Civil aún humeaban, César era una promesa y las cajas de caudales de los clubes tenían telarañas.

César empezó jugando de interior, pero su valiosísimo aporte ofensivo le llevó a convertirse en el delantero centro del Barcelona durante más de una década. Era uno de esos delanteros que gustan en Can Barça: bajito, ratonero y letal. Su baja estatura y escasa corpulencia era suplida por una gran movilidad y un instinto goleador superlativo. Quizá un nueve mentiroso, como dirían los teólogos del fútbol actuales.

Lo cierto es que era un dolor de muelas para las defensas rivales. No fijaba a los centrales, bajaba a combinar y después aparecía filtrándose entre los zagueros, de forma casi indetectable, para acabar batiendo al portero rival, ya fuera de cabeza o rematando al primer toque con su característico chute de puntera.

Creó un dúo efectivo y letal con el habilidoso punta Estanislau Basora, uno de aquellos extremos clásicos que no jugaban a banda cambiada; siempre pegado a la línea de cal y dispuesto a colgar el balón al área para que el ariete rematara la faena. Sus centros milimétricos y la compenetración que existía entre ambos hacían posible que Basora supiera dónde la quería César; y César, dónde la pondría Basora. Un tándem de los que marcan época.

Se habla poco hoy en día de lo que suponía rematar de cabeza en aquellos años. Los balones eran mucho más duros, y su costura, cuando se mojaba, podía abrirte una buena brecha en la testa. Así que para rematar de cabeza hacían falta dos cosas: precisión y coraje. Los que hayáis jugado al fútbol en los 90 recordaréis el balón Mikasa. Bien, pues esos balones serían bolitas de lana si los comparamos con los esféricos que remató César. Por ello, empezó siendo el Pelucas y acabó convertido en el Divino Calvo. Y es que dicen que la alopecia galopante que acabó sufriendo fue provocada por los tantos balones que empujó a la red con su majestuosa melena.

En aquellos oscuros años de postguerra, César fue un faro para el barcelonismo. Sus goles devolvieron la alegría a los aficionados y los triunfos al club. Fue muy especial la temporada 1951-52, en la que César contribuyó, junto a un equipo repleto de estrellas como Biosca, Basora, Ramallets, Manchón y el recién llegado Kubala, a la conquista de las cinco copas. Ganaron todo lo jugado.

Al término de la temporada 1954-55, siendo ya el leonés todo un veterano, el Barça prescindió de sus servicios, haciéndole salir por la puerta de atrás.

Pensando que su carrera había terminado, se fue a jugar al segundo equipo del Barça, en la división de plata. Pero al Pelucas aún le quedaba fuelle. La siguiente temporada la disputó con su Cultural Leonesa y, después, aún tuvo tiempo de probar suerte con el Perpignan FC, en la segunda división del país galo, donde disputó una sola temporada.

Después, aún con gasolina en el depósito, regresó a nuestra liga para unirse al Elche FC, en tercera división y en calidad de jugador-entrenador. Ese fue el último baile de César. Capitaneó al conjunto alicantino de forma excepcional, al cual hizo ascender sucesivamente hasta llegar a primera división. Allí jugó su última temporada y por fin colgó las botas.

Antes de que el Pelucas se retirara, la directiva del Barça tuvo a bien celebrar un partido amistoso contra el Elche para homenajear a César. Y este, que siempre había mostrado su amor incondicional por el equipo que le abrió las puertas a la gloria, alegó que en Les Corts él solo podía jugar de azulgrana. Y, así, a pesar de ser entrenador-jugador del conjunto ilicitano, pudo vestir por última vez la elástica culé.

Años más tarde, en 1963, regresó a su casa como entrenador. Sin grandes exigencias económicas, sí que pidió que se le concediera poder en lo deportivo. En su primera temporada logró la segunda posición del campeonato liguero, algo notorio atendiendo a la trayectoria del equipo en aquellos años. Pero, en su segunda temporada, se vio obligado a dimitir por dignidad. Corría el 11 de octubre de 1964 y el Fútbol Club Barcelona visitaba al Levante. El conjunto *granota* le endosó un bochornoso 5 a 1 sin anestesia; merecido y sin excusas. Llaudet, el presidente por aquel entonces, montó en cólera tras la deplorable actuación. Y, en un gesto hacia la hinchada, sancionó a futbolistas y entrenador con una multa económica como reprimenda a tal nefasta actuación.

Ante tal afrenta, el Pelucas se negó a pagar la multa impuesta. No por temas económicos, sino por cuestión de honor. Reconoció que el equipo había estado francamente mal, pero la aceptación y pago de dicha multa hubiera conllevado el reconocimiento de unas faltas que no había cometido. Así, el 15 de octubre de 1964 César abandonó el Camp Nou entre lágrimas tras renunciar a su cargo. De este modo, el leonés volvía a salir por la puerta de atrás, sí. Pero con el orgullo y con su barcelonismo intactos.

Pero este no fue el último adiós. En la temporada 1980-81 regresó al feudo azulgrana como asistente de su amigo Kubala. Y, hasta que su salud se lo permitió, continuó ejerciendo distintos cargos técnicos dentro del club. El Pelucas murió el 1 de marzo de 1995. Dejó tras de sí una longeva y virtuosa carrera deportiva. Hombre de fútbol y de club. El leonés de nacimiento hizo de Barcelona su casa y del Barça su hogar. El eterno cabeceador continuará celebrando las victorias culés allá donde esté.

EL PRIMER TÍTULO EUROPEO

Al Barça le gusta estrenarse a lo grande cuando nace una nueva competición. Como ya sucedió con la primera Liga, el Barça se llevó a sus vitrinas la primera Copa Latina en 1949. Una final ganada en el Bernabéu contra el Sporting de Lisboa y aplaudida por la afición local. ¿Se puede pedir más?

Esta copa fue una iniciativa conjunta de las federaciones de los países considerados latinos. Esto es: España, Italia, Portugal y Francia. Durante sus primeros años de existencia era la competición europea más prestigiosa, y es considerada como una de las predecesoras de la Copa de Europa.

En aquel momento, aún no existía la UEFA —ni su interés, por tanto, de que cada vez se jueguen más y más partidos—, por lo que el formato era simple y atractivo. Solo accedían los vencedores de cada campeonato nacional, y se disputaban unas semifinales y la final. Su aparición fue aclamada por los aficionados, ya que deseaban ver cómo se medían sus equipos con rivales extranjeros, pero no fue muy duradera. En 1957 desapareció, pues, en 1955, la UEFA organizó la primera Copa de Europa y su formato más internacionalista acabó por eclipsar a la Copa Latina.

El Barça fue uno de los tres equipos más laureados en esta competición, junto al AC Milán y el Real Madrid. Cada vez que los azulgranas participaban besaban el santo. Dos veces fueron y dos veces ganaron. Aunque, siendo honestos, el Real Madrid también la ganó las dos veces que participó (aunque este dato lo pueden obviar si discuten con algún madridista).

Trofeo de la Copa Latina del año 1952.

Pero el Fútbol Club Barcelona fue vetado en una edición en la que, por derecho, debía participar: la del 1953, a la que la federación envió el Valencia, en su lugar. Y ese hecho privó al club de ser el conjunto más laureado. ¿Pero cómo pudo la federación impedir que el Barça participara? Tiene una explicación. No fue un atropello.

Esta copa técnicamente no la ganaban los clubes, la ganaban las federaciones de cada país. La habían organizado las federaciones y para ellas iba el título —aunque se entregaba una réplica más pequeña al club vencedor—. Se trataba de periodos de cuatro años, transcurridos los cuales, y en función de la posición en la que quedaba cada club, se le otorgaban unos determinados puntos a su correspondiente federación. El resultado de la suma de los puntos de todos los equipos de cada una de estas daba lugar a una federación vencedora. Salvando las distancias obvias, sería como el Mundial de Constructores de F1, donde los vencedores son las escuderías en función de los resultados de sus pilotos.

El caso fue que, en 1953, la competición tuvo que adelantarse porque los equipos portugueses tenían otros compromisos, y en aquellas fechas el Barça se encontraba disputando la Copa, por lo que la federación decidió enviar a la Copa Latina al subcampeón, el Valencia, que, de hecho, acababa de ser apeado de la Copa por el propio Barça.

Durante sus nueve años de existencia y dos ciclos de competición —la de 1954 no se jugó al coincidir con el Mundial disputado en Suiza—, ganados ambos por la Federación Española de Fútbol, la Copa Latina perdió todo el protagonismo ante el ímpetu de la Copa de Europa y, en 1957, pasó a formar parte de los libros de historia del fútbol.

El Barça no pudo, pues, colgarse la medalla de máximo dominador histórico de dicha competición, pero sus participaciones dieron fe de su progreso en términos deportivos y económicos, después de años oscuros y de penuria. Y lo que es más importante: este trofeo colocó al club dentro de la aristocracia futbolística europea que empezaba a buscar fórmulas para retarse de forma regular.

¡UNO, DOS, TRES... GONZALVO!

Mariano Gonzalvo no poseía sangre azul ni era rey. Pero futbolísticamente fue conocido con el nombre de Gonzalvo III. Era el pequeño de una dinastía de tres hermanos —eran seis en total, pero solo tres se dedicaron profesionalmente al fútbol— que llegaron a jugar en el primer equipo azulgrana.

En aquella época el fútbol era serio y rígido. En la camiseta no podías poner tu nombre, ni siquiera elegías dorsal. Las reglas eran estrictas.

Eran tiempos en los que el fútbol no entendía de *marketing*; en los que los motes e incluso el culto al número de la camiseta eran algo inconcebible, solo importaba lo que realmente importa: el fútbol. De hecho, los dorsales de la elástica eran algo meramente funcional, cuyos únicos objetivos eran indicar la demarcación que ocupaba cada futbolista en el campo y facilitar al árbitro la identificación de los infractores. De este modo, según el encuentro y la disposición táctica, un jugador podía llevar distintos dorsales a lo largo de la temporada.

Y, por supuesto, el nombre del futbolista en la camiseta ni estaba ni se le esperaba. No fue hasta los años 90 cuando empezó a aparecer ese individualismo que impera en la actualidad en el rey de los deportes colectivos. De hecho, en nuestra Liga no se aprobó hasta 1995 la asignación de un dorsal fijo a un jugador, tal y como ocurrió con la aparición de los nombres en la camiseta. En ese momento empezó a morir el fútbol clásico, pero ese ya sería otro tema.

La época futbolística de los Gonzalvo tuvo otros problemas. Era un deporte muy popular desde hacía años, pero la situación de posguerra que vivía el país había truncado su progresión, a pesar de que la eclosión que supondría su retransmisión televisiva estaba cerca. Y, en tal contexto, a Mariano, el más pequeño de los hermanos, le tocó ser Gonzalvo III. Pero, sin duda, su trayectoria futbolística fue la más brillante. Durante seis años compartió vestuario con su hermano José Gonzalvo, o Gonzalvo II.

Pero ¿y Gonzalvo I? Julio Gonzalvo Falcón era el hermano mayor de la saga de futbolistas. A pesar de ser un jugador consolidado, le costó más llegar al club azulgrana, y no lo hizo hasta 1945. Durante dos temporadas, los tres hermanos jugaron en el Barça. Aunque, por desgracia, nunca estuvieron los tres juntos sobre el verde. Gonzalvo I tuvo ciertos problemas de afinidad con el Hombre Langosta, quien, como recordareis, era el entrenador en aquella época. Mientras sus hermanos eran habituales en el once azulgrana, Julio solo gozó de dos oportunidades. Y, frustrado, decidió colgar las botas después de su segunda temporada como azulgrana y con tan solo 28 años.

Pero, aunque no llegaron a jugar en el mismo once, en una ocasión tuvieron la oportunidad de coincidir los tres hermanos en el verde. Fue en la Vella Creu Alta, antiguo estadio del Sabadell, un 2 de abril de 1944. Los tres fueron titulares, pero no en el mismo equipo: Julio y José defendieron la camiseta del conjunto arlequinado y Mariano la del Barça. El partido se lo llevó el Sabadell por un ajustado 3 a 2, y Gonzalvo I fue el autor de uno de los tantos.

Pero la máxima gloria estaba reservada para Gonzalvo III. Él fue quien capitaneó el centro del campo de aquel Barça glorioso de la temporada 1951-52 que lo ganó todo.

Jugaba de interior cerebral. Motor del equipo y primer engranaje que hacía carburar la pólvora azulgrana de la delantera. Manejaba el juego del equipo a su antojo y, además de visión de juego y una exquisita técnica, tenía llegada y gol. Todo un centrocampista moderno, como dirían algunos ahora. Su presencia en el once azulgrana era una constante durante la segunda mitad de los años 40 y principios de los 50. Aunque conforme pasaban los años su protagonismo fue disminuyendo, y en 1955 dejó de formar parte del primer equipo para jugar un año cedido en la UE Lleida de la división de plata. La temporada siguiente la disputó en el histórico filial azulgrana, el CD Condal.

Y esa fue la última temporada de Gonzalvo III, que con 35 años dijo basta y colgó las botas. Su dilatadísima carrera lo llevó a permanecer en el club azulgrana de forma ininterrumpida durante más de 13 años. Defendió más de 300 veces la camiseta azulgrana y levantó, además de muchos otros trofeos relevantes, el primer título europeo del club. Mariano fue uno de aquellos futbolistas silenciosos, trabajadores y brillantes; tanto que los culés que pudieron verlo jugar es probable que no recuerden una jugada concreta, ningún gol por la escuadra con su posterior celebración acrobática, no. Recordarán, en cambio, un jugador noble, estable, tan trabajador como talentoso, que honraba su profesión y el escudo que defendió con orgullo cada domingo en el verde. Mariano Gonzalvo fue, en definitiva, uno de esos futbolistas sobre los que un club va cimentando su historia.

1951-1977. Més que un club

LOS MAGIARES MÁGICOS

Existen intangibles que generan idilios inexplicables. Este es el caso del Barça y Hungría. Por alguna razón que escapa a cualquier tipo de explicación formal, los futbolistas magiares aterrizan siempre de pie en el feudo azulgrana. Y es que, si en el pasado más reciente de nuestro club admitimos la clara influencia de la escuela de fútbol neerlandesa y su profunda impronta en la idiosincrasia futbolística culé, es igual de innegable la huella que dejaron los magiares en la historia y devenir del club. Plattkó abrió la veda y después de él vinieron muchos más.

Y es que Hungría, aunque ahora parezca descabalgada de la aristocracia futbolística europea, fue una potencia temible durante los años 50. En aquella década, se llevaron el oro en los Juegos Olímpicos de Helsinki y llegaron a la final del Mundial de 1954, aunque perdieron de forma sorpresiva y polémica ante la selección de Alemania Federal.

Durante aquella década, los más grandes futbolistas magiares recalaron en el conjunto azulgrana. Con el permiso de Puskás, que, aunque fue otro de los grandes, ¡tuvo la mala suerte de acabar vistiendo de blanco! —excepto una vez que tuvo la oportunidad de jugar en el equipo culé—, porque no le permitieron militar en el Barça, pero esa es otra historia.

A lo largo de la década, formaron parte de la plantilla azulgrana los tres ases húngaros: Kubala, Kocsis y Czibor.

El primero creo que de algo «os suena». Pero quizá Sándor Kocsis y Zoltán Czibor no os resulten tan conocidos. Aterrizaron a finales de los 50 en el equipo, de la mano de su compatriota Kubala. No es casualidad que ambos llegaran a Barcelona el mismo año: en 1958. Hungría había sufrido una revolución en 1956, la cual fue un fallido intento para deshacerse del yugo de la URSS, y aquello trajo consigo la posterior represión soviética. En ese contexto, muchas familias emprendieron el camino del exilio, como fue el caso de nuestras dos figuras, quienes, tras un periplo europeo, acabaron en Barcelona.

Sándor Kocsis llegó al Barça con casi 30 años, siendo un jugador hecho y maduro. Su carrera fue dilatada y permaneció en el club hasta 1966. Era un delantero centro clásico: fuerte, instintivo y combativo. De aquellos que pelean cada balón y muerden en la presión. Pero, sobre todo, era un sobresaliente cabeceador. Se jugaba su integridad al meter la testa para mandar el balón a las mallas. Aunque lo de jugarse la cabeza parece algo recurrente en los húngaros; si no, que se lo pregunten a Plattkó.

Sus cabezazos regalaron muchos momentos de gloria a los culés, pero se volvieron ineficaces en la fatídica final de Berna, de la que hablaremos en otro capítulo.

Con 37 años decidió colgar las botas y regentar un bar de copas en Barcelona. Poco antes de cumplir su 50 aniversario e incapaz de meterle un gol al cáncer que sufría, se quitó la vida.

Czibor era, en cambio, un extremo izquierdo, rápido y habilidoso. Jugaba a pierna cambiada; algo que erróneamente se considera propio del fútbol moderno. Con un carácter díscolo, anárquico, desenfadado y hasta cierto punto excéntrico, Czibor trasladaba su peculiar forma de ser al terreno de juego. Conocido como el Pájaro Loco, por su personalidad y su flequillo, resultaba siempre imprevisible, dentro y fuera del campo. A pesar de jugar de extremo, cosechó un total de 58 goles en 93 partidos. Una cifra espectacular teniendo en cuenta que partía desde la banda.

Sus anécdotas eran tan surrealistas que no le hizo falta morir para convertirse en una leyenda. A menudo protagonizaba, por ejemplo, apuestas con el entrenador en las que prometía marcar un determinado número de goles a cambio de obtener algún trato de favor, como evitar estar entre los convocados a un partido poco apetecible, o saltaba, de repente, a la grada para sentarse junto a algún amigo que estuviera en el campo como espectador y conversar un rato. Pájaro Loco parecía capaz de protagonizar cualquier hilarante peripecia.

Pero si hay un húngaro que todo culé conoce es László Kubala. Si Messi ha sido el ídolo de nuestra época y Cruyff el de la generación de nuestros padres, Kubala fue el referente futbolístico de nuestros abuelos.

A diferencia de otras leyendas pretéritas del Fútbol Club Barcelona, la memoria de Kubala se mantiene aún viva entre los culés. Y, dado que el objetivo del libro no es otro que tratar de explicar historias y anécdotas menos conocidas relacionadas con el Barça, trataré de centrar el relato en sus peripecias más ignotas.

Como jugador, los datos están ahí: 280 goles en 345 partidos disputados. Cuarto máximo goleador histórico después de Luis Suárez —el uruguayo, no el gallego, del que hablaremos más adelante—.

Pero sus cifras, a pesar de ser descomunales, no eran lo más destacable. Kubala era un portento físico, un atleta con un cerebro privilegiado y con un guante en el pie. Daba asistencias, generaba juego y lideraba con ímpetu el equipo. Además, era un exquisito lanzador de faltas, del que se cuenta que introdujo el golpeo con efecto y por encima de la barrera. Algo inaudito en aquel momento y que nadie más realizaba con la maestría de Kubala.

Era un futbolista genial que lideró una generación de oro. Con él en el campo, el Barça logró levantar cinco Copas, cua-

119

tro Ligas, una Copa Latina y dos Copas Europeas de Ferias —esta última competición impulsada por la FIFA nació a la par que la Copa de Europa, y compitieron en prestigio durante años, pero paulatinamente fue perdiendo su peso hasta ser asimilada por la UEFA y acabó por convertirse en la Europa League que ahora conocemos—.

Ahora bien, tuvieron que coincidir muchas casualidades para que Kubala llegara al Barça, pues estuvo a punto de acabar vestido de blanco e incluso muerto.

Kubala con la camiseta del Barça en un partido amistoso jugado en Amsterdam en 1953. [Fuente: Nationaal Archief, Den Haag, Rijksfotoarchief: Fotocollectie Algemeen Nederlands Fotopersbureau (ANEFO), CC BY-SA 3.0 NL, vía Wikimedia Commons].

Dada la convulsa situación en la que se encontraba su país, Kubala decidió emigrar. O, más bien, fugarse. Cuentan que cruzó con éxito la frontera con Austria disfrazado de soldado ruso. Una vez exiliado, trató de ganarse el pan en Italia, pero los vetos de la Federación de Hungría y la FIFA impedían que cualquier equipo lo fichara.

A finales de los 40, el Torino deslumbraba con una generación de futbolistas espectaculares, y el club invitó a László a viajar con ellos a Lisboa para disputar un partido de despedida en honor a Xisco Ferreira, ilustre futbolista luso del Benfica.

Sorpresivamente, el día en el que iba a viajar, se enteró de que su mujer y su hijo Branko habían logrado escapar y ya se encontraban en Italia. La teoría predominante es que con el objetivo de encontrarse con ellos no embarcó con el Torino y aquel suceso le salvó la vida, pues, a la vuelta a Turín, el avión donde viajaba el equipo colisionó contra el promontorio donde se ubica la Basílica de Superga. Aquel accidente, llamado desde entonces «tragedia de Superga», acabó con aquel glorioso equipo y conmocionó al mundo del fútbol. A Kubala le sonrió la vida.

En esa tesitura, Kubala se unió al Hungaria, equipo de fútbol fundado por su cuñado Daučík. El Hungaria era un equipo de prófugos, formado por futbolistas huidos de Europa del Este: rumanos, checoslovacos, yugoslavos, pero principalmente húngaros.

Todos ellos habían cruzado el telón de acero de forma furtiva. Este equipo solo jugaba partidos de exhibición, pues sus respectivas federaciones y clubes habían presionado a la UEFA para que no permitiera que estos futbolistas huidos jugaran de forma oficial en competiciones regulares. Por tanto, ofrecían su talento al mejor postor, en giras de exhibición por distintos países. De este modo, subsistían y hacían lo que mejor sabían hacer: jugar al fútbol.

Sin que sirva de precedente, en esta ocasión tendríamos que darle las gracias a don Santiago Bernabéu, pues él fue quien organizó la gira por España del Hungaria. Kubala llegó a la capital pisando fuerte y en Chamartín endosó dos goles al Real Madrid. Visto lo visto, el conjunto blanco apostó por ficharlo. Pero toparon con la Iglesia. O, en este caso, con la Federación Española de Fútbol, la cual, muy amablemente, informó al club capitalino de que era legalmente imposible incorporar a sus filas a Kubala, pues su licencia FIFA estaba suspendida.

En Madrid, Samitier ya le había echado el ojo. Pero lo mejor estaba por venir. A petición del RCD Espanyol, otro club al que amamos mucho, el Hungaria fue a jugar un partido de exhibición en su estadio; aquel día Kubala metió cuatro goles. Y allí, Samitier le echó el lazo. El Hombre Langosta, que había estado viendo el partido, bajó a hablar con Kubala y le explicó su intención de ficharlo. Kubala, sorprendido, le espetó que no podía, pues el Real Madrid lo había intentado, pero resultaba imposible debido al veto de la Federación y la FIFA. Entonces, Samitier, pícaro y astuto como siempre, le respondió: «Todo tiene solución excepto la muerte».

Y así fue. El Hombre Langosta movió Roma con Santiago y contactó con el secretario general de la Federación Española de Fútbol: Ricardo Cabot. El señor Cabot había ostentado en el pasado la vicepresidencia del Barça durante uno de los mandatos de Gamper y había estado siempre ligado de una manera u otra al conjunto azulgrana. Gracias a la astucia de Samitier y a la colaboración de este buen hombre, el Barça le birló al equipo blanco a uno de los mejores futbolistas de la historia.

Como en todos los casos controvertidos, siempre hay una leyenda negra. Las malas lenguas dicen que Samitier fingió ser un directivo del Madrid y, después de invitar a varias copas al húngaro, lo montó en el coche con el pretexto de llevarlo a las oficinas a firmar, pero lo sentó frente al presidente Montal para que rubricara su flamante contrato como azulgrana.

Otra historia afirma que fue Senillosa, directivo azulgrana, quien lo fichó en Madrid tras contratar los servicios de Zolomy, un nadador húngaro, como traductor y guardaespaldas de Kubala para cerciorarse de que no firmara con el Madrid.

Sin embargo, Samitier relató infinidad de veces, en los medios e incluso con Kubala sentado al lado, la historia de cómo convenció a Kubala en el césped de nuestros vecinos, y ni el magiar ni ningún otro protagonista la desmintió. Asimismo, la documentación del Real Madrid y la negativa de la Federación existe. Por tanto, aunque la historia real no sea la más rocambolesca y divertida, parece estar más cerca de lo contado por Samitier que por otras voces que no vivieron el caso en primera persona.

Una vez fichado, estuvo jugando por un tiempo de forma ilegal, pues seguía sin la documentación necesaria de la FIFA. Sin embargo, la Federación hizo la vista gorda y permitió que el futbolista jugara con el Barça a cambio de una multa irrisoria. Y, aunque digan que las cosas de palacio van despacio, cuando realmente interesa esto no se cumple. En 1951, Laszi ya había sido nacionalizado y a todos los efectos ya era un jugador español, lo que le permitió jugar de forma legal todas las competiciones y debutar con la selección española, de la cual, por cierto, años más tarde sería seleccionador, siendo el seleccionador más longevo en el cargo.

Durante su época de jugador superó múltiples contratiempos que trataron de frenar su espectacular carrera. Pero nada ni nadie podía con Kubala. En octubre de 1952 se le diagnosticó un severo proceso tuberculoso. El pronóstico era aciago. Le dijeron que tendría que colgar las botas. Nada más lejos de la realidad. Se trasladó a la Fonda Rubell, en la pequeña localidad de Monistrol de Calders, para respirar aire puro y recuperarse. Surtió efecto. El 22 de febrero de 1953 volvía a estar sobre el césped.

Durante la temporada 1953-54, sufrió otra grave lesión en San Mamés: rotura del ligamento lateral interno y menisco de la rodilla derecha. Pero eso tampoco lo frenó y rompió de forma asombrosa los plazos establecidos de rehabilitación. A pesar de Kubala, el equipo de aquellos años había empezado a perder fuelle. Jugadores emblemáticos iban colgando las botas o abandonando la disciplina azulgrana: César, Basora, Gonzalvo III, Moreno, Manchón, Biosca... Las estrellas del «Barça de las cinco copas» comenzaban a dejar paso a la siguiente generación de futbolistas culés. Una nueva generación que, a pesar de contar con jugadores de gran potencial, nunca llegó a ser tan letal como su predecesora. Y es que para formar un equipo legendario no se trata solo de poner talento en el campo, también es necesario formar un bloque, crear un equipo. Y eso lleva tiempo y no siempre se consigue. Si no, que se lo pregunten al jeque de París.

Además, la llegada de Di Stéfano al Real Madrid convirtió al club blanco en un formidable competidor. Inició así una época dorada que, de algún modo, ensombreció la última etapa de Kubala en el Barça.

No obstante, con la incorporación de Luis Suárez en 1954, la aparición en los banquillos de Helenio Herrera en 1958 y con el desembarque de los otros dos magiares, el Barça recuperó fuelle y consiguió birlar varias ligas al Real Madrid y ganar otra Copa de Ferias.

Di Stéfano, Kubala y Puskas vistiendo la camiseta azulgrana con motivo del partido de homenaje a Kubala en el Camp Nou.[Fuente: *Diario El Gráfico* (1961), Public domain, vía Wikimedia Commons].

Cuando estamos frente a una leyenda azulgrana y la vemos cada semana, acabamos por creer que su fútbol es infinito, y que sus actuaciones serán eternas. Normalizamos el bocado de caviar que nos regala con cada una de sus jugadas y empezamos a creer que eso no terminará nunca. Pero todo acaba, y ese día se crea un vacío futbolístico, muere una parte del Barça. Y eso es lo que sucedió en 1961.

Quien cerró Les Corts y abrió el Camp Nou se retiró. Aquel futbolista que hizo las delicias de los aficionados azulgranas durante una década decidió que no podía seguir. Su magia se apagó después de la fatídica final de Berna de 1961 y decidió no continuar. Durante una década había estado cada domingo deleitando a los culés, dejándose la piel en el campo y regalando actuaciones memorables que para siempre serán recordadas en el ideario azulgrana. Pero después de aquella amarga final dijo basta y su fútbol se acabó. Por lo menos para el Barça.

El club, esta vez sí, supo despedir a la leyenda como se merecía. El 30 de agosto de 1961 el Camp Nou se llenó hasta la bandera para ver la última actuación de László. Se disputó un partido amistoso contra el Stade de Reims. Y el conjunto culé alineó junto a Kubala a sus dos amigos blancos: Puskas y Di Stéfano. El Barça ganó y Kubala bajó el telón. Sus días como futbolista habían acabado. O eso parecía.

El húngaro no perdió el tiempo. En pocos meses ya estaba dirigiendo la Escuela de Futbolistas, una forma embrionaria de lo que después sería La Masía. Pero el deber le llamaba: a los pocos meses el presidente Llaudet se puso en contacto con él para comunicarle que el entrenador del primer equipo había dimitido, el conjunto navegaba en aguas peligrosas y había que dar un golpe de timón. La tarea se presenta complicada y peligrosa. Kubala debía enderezar un equipo alicaído que navegaba sin rumbo. Y lo que es peor: debía poner firmes a los que hasta hacía poco eran sus compañeros.

Pero la jugada no le salió mal. El equipo quedó segundo en la liga e incluso plantó al Barça en otra final de Copa de Ferias. Lleno de confianza, el club y Kubala decidieron continuar juntos la siguiente campaña, la de 1962-63. Pero el efecto Kubala se disipó. Los resultados no llegaban. Y, tras una larga discusión con el presidente, se acordó que dejara de ser el entrenador. En aquella reunión, Kubala aceptó dejar su cargo, pero le ofreció un último baile al presidente. Kubala quería volver al césped. Llaudet se negó.

Despechado, el húngaro tomó una decisión. Cruzó la acera y se vistió de blanquiazul. Aun siendo ya muy veterano, fue capaz de anotar siete goles en los 29 partidos que defendió la camiseta de nuestros vecinos.

Aquella afrenta fue durísima para el barcelonismo, que se sintió traicionado por su ídolo. La leyenda azulgrana le ponía los «cuernos» a su equipo con ese vecino que siempre te quita la plaza de *parking* y nunca te saluda. Fue un divorcio traumático.

Pero el amor de los culés hacia László era incondicional, con el tiempo las voces críticas se apaciguaron, se le perdonó la traición y recuperó su indiscutible puesto en el olimpo azulgrana.

Y, para aquellos que no pudimos gozar de su fútbol en directo, siempre nos quedará la hemeroteca y la oda que le regaló Serrat:

La para con la cabeza,
la baja con el pecho,
y la duerme con la izquierda,
cruza el medio campo
con el esférico
pegado a la bota,
se va del volante
y entra en el área grande
rifando la pelota,
la esconde con el cuerpo,
empuja con el culo
y se sale de espuela.
Se mea al central
con un tuya mía
con dedicatoria.
Y la toca justo
para ponerla en el camino de la gloria (…).

EL PRIMER REPÓKER

El primer año perfecto del Fútbol Club Barcelona fue 1952. El equipo de la temporada 1951-52 fue un conjunto estelar que arrasó con todo aquel trofeo que se le puso por delante. Era un equipo liderado por Gonzalvo III y por el mítico César —baluarte ofensivo del Barça a pesar de superar la treintena—, el cual combinaba talentosos canteranos con fichajes estelares como Kubala.

Ese Barça que pasó a la historia como «el Barca de las cinco copas» en realidad debería ser conocido como «el Barça de las seis copas». Nada de cinco; seis. Ese equipo fue el primero en ganar el famoso sextete. Se adelantaron unos cuantos años al conjunto liderado por Guardiola. Este hito extraordinario fue posible gracias a la sólida plantilla formada, entre otros, por Velasco, César, Biosca, Seguer, Ramallets, Basora, Kubala, Gonzalvo III, Manchón o Segarra y, por supuesto, gracias a Ferdinand Daučík, entrenador eslovaco que dirigió el equipo hasta 1954, quien, como curiosidad, era el cuñado de Kubala.

Ese año el conjunto azulgrana se llevó la Copa del Generalísimo, la Liga, la Copa Latina, la Copa Duward y el Trofeo Martini & Rossi, entregado por la famosa marca italiana de vermú al equipo español con el coeficiente de goles efectivos más elevado.

Hasta aquí hemos sumado cinco títulos. Bien, ¿dónde está el sexto? Pues el sexto fue otra copa que el conjunto azulgrana ganó sin batallar, la Copa Eva Duarte. Esta copa llevaba el nombre de la emblemática primera dama de Argentina y fue un precedente de la Supercopa de España. Por tanto, debía enfrentar al campeón de Copa con el de Liga. Pero en aquella época en la que aún no estaba de moda llenar el calendario de partidos, si el ganador de Copa y de Liga era el mismo equipo, pues el partido simplemente no se disputaba. Ni tampoco se llevaba a Arabia Saudí añadiendo dos participantes más de forma arbitraria. Que el Barça había ganado la Liga y la Copa, bien, se le daba el título y ya está. Y así fue.

Así pues, aquel Barça de la temporada 1951-52 levantó todos los trofeos que podía lograr: seis. ¿Y por qué no se calificó ese equipo como «el Barça de las seis copas»? Pues porque de la Copa Duward —que se trataba más bien de un galardón honorífico que otorgaba la conocida marca de relojes al equipo menos goleado de la Liga— no era el campeón absoluto, sino que compartía dicho honor con el Real Valladolid, pues ambos equipos habían sido los menos goleados de la Liga, con 43 tantos en su contra cada uno.

Sea como fuere, este hito sirvió para dar el pistoletazo de salida a una nueva época para el Barça y el barcelonismo. A nivel deportivo la década de los 50 fue exquisita. Llegaron jugadores como Kubala —el icono futbolístico de nuestros abuelos— y Luis Suárez, el primer y único español capaz de ganar el Balón de Oro. La masa social continuó creciendo, y fue de obligada necesidad abandonar Les Corts y trasladarse en 1957 al nuevo y flamante Camp Nou. También se dio inicio a la «democratización» del club, pues en 1953 tuvieron lugar las primeras elecciones a la presidencia. Aunque sin participación femenina y no por iniciativa propia. Pues, por extraño que parezca, fue la Federación Española —recordemos que estaba Franco en el poder, quien era alérgico a este tipo de prácticas— la que instó a las entidades deportivas a que los socios votaran a su presidente.

Las siguientes dos décadas no fueron tan boyantes a nivel deportivo, pero sirvieron para que la entidad alcanzara unas dimensiones inusitadas. El club se consolidó como un agente social vital, catalizador del sentir de la población barcelonesa y emblema de la ciudad, pero con vocación universalista. Este devenir extradeportivo, que empezó a brotar con Gamper, acabó de eclosionar y tomar forma a lo largo de esta época, hasta rubricarse como el lema principal de la entidad: «*Més que un club*».

LA SAETA RUBIA

Advertencia a los culés:
Este capítulo trata de explicar la verdad y la realidad sobre *Di Stéfano y su «no fichaje» por el Barça. Es probable que* *esta lectura le genere efectos secundarios y cambie la percep-* *ción que usted tiene sobre este caso. No espere encontrar en* *las siguientes líneas argumentos propios de la clásica espi-* *ral de queja, victimismo y tópicos que envuelve la frecuente* *explicación de barra de bar de lo que supuestamente sucedió.*

En pos de su tranquilidad, le informo de que este será el *primer y último capítulo dedicado de forma exclusiva a un* *jugador del Real Madrid.*

Si después de esta advertencia ha continuado usted *leyendo, entonces agárrese bien porque esta es una de aque-* *llas historias que bien valdrían para una trepidante serie* *televisiva.*

Todo empezó al otro lado del charco, en Argentina. Di Stéfano era jugador de River Plate. Aunque era un delantero joven, su talento y olfato de gol ya lo habían consagrado como uno de los mejores futbolistas de su generación.

Pero el fútbol se encontraba en un momento convulso en Argentina (aunque creo que esta afirmación es válida para cualquier etapa del deporte rey en el país del tango). No obstante, en este caso, era tan grave la situación que los futbolistas argentinos declararon una huelga sin precedentes. Entre sus muchas exigencias estaba la libre contratación. En aquel momento, un futbolista argentino que acababa contrato no podía fichar libremente por otro club. Debía obtener el beneplácito de su antiguo equipo. Los futbolistas pretendían con su acción de protesta poner fin a esta injusticia y tener acceso a otros derechos fundamentales ya reconocidos a la mayoría de los trabajadores.

La huelga se inició en abril de 1948, cuando empezó el litigio entre la FFA —el sindicato de futbolistas argentinos— y el Gobierno del general Perón. Como primer resultado, se concedieron ciertas promesas, con la intención de que el fútbol no se detuviera. Pero no fueron más que brindis al sol que se acabaron por incumplir, lo que propició que la situación se agravara. En mayo de 1949, más de un año después del inicio de la huelga, el Ministerio de Trabajo argentino impuso un tope salarial a los futbolistas. Un límite que estaba totalmente fuera de mercado, extremadamente bajo teniendo en cuenta los honorarios de un futbolista profesional. Y ya sabemos que el bolsillo es sagrado.

En esa compleja tesitura, apareció otro actor: Dimayor, la liga colombiana, que actuaba al margen de las políticas y reglas de la FIFA. Y es que desde Colombia se comenzó a atraer talento futbolístico de forma fraudulenta —fichaban a jugadores con contrato en vigor, pero no pagaban al club de origen de estos— y Argentina se había convertido en su coto privado de caza.

Di Stéfano con la equipación de River Plate (1948). [Fuente: Revista Estadio (1948), Public domain, via Wikimedia Commons].

Y, como no podía ser de otra manera, Alfredo Di Stéfano recibió una oferta estratosférica por parte del Club Deportivo Los Millonarios de Bogotá. Era 1949 cuando la Saeta Rubia hizo las maletas y se marchó a Colombia a jugar plácidamente y ganar un sueldo acorde a su estatus como futbolista.

En 1951, la FIFA y el campeonato colombiano se reunieron para dar solución a la irregular situación del fútbol en el país del café. La FIFA aceptó que los equipos colombianos mantuvieran hasta final del año 1954 a todos los jugadores que habían llegado de forma fraudulenta. Pero, una vez transcurridos estos años, los futbolistas debían retornar a sus legítimos clubes. Durante este periodo, no podían ser traspasados —quedaos con este dato, ya que es importante para nuestra historia—. A cambio, se permitía a los equipos colombianos disputar partidos fuera de sus fronteras, para volver así a una situación de normalidad. Este acuerdo fue conocido como el Pacto de Lima.

En 1952, Millonarios, equipo en el que militaba Di Stéfano, fue invitado por el Real Madrid para conmemorar los 50 años del nacimiento del club blanco. Se jugó un triangular entre el equipo colombiano, el Real Madrid y el conjunto noruego IFK Norrköping. Allí, al igual que pasó en el caso de Kubala, Santiago Bernabéu y Samitier anotaron la matrícula del fabuloso jugador rubio.

El primero trató de ficharlo hablando con el presidente de Millonarios, pero este le informó de la situación y de la imposibilidad de lo que intentaba. Samitier, como siempre, aguardó para hacer la jugada maestra.

En 1953, el Barça envió varios emisarios a Buenos Aires para que visitaran a Di Stéfano, pues el astro argentino se encontraba en su país natal de vacaciones. En este punto hay que recordar que en ese preciso momento Kubala se encontraba con su proceso tuberculoso y era más que probable que no volviera a jugar al fútbol, por lo que los azulgranas necesitaban una estrella de forma urgente.

En aquella reunión, el Barça convenció a Di Stéfano, para después hablar con su club originario, el River Plate, que accedió a vender al jugador a cambio de cuatro millones de pesetas.

Hasta aquí, todas las partes coinciden en que la historia es tal y como, de forma resumida, he narrado. Pero, a partir de ese momento, empezó el *rock and roll*.

Recordemos que la visita del Barça al argentino fue en 1953. Y el Pacto de Lima establecía que el futbolista pertenecía a Millonarios hasta finales de 1954. Por tanto, el Barça acababa de comprar un futbolista a un club que aún no tenía los derechos sobre este. Considero importante añadir que, en este momento, el Barça y la Federación Española aún estaban litigando por la situación irregular de Kubala.

Millonarios, el club cafetero, denunció la situación a la FIFA. Y el máximo organismo del fútbol advirtió a la Federación y al Barça. El conjunto azulgrana movió ficha y envió a un emisario a negociar con Alfonso Sénior, presidente de Millonarios, quien ofreció vender «su parte» al Barça a cambio de casi millón y medio de pesetas. Cantidad que, aunque bastante menor a la que habían pagado a River Plate, al directivo culé le pareció excesiva. La pela es la pela y el futbolista ya se encontraba en Barcelona, jugando algún amistoso y disfrutando de la vida en la Ciudad Condal. Así que el acuerdo no se cerró.

El presidente de Millonarios, indignado, descolgó el teléfono y llamó al Real Madrid, para ofrecerle el mismo trato que acababa de rechazar el Barça. Y el Real Madrid pasó por caja.

Di Stéfano había fichado por dos equipos a la vez. O, dicho de otra manera, dos equipos distintos habían vendido los derechos sobre el futbolista a dos clubes diferentes: Barça y Madrid.

Además, ambos fichajes habían sido irregulares, pues el Barça no debía negociar con River Plate, ya que hasta 1955 el club argentino no podía recuperar los derechos sobre el jugador. Y el Real Madrid había comprado el jugador a Millonarios, club en el que militaba Di Stéfano, pero que, como recordaréis, no estaba autorizado por el Pacto de Lima a traspasar jugadores. El asunto era peliagudo, pero, como hemos dicho, el futbolista, quien se había fugado por segunda vez, ya se encontraba viviendo en Barcelona.

Para añadir más drama a la situación, a finales de agosto de ese mismo año entraba en vigor una nueva ley de la Delegación Nacional de Deportes que impedía fichar futbolistas extranjeros. Ante tal tesitura, la Federación Española trasladó el caso a la FIFA, la cual estableció un mediador, no sin antes dar por hecho que la Saeta Rubia jugaría en la Liga. El intercesor fue Armando Muñoz Calero: expresidente de la Federación y, en aquel momento, directivo de la FIFA.

A este señor, reconocido seguidor del Atlético de Madrid y futuro vicepresidente de dicha entidad, el caso ni le iba ni le venía. Así que, emulando el juicio de Salomón, decidió partir en dos a Di Stéfano: el argentino jugaría el primer y tercer año con el Real Madrid y el segundo y el cuarto año con el Barça. Ambos clubes firmaron el acuerdo, quedando en el aire qué sucedería al finalizar estos cuatro años.

Los directivos del Barça sellaron la alianza a regañadientes. La solución no les agradaba, y prueba de ello es que Enric Martí Carreto, presidente del club en aquel momento, dimitió.

¿Es probable que hubiera presiones hacia la directiva azulgrana para que acataran el acuerdo? Seguro. Pero la situación irregular del caso y el hecho de que el club le debiera ciertos favores a la FIFA y a la Federación Española por el caso Kubala no es menos cierto. De hecho, antes de firmar y, ante tal controversia, Martí Carreto trató de vender los derechos del futbolista a la Juventus de Turín. Los italianos, viendo el panorama, no se interesaron.

Y así fue como, en un primer momento, Di Stéfano se convirtió en futbolista del Real Madrid y del Barça de forma alterna.

Arrancó la temporada 1953-54, con Di Stéfano en las filas del Real Madrid. En las primeras jornadas Di Stéfano no brilló tanto como se esperaba, y Kubala ya se había recuperado. En esa tesitura, el Barça decidió vender «su parte» de Di Stéfano al Real Madrid. Eso sí, con intereses. Y el conjunto blanco pasó por caja, adquiriendo así la totalidad de los derechos sobre el futbolista argentino.

Ese Real Madrid, por cierto, llevaba veinte años sin oler el título liguero, y aquel año acabó ganando el título gracias, en parte, a los 27 goles que anotó la Saeta Rubia en su primera temporada.

Esto es lo que sucedió. El caso es rocambolesco y no acabó de la forma más favorable para el Barça. Pero no hay que ver fantasmas. El equipo azulgrana fichó un jugador a un club que aún no había vuelto a ser el poseedor de los derechos sobre el futbolista, el Madrid a su vez lo fichó a otro club, en el que jugaba desde hacía cuatro temporadas, pero el cual no estaba autorizado para venderlo. Llegó a España fugándose del compromiso que tenía con Millonarios. La FIFA tomó una decisión controvertida, ¡pero es que nos encontrábamos en otra época!

¿Intervino la Federación Española de Fútbol? Sí, por supuesto que movió todos los hilos posibles para que el régimen permitiera inscribir a este jugador extranjero que jugaría un año en cada club. Pero fue el Barça quien, después de esa decisión, vendió libremente sus derechos sobre el futbolista. Podría habérselo quedado y haber disfrutado de su inmenso talento en los años que le correspondía.

Si Franco hubiera estado detrás de la decisión de que el argentino se quedara en el Madrid, ¿por qué se promovió que jugara cada año en un club distinto? Recordemos que Franco era un dictador, no tenía que dar cuentas a nadie ni tomar medidas populares para obtener votos. Así que hubiera sido tan sencillo como decretar directamente en un primer momento que jugaría en el Real Madrid.

¿La decisión favoreció al Real Madrid? Pues sí. El Barça lo había fichado antes. Pero, al fin y al cabo, el Madrid también lo había hecho.

¿El caso Kubala influyó? Por supuesto. El Real Madrid no lo pudo fichar y el Barça sí. Y no olvidemos que Kubala jugaba de forma no regulada, con el beneplácito de la Federación Española y la vista gorda de la FIFA, pues aún el club azulgrana estaba litigando con la federación internacional para obtener el *transfer* del futbolista por parte de la Federación Húngara. Además, durante el transcurso de este caso, Kubala superó su proceso tuberculoso, por lo que el equipo culé ya no tenía la acuciante necesidad de fichar a un nuevo *crack*.

El caso es sonado, no hay duda. Pero fueron un conjunto de circunstancias y sucesos novelescos que acabaron con una decisión no menos asombrosa e inédita, ante la cual el Barça, simple y llanamente, acabó por vender los derechos del futbolista al eterno rival.

Dicen que a toro pasado es muy fácil escoger estoque. Y, si el Barça hubiera pagado lo que pedía Millonarios por el futbolista, no hubiera habido caso y quizá ahora habría una estatua de Di Stéfano al lado de la de Cruyff y Kubala. Pero no está.

Ver otros fantasmas es generar un discurso victimista impropio e innecesario para un club tan grande como el Barça. Empaña nuestra historia y nos acompleja. Hay que edificar en positivo y alabar nuestra historia y nuestros héroes. Y, por desgracia, Di Stéfano no está en nuestro panteón.

EL GALLEGO DE ORO

Anoten este nombre: Luis Suárez Miramontes, el Arquitecto. Uno de los mayores talentos futbolísticos que ha parido nuestro país, y una de las leyendas más olvidadas del Barça.

Esta amnesia no ha sido fruto del paso del tiempo, sino que ha sido una suerte de *damnatio memoriae* no orquestada. Este fabuloso gallego llegó al Barça para marcar una época en un equipo que ya contaba con grandes leyendas. Él debía aprender de ellas y sustituirlas, pero, cuando lo tuvo todo aprendido, se fue. Entonces, algo murió dentro del aficionado azulgrana. Hubo pocas quejas, el matrimonio no tenía continuidad posible y la afición se resignó a aceptar aquel divorcio.

LUIS SUAREZ
F.C. BARCELONE
LE MEILLEUR
FOOTBALLEUR EUROPÉEN
DE L'ANNÉE 1960
PHOTO JACQUES BOISLEME

Luis Suárez en 1960. [Fuente: Jacques Boisleme,
Public domain, vía Wikimedia Commons].

Vivir bajo la sombra de una leyenda como Kubala nunca
puede ser fácil. Mientras la estrella húngara estaba ya consa-
grada y afrontaba su madurez deportiva siendo un icono del
club, el joven gallego llegaba al Barça a aprender para soste-
ner el equipo cuando el húngaro ya no pudiera hacerlo. Pero
parte de la afición no lo entendió así y Luis Suárez acabó

marchándose el mismo año que se fue Kubala, pero con tan solo 26 años y preparado para dar sus mejores años de fútbol al Inter de Milán.

Suárez fue un mediocampista absoluto. Podía jugar en todas las posiciones: como mediapunta, siempre preparado para enlazar con los delanteros; en las posiciones de interior e incluso como medio defensivo. Su talento le bastaba para asumir con excelencia el rol que fuera necesario. Tenía visión de juego, habilidad combinatoria y un excepcional pase largo, pero, además, regateaba y contaba con un gran disparo. A ese potencial, había que sumarle una energía inagotable y un compromiso defensivo fuera de lo común. Era un metrónomo para su equipo y controlaba a su antojo las jugadas ofensivas. Eso sí, la cabeza la usaba para pensar: él no remataba de cabeza.

Cuentan que, en su segunda temporada en el Barça, Plattkó, el mítico y gigante portero húngaro, era su entrenador. Se lo quedó mirando un rato mientras examinaba el modesto físico de Suárez y no le convenció. Al día siguiente le plantó un saco de boxeo en el vestuario para que ejercitara y cogiera musculatura. Pero no era necesario, porque el fútbol de Suárez estaba en su cabeza y en sus precisos pies. A Plattkó no le quedó más remedio que claudicar, rendirse al inconmensurable talento del gallego y retirar el saco de arena.

Es el único futbolista español masculino que ha ganado el Balón de Oro, y el primer azulgrana que consiguió este prestigioso reconocimiento. Y lo hizo en 1960, dejando atrás a Kubala —su compañero de equipo— y a las grandes figuras del momento: Puskás, Uwe Seeler y Di Stéfano. Casi nada.

Pero ¿qué pasó con Luis Suárez para que no esté en el privilegiado grupo de leyendas azulgranas?

Como hemos contado antes, el Gallego de Oro llegó muy joven y dispuesto a aprender de Kubala y de las otras estrellas del Barça, ¡y vaya si aprendió! Pero su presencia en los onces azulgranas muchas veces iba condicionada a la suplencia de Kubala. Aunque su posición en el campo era distinta e incluso se entendían muy bien cuando coincidían en el verde, el estilo futbolístico del equipo variaba en función de en cuál de los dos recayera el peso del juego.

Esto creó una fractura entre los aficionados, entre los que surgieron dos bandos irreconciliables: los kubalistas y los suaristas —lo de crear facciones entre culés es asunto digno de un libro aparte—. La polémica llegó a su clímax cuando Helenio Herrera llegó al banquillo azulgrana en 1958. La doble «H» apostó claramente por el gallego. Y no es que desahuciara a Kubala, pero sí lo relegó a un rol más secundario y entregó la batuta del equipo a su preferido. Durante el bienio con Helenio al frente, el Barça de Suárez conquistó dos Ligas, una Copa y una Copa de Ferias. Pero cayeron dolorosamente en semifinales de la máxima competición europea contra el máximo rival, el Real Madrid. Y eso hizo que Helenio Herrera fuera destituido fulminantemente. Pero no se olvidó de su gallego favorito.

Al año siguiente, 1961, el Barça por fin logró llegar a la final de la Copa de Europa, en la triste final de Berna —mencionada varias veces y cuyo traumático desarrollo explicaremos más adelante—. Este día marcó el cierre de una época dorada y el inicio de una travesía por el desierto. En aquel aciago encuentro perdimos la Copa de Europa, perdimos a Kubala y perdimos a su heredero: Luis Suárez.

¿Por qué se fue Suárez? Por muchos motivos. Pero el principal culpable fue el vil metal.

El Barça andaba arruinado —y en aquella época no había palancas que activar—; aún estaba sufragando los costes de la construcción del Camp Nou y mantenía una exorbitante nómina de futbolistas veteranos que lo habían dado todo por el club, por lo que se les había premiado con grandes sueldos, como era el caso de Segarra, Villaverde, Ramallets, Evaristo, Eulogio Martínez… Y, en esa situación de casi bancarrota y fuerte fractura social, el presidente Miró-Sans dimitió. Así que el club se encontraba descabezado y arruinado —¿no os suena esta situación?—. En este contexto, Helenio Herrera había encontrado nuevo hogar: el Inter de Milán. Y no se olvidaba de la perla azulgrana. Así que la directiva *nera-*

zzurri hizo llegar una oferta irrechazable al Barça: 25 millones de pesetas. Una cifra desorbitada para la época y que podía resolver unos cuantos problemas.

La junta gestora que manejaba aquel Barça descabezado trasladó la propuesta económica a los candidatos a la presidencia, y ambos otorgaron el permiso para vender al gallego.

Una vez en Milán, Luis Suárez acabó de eclosionar y junto a una magnífica generación de futbolistas italianos escribió una de las páginas más brillantes del conjunto *nerazzurri*. Su capítulo con el Barça, en cambio, quedó a medio escribir, tristemente incompleto y huérfano de un final a la altura de tal magno jugador.

Pero la providencial figura del Arquitecto nos brindó un último servicio: en la temporada 1963-64, su equipo llegó a la final de la Copa de Europa, con el Real Madrid como adversario. Vengó la dolorosa eliminatoria que sufrió cuando vestía de azulgrana y el Inter venció en aquel encuentro, birlándole al Real Madrid la gloria y el título.

«Nadie es profeta en su tierra», dice la vieja sentencia bíblica. Y así es. Ni el talento que derrochó vistiendo de azulgrana, ni tampoco su liderazgo con la selección —a la cual condujo a alzar la Eurocopa de 1964 frente a la URSS de Yashin— le sirvieron para convertirse en leyenda aquí. En Italia, y especialmente en Milán, uno tiene que ponerse de pie cuando habla de Luis Suárez.

¡AQUÍ NO CABE MÁS GENTE!

El 24 de septiembre de 1957 fue la fecha en la que se inauguró el estadio de fútbol más grande de Europa: el Camp Nou. Un campo a la altura de su club.

El viejo feudo de Les Corts se había quedado pequeño para tanto culé y, pese a sus continuas ampliaciones, que le llevaron a alcanzar la capacidad para albergar 60 000 espectadores, ya no cabía ni un alfiler en sus gradas. La llegada de Kubala y su coincidencia con una generación de oro que cosechó multitud de títulos y desplegó un fútbol alegre y vistoso obligó a la directiva azulgrana y a su presidente, Miró-Sans, a iniciar la magna obra de la construcción del Camp Nou.

Vista aérea del Camp Nou. [BearFotos].

La primera piedra se colocó el 28 de marzo de 1954, pero el estadio no se inauguró hasta el 24 de septiembre de 1957. Durante estos tres largos años se produjeron un sinnúmero de contratiempos y vicisitudes que acabaron por cuadruplicar el coste final del estadio. Pero el resultado fue magnífico. Sin embargo, en 1957 solo se había culminado la construcción del estadio. Aún hubieron de transcurrir varios años más para que los aledaños del Camp Nou fueran adecentados, por lo que durante algún tiempo los culés tuvieron que realizar un tortuoso camino entre barro y cascotes para poder acceder al estadio. Fueron años en los que acudir a ver el Barça era toda una odisea.

Las redes del estadio fueron desvirgadas en el partido amistoso de inauguración por el paraguayo Eulogio Martínez —quien, junto a Samitier, ostenta el honor de haber conseguido endosarle cuatro goles al Madrid en un mismo partido—. Mientras que el primer gol marcado en un partido oficial fue autoría del uruguayo Villaverde, quien abrió la lata en el minuto tres de partido contra el Jaén.

Ahora bien, ¿por qué, más allá del hecho obvio de ser un campo nuevo, se le bautizó como Camp Nou? Pues lo curioso es que, en realidad, no fue hasta 44 años después cuando este se convertiría en su nombre oficial.

A finales de 1950, cuando se aprobó en referéndum la construcción del nuevo estadio, se sobreentendía que llevaría el nombre del más insigne de sus presidentes: Joan Gamper. De hecho, durante todo el proceso de construcción, aficionados y directivos se solían referir al campo como Estadio Gamper. Pero, cuando llegó el momento de bautizarlo, el Barça topó con las autoridades franquistas. Para el régimen, el suizo era la viva representación del diablo: extranjero, liberal, catalanista y protestante. Y, además, se había suicidado. Todo un cóctel que se les atragantaba y que no podían consentir. En este ambiente, la directiva no se complicó y optó por un nombre puramente descriptivo: Estadio del Club de Fútbol Barcelona. Aunque pocos culés lo llamaron así. La ilusión con la que se acogió el estreno de un campo nuevo junto al pragmatismo lingüístico de lo categórico y sencillo hicieron que popularmente se le empezara a conocer como Camp Nou.

De hecho, en 1965, con las autoridades ya un poco más relajadas, el presidente Llaudet promovió una nueva consulta entre los socios, y se impuso la misma insípida denominación. Aunque, para todos, seguía siendo el Camp Nou. No fue hasta 2001 y en plena era Gaspart cuando se impulsó un último referéndum y esta vez sí venció la designación popular que se había ganado el estadio: Camp Nou.

LA DOBLE «H»

Helenio Herrera Gavilán, conocido como el Mago o H. H., fue uno de aquellos entrenadores cuyo carisma y magnetismo marcaban la identidad de su equipo. Un tipo que pisaba fuerte y dejaba huella. Un genio del fútbol capaz de modificar su carnet de identidad para quitarse años y poder continuar con su pasión: entrenar.

Dicen que Helenio fue el primer entrenador mediático. No es cierto. Entrenadores mediáticos los ha habido siempre, pero entre ellos, a veces, surge alguno que trasciende a la misma fama, que incluso eclipsa la popularidad de sus propios jugadores y se erige como símbolo del equipo. Algunos casos recientes serían el Barça de Pep, el Atlético del Cholo o, como ejemplo más *vintage*, el Milan de Sacchi. Y Helenio Herrera fue uno de ellos, y quizá en ese rol sí fue el primero.

Su historia es una de aquellas que les encantaría a los estadounidenses si Hollywood la llevara a la gran pantalla: hombre con personalidad arrolladora al que nadie le ha regalado nada y que se ha hecho a sí mismo. Partiendo de una posición humilde y poco prometedora, luchó sin descanso hasta alcanzar el estrellato en su profesión.

En su vida también hubo espacio para anécdotas hilarantes y situaciones inverosímiles. Durante la Segunda Guerra Mundial, aún en su juventud y mientras vivía en París, huía en bicicleta de la ciudad tomada por el ejército alemán y, de repente, se dio de bruces con un escuadrón nazi, pero gracias a su estrella y su afilada dialéctica salvó la vida. En otra ocasión, ya siendo entrenador del Barça, el equipo volvía de Sofía después de jugar el primer partido de Copa de Europa y el avión en el que volaban iba dando unos bandazos terribles mientras atravesaba una zona de violentas turbulencias. El piloto informó de que había perdido contacto con los principales aeropuertos. Se mascaba la tragedia. Reinaba un silencio sepulcral, todos temían por sus vidas y el recuerdo de Superga y el desastre aéreo de Múnich del año anterior que había acabado con casi la totalidad de la plantilla del Manchester United planeaba por las mentes de los futbolistas, entonces, Helenio se levantó, los miró a todos y, como si nada de aquello fuera con él, les espetó: «¡Mañana entrenamos a las once!».

Y es que la inteligencia emocional era uno de sus fuertes. Sabedor del relevante papel que jugaba la motivación en los deportistas, fue el primer entrenador en darle una importancia capital al equilibrio psicoemocional de sus jugadores. Dominaba el arte de liderar como nadie, lo que le permitió así maximizar el rendimiento de sus futbolistas.

Conociendo sus grandes dotes de entrenador, Miró-Sans lo contrató en 1958 para reflotar al equipo, el cual, a pesar de estar plagado de estrellas, adolecía de una acuciante escasez de títulos. Recordemos, además, que esta crisis de resultados se veía agravada por la penuria económica que atravesaba el club después de la construcción del Camp Nou.

Su estancia fue breve: dos temporadas. Pero dejó huella y títulos. Logró romper la hegemonía del Real Madrid en la Liga cosechando dos campeonatos consecutivos, ganó una Copa de Ferias y una Copa del Generalísimo —lo que viene siendo la Copa del Rey, pero en época franquista—.

Durante las semifinales de esta última copa, ganada frente al Granada, se vivió un momento mítico. El Barça se batía contra el Real Madrid y el partido de ida se jugó en la capital. En el descanso, el Barça perdía 0 a 2. Y H. H. sacó su genio para darle la vuelta al marcador: entró al vestuario con un maletín y les dijo a los futbolistas: «Es una lástima, porque había conseguido esta prima de cinco millones para vosotros… y, bueno, parece que se lo ahorrará el club». Surtió efecto. Los jugadores salieron con el cuchillo entre los dientes y revirtieron el marcador metiendo cuatro goles en la segunda parte.

Su estancia en Barcelona, sin embargo, terminó de forma abrupta. Su equipo cayó en semifinales de la Copa de Europa contra el eterno rival por un cómputo global de 2 a 6. Aquella bochornosa eliminación requería de una cabeza de turco, y Helenio Herrera fue despedido de forma fulminante. Aun así, se marchó de la ciudad siendo coreado por los culés y habiendo dejado un gran balance de títulos. Él había revivido al equipo y obtenido las ligas de 1958-59 y 1959-60. Después de él, tardaríamos 14 años en volver a levantar el título ligero.

Después de su marcha, el Mago continuó con su periplo como entrenador. En Italia fue donde cosechó mayor éxito, coronando dos veces y de forma consecutiva al Inter de Milán como campeón de Europa.

Helenio Herrera durante la temporada 1964-1965.
[Fuente: Autor desconocido. TDKR Chicago 101,
Public domain, vía Wikimedia Commons].

Justo cuando se cumplían 20 años de su despido, un Núñez desesperado llamó a la puerta de H. H. para que se hiciera cargo del equipo que por aquel entonces dirigía «Quimet» Rifé —eterno lateral derecho que ocupó el carril durante más de 12 años— y que vagaba sin rumbo a mitad de tabla. Helenio tomó las riendas y logró que el equipo alcanzara la cuarta posición, obteniendo la clasificación para la Copa de la UEFA. Salvó así el prestigio del Barça, pues somos el único club que ha disputado competición europea de forma ininterrumpida desde la inauguración de estas.

Conseguido el objetivo, Helenio abandonó el club, pues parecía que su avanzada edad ya no le iba a permitir continuar al pie de cañón como antes. Sin embargo, su retirada fue temporal.

La siguiente temporada el Barça empezó con Kubala como entrenador, pero el húngaro no estaba cosechando buenos resultados y en la novena jornada de liga fue cesado. Y la responsabilidad recayó de nuevo en el Mago, quien sacudió al equipo y empezó a remontar posiciones de forma vertiginosa. Pero el trágico secuestro de Quini truncó el ascenso del Barça, que, finalmente, no logró el título liguero. Pero como consuelo se llevó la Copa del Rey, que fue la última victoria que levantó un ya septuagenario Herrera Gavilán.

El legado que nos dejó H. H. es vasto y heterogéneo. Desde proverbios icónicos del fútbol que aún hoy en día usamos, como «Se juega mejor con diez que con once» o «Ganaremos sin bajar del autocar», hasta la puesta en valor de la figura del entrenador como eje vertebrador de un equipo.

Además de ser pionero en la preparación psicológica de los futbolistas, también legó ciertos protocolos tácticos, hoy en día básicos pero en su época poco comunes, como la concentración del equipo en vísperas de un partido.

Incluso se le atribuye ser el creador del *catenaccio* italiano. Aunque, según decía Luis Aragonés, «en el fútbol está todo inventado». Helenio llevó este sistema de juego a la práctica con maestría e introdujo matices propios. Colocaba una defensa de cuatro que marcaba al hombre, y a esa línea de zagueros él le añadía otro central que actuaba por detrás de sus compañeros. En apariencia su sistema podría parecer defensivo, pero él usaba laterales extremadamente ofensivos y rápidos, que podían replegar velozmente para defender. De este modo, en ataque su equipo se convertía más bien en un 3-5-2.

El mundo futbolístico siempre le asignó la etiqueta de entrenador defensivo. Si bien es cierto que sus equipos se caracterizaban por tener una sólida muralla, también desplegaban un fútbol ofensivo, como se pudo ver durante su estancia en Barcelona o en Milán. De hecho, él mismo se defendió de esta aseveración con el siguiente alegato: «El problema es que la mayoría de la gente que me copia me copia erróneamente, se olvidan de incluir los principios de ataque que mi *catenaccio* incluía».

Un portento hasta el final de sus días. H. H. nos dejó en 1997 a una edad incierta pero muy avanzada, dejando de herencia su pequeño y especial grano de arena en la inmensa duna que es el fútbol.

¿POR QUÉ LOS POSTES SON CUADRADOS?

«Bienaventurados los que no son cronistas deportivos, porque no tendrán que explicar lo inexplicable ni racionalizar la locura».
Carlos Drummond de Andrade

Hay una página maldita en la historia del Barça, la cual se escribió el 31 de mayo de 1961 en Berna, Suiza.

El club accedía por primera vez a una final de Copa de Campeones de Europa —lo que hoy en día es la Champions League—. Era una competición joven pero que ya gozaba de mucho prestigio. Para más inri, era la primera vez que alguien había apeado al Real Madrid de su competición fetiche, pues habían ganado consecutivamente las cinco primeras ediciones, hasta que llegó el Barça y en octavos los tumbó por primera vez.

Los cuartos de final contra el FC Hradec Králové constituyeron un mero trámite. Las semifinales, en cambio, fueron durísimas. El Barça tuvo que enfrentarse al Hamburgo del siempre temible Uwe Seeler. Se impusieron a la ida por 1 tanto a 0. Pero en la vuelta en el feudo teutón la tragedia se mascaba cuando, a falta del pitido final, el conjunto azulgrana perdía 2 a 0. Pero entonces se produjo uno de aquellos goles épicos, de los que marcan la memoria de una generación de culés, un «iniestazo» en toda regla. Centro del Gallego de Oro y Sándor Kocsis la mandó a la red con un brutal testarazo que enmudeció Hamburgo. Aquello supuso el empate de la eliminatoria y el final del partido.

Hamburgo y Barça antes de disputar el partido de desempate. A la derecha podemos ver a los tres magiares: Kocsis, Czibor y Kubala. [Fuente: Harry Pot, CC BY-SA 3.0 NL <https://creativecommons. org/licenses/by-sa/3.0/nl/deed.en>, vía Wikimedia Commons].

En aquel entonces los goles en campo contrario no tenían un valor superior y tampoco había penaltis. Así que se jugó un partido de desempate. Un gol de Evaristo, el mismo que sentenció en su propio campo al Madrid en octavos, abrió las puertas de la gran final al conjunto azulgrana.

Por cierto, cuentan que, en aquellos primeros años de retransmisión del fútbol por el aún rudimentario sistema televisivo, hubo un pequeño desajuste en los enlaces que provocó que los últimos instantes de ese partido no se pudieran ver. Así que los culés se perdieron el gol de Kocsis y se acostaron creyéndose derrotados. ¡Qué sorpresa mayúscula se llevarían al despertar y leer los periódicos!

Después de la gesta, el equipo se acabó plantando en la final frente al Benfica del mítico entrenador húngaro Béla Guttmann. Este tipo es el protagonista de una de las maldiciones más famosas del fútbol: con él al frente, además de ganar al Barça, al siguiente año el Benfica repitió título, esta vez contra el Real Madrid. Y el húngaro pidió un aumento de sueldo debido a sus éxitos. La directiva lusa lo denegó y lo despidió. Entonces, Béla lanzó una aseveración que se ha convertido en maldición para el equipo lisboeta: «En 100 años desde hoy, el Benfica sin mí no ganará una final europea». Al principio, nadie se lo tomó en serio, pero desde entonces el Benfica no ha vuelto a levantar ningún título europeo, y ya van ocho finales disputadas. Poca broma.

El campo en el que se jugó la final ya les era conocido a dos de los magiares del Barça: Czibor y Kocsis. Y es que en 1954 jugaron allí la final del Mundial: Hungría contra la Alemania Federal. Aquella final mundialista olía a victoria húngara. Ambas selecciones habían coincidido ya en la fase de grupos y los magiares les habían endosado un soberbio 8 a 3. Y es que la mejor generación de fútbol del país centroeuropeo arrasaba con todo. Contaban, además de con Czibor y Kocsis, con Puskás y otros ilustres futbolistas como Hidegkuti y el guardameta Gyula Grosics. Pero en el fútbol no vale con ser el favorito para llevarse el título.

El partido empezó con dos tantos tempraneros de los húngaros, que rápidamente fueron replicados por el conjunto alemán. Luego, el partido se empezó a embarullar y embarrar, la lluvia arreciaba. Los alemanes desplegaron una potencia física inusual —existe la sospecha de que jugaban dopados, aunque en aquella época no había controles—, pero Hungría ponía el talento.

Se llegó en tablas a los minutos finales, cuando ya hacía rato que el conjunto magiar había puesto en asedio a la portería teutona —con balón al poste por parte de Kocsis incluido—, pero, en una sorpresiva jugada, la selección de Alemania Federal se adelantó gracias a Helmut Rahn, quien logró mandar el balón al fondo de las mallas. 3 a 2 y solo quedaban seis minutos para reaccionar. A falta de tres minutos, Puskás igualó el marcador. Pero no. El árbitro lo invalidó por posición antirreglamentaria. Esta decisión, extremadamente polémica y discutible, les dio la victoria a los alemanes.

La controvertida actuación arbitral, los fallos inexplicables, la mala suerte y el inusual portento físico desplegado por los alemanes privaron a la mejor generación húngara del título mundial. El fútbol húngaro aún no se ha recuperado de esa dura estocada.

Con ese fatídico recuerdo llegaron al Wankdorfstadion de Berna los húngaros del Barça. Misma ciudad, mismo césped y mismos palos.

Su inquina se vio incrementada cuando los magiares vieron que el vestuario que les habían asignado era el mismo en el que se cambiaron en aquella funesta noche de 1954. Los fantasmas volvían, Czibor, con una suerte de actitud supersticiosa, se negaba a cambiarse allí y trató de hacerlo en los pasillos.

Sobre el papel, el Barça era mejor equipo, a pesar de contar con una defensa improvisada por las importantes bajas de Rodri y, sobre todo, de Segarra. En portería seguía Ramallets, el cerrojo azulgrana. Y la delantera era soberbia: los tres magiares mágicos, Evaristo Macedo y el flamante balón de oro Luis Suárez, quien jugaba más bien de enganche y se dejaba caer también por el costado derecho, que ocupaba Kubala.

El inicio del partido no hacía presagiar que aquel sería un día negro para la historia azulgrana. Primeros compases de dominio acaparador del Barça, hasta que en el minuto 20 el Gallego de Oro mandó un balón directo a la cabeza de Kocsis, quien no perdonó.

La alegría duró diez minutos. En una contra el Benfica cazó al Barça y puso la igualada en el marcador. Pero lo peor estaba por venir: tres minutos después, y con un balón frontal colgado al área, el zaguero Gensana despejó hacia atrás, hacia territorio de Ramallets. Lo que parecía una atajada fácil para el Gato de Maracaná acabó en tragedia. Cegado por el sol, Ramallets calculó mal y le dio al balón como pudo, lo justo para evitar que entrase. Pero el esférico golpeó en el palo, botó en línea de gol un par de veces y salió. Pero no. El colegiado suizo creyó verlo claro y pitó gol, el segundo en contra en tan solo tres minutos.

Por suerte o por desgracia, aquel partido está grabado y se puede visualizar. Y, aunque la realización de la época es aceptable, las imágenes dejan dudas sobre si realmente el balón entró o no. Aunque Ramallets, un tipo honesto, no se cansó de repetir después de aquello que el balón jamás entró.

El caso es que el colegiado lo había validado y el Barça iba por debajo del marcador. Los azulgranas no bajaron los brazos y siguieron luchando contra el infortunio. Pero, en otra jugada aislada, Mário Coluna batió de nuevo a Ramallets con un potente disparo cruzado desde la frontal.

Con el 3 a 1 en el marcador, el entrenador cántabro del Barça, Orizaola, tocó zafarrancho de combate. El Barça se convirtió en pleno dominador del partido y enjauló al Benfica en su propia área. Las ocasiones de gol se sucedían sin cesar, ya fuera por tierra o por aire. El asedio empezó a ser agotador para los lusos, pero el marcador seguía inmóvil. Un balón perdido fue cazado en el área por Kocsis, que cabeceó a puerta vacía y de forma incomprensible se estrelló contra uno de esos palos cuadrados. Minutos después, Kubala se sacó un latigazo descomunal que golpeó en el poste derecho, recorrió toda la línea de cal para terminar impactando en el poste izquierdo y volver al terreno de juego.

Hasta que llegó Czibor y mandó el balón a las mallas con una soberbia volea desde fuera del área. Imparable. Quedaban 15 minutos y solo faltaba un gol para llevar el partido a la prórroga.

En una jugada coral, el balón acabó en el corazón del área, donde lo recogió Czibor, que con un tremendo zapatazo lo mandó otra vez ¡al palo cuadrado!

Apenas quedaban cinco minutos de juego cuando el Barça abandonó la disciplina y la estrategia para entregarse al corazón y la rabia. Una lluvia de balones colgados inundaba el área portuguesa, pero no encontraban rematador o, si lo encontraban, la jugada acababa boicoteada por la gran actuación de Costa Pereira, el cancerbero portugués, o por los propios aguerridos defensas lusos. Tras tres córneres fallidos en las postrimerías del partido, el fatídico pitido del árbitro indicó el final.

Los jugadores estaban completamente abatidos, se habían vaciado en el campo y habían puesto el fútbol y las ocasiones. Pero el infortunio y aquellos malditos postes cuadrados arruinaron la gloria culé. Para Czibor y Kocsis aquello fue traumático, los fantasmas del 54 habían regresado para arruinarles la victoria. No había consuelo posible.

El Barça había caído. La primera aciaga noche europea. Después vendrían más. Aquella derrota significó además la muerte de aquel gran equipo: Kubala colgó las botas. Luis Suárez voló rumbo a Italia y jamás volvió a vestir la camiseta azulgrana. El entrenador Orizaola se desvinculó del proyecto. Czibor, traumatizado, quiso dar un paso al lado y buscó un club con menos exigencias deportivas, por lo que recaló en el RCD Espanyol. Ramallets aguantó solo una temporada más antes de colgar los guantes. Y Evaristo Macedo, también tras solo una temporada, acabó alistándose a las filas del eterno rival.

Aquella derrota fue el amargo final de una generación de futbolistas a los que la gloria les fue negada. Una saga de futbolistas que no pudieron escribir sus nombres en la que hubiera sido una de las mejores páginas de la historia del Barça.

En el fútbol no solo importa el qué, sino también el cómo. Y ese es el único consuelo al que nos aferramos los culés en ocasiones como esta. Si el árbitro hubiera opinado lo mismo que Ramallets de ese gol fantasma o si el zurdazo de Kubala, el cabezazo de Czibor o el remate de Kocsis no hubieran dado ¡con esos malditos palos cuadrados!, sus nombres estarían mucho más presentes, quizá un auditorio llevaría el nombre de Berna o tal vez 50 años después los protagonistas habrían pisado el césped del Camp Nou para ser homenajeados. Pero no. Si ganas, serás recordado. Si vences jugando un fútbol espectacular, serás eterno. Pero, si pierdes, solo te espera el olvido.

Y si alguien en el futuro decide, alguna vez, recuperar tu memoria solo será para recordar lo que pudo ser y no fue en un capítulo dedicado a este triste episodio en un libro de historia del Barça.

Después de aquella final, los postes cuadrados se pusieron en tela de juicio e iniciaron su camino a la extinción. Al finalizar el partido, Orizaola, el míster azulgrana, protestó enérgicamente ante la UEFA y sugirió que adoptaran un diseño cilíndrico. Los palos con forma cuadrada, además de ser un peligro para los futbolistas, escupían los balones hacia fuera.

El máximo organismo del fútbol lo meditó y al poco tiempo decidió imponer los postes redondeados, los cuales, por un lado, atenúan el daño en caso de que el futbolista choque con ellos, y, por otro, favorecen el espectáculo al propiciar que los balones que reboten en ellos acaben en gol. En aquella final, el conjunto azulgrana estampó hasta seis balones a los postes; de no haber sido cuadrados, más de uno habría acabado al fondo de las mallas, y, probablemente, el signo de la final habría sido otro.

Tras promulgar la UEFA el cambio de diseño en los postes, los viejos palos cuadrados fueron desapareciendo paulatinamente. El último campo en cambiarlos fue el Estadio Arquitecto Ricardo Etcheverri, del Club Ferro Carril Oeste de Argentina, el cual hasta 1994 mantuvo los malditos postes cuadrados.

Pero, desde 1989, los culés tenemos una fe ciega en las segundas oportunidades, ya que el Barça aquel año tuvo la ocasión de resarcirse y levantar la Recopa de Europa en ese mismo estadio. Aun así, la sombra de aquella desventurada final de 1961 había quedado ya por siempre impregnada en el sentir culé.

En 2001, el Wankdorfstadion fue demolido. Bajo sus escombros quedaron enterrados sus palos cuadrados, sus fantasmas y la historia de aquella amarga derrota.

EL DESIERTO

Dicen que lo difícil no es llegar, sino mantenerse, pero, en realidad, lo más difícil es volver.

Después de una generación brillante como la que tuvo el Barça en los años 50 y que murió en la orilla de la final de Berna de 1961, al equipo le tocaba regenerarse para volver a la cumbre futbolística; para volver a conquistar títulos, asombrar a sus seguidores y sembrar el miedo entre sus rivales. Pero ese retorno se demoró más de diez años. Durante este tiempo el club se embarcó en una penosa travesía por el desierto. Los títulos se le resistían cuando los necesitaba más que el agua. Solo cayeron cuatro trofeos en todo ese tiempo: una Copa de Ferias y tres Copas del Generalísimo. Nada más.

Los grandes baluartes del equipo de forma paulatina se fueron marchando: Kubala, Czibor, Kocsis, Ramallets, Suárez, Segarra, Tejada, Vergés… Y la generación siguiente fue incapaz de igualar en talento y habilidad a su predecesora. La directiva iba dando bandazos, despilfarrando en fichajes no muy efectivos el poco dinero que había en las arcas y cambiando de entrenador como quien cambia de calzoncillos.

Hay veces que, si un gran piloto conduce una tartana, no ganará la carrera. Y eso, en la mayoría de los casos, es lo que sucedía. Por el banquillo del Barça de aquella década desfilaron multitud de ilustres exjugadores del club como Kubala, César «el Pelucas», Artigas, Gonzalvo II, Seguer o Lluís Miró. Pero ninguno duró más de dos temporadas en el cargo.

Durante este interludio se produjo una llamativa paradoja: el Barça no ganaba ni a la petanca, pero el número de socios no paraba de crecer. La dimensión social del Barça aumentaba cada año y eso favorecía a la maltrecha caja del club, que aún seguía resentida por el dispendio acometido con la construcción del Camp Nou.

Este asombroso incremento de popularidad estuvo muy ligado a la situación económica de Cataluña y de Barcelona en concreto. La posguerra había quedado ya muy atrás y la economía se había regenerado. Los turistas extranjeros empezaban a llegar masivamente a la capital catalana, el régimen empezaba a abrirse y los aires libertarios que soplaban desde Europa, pero sobre todo desde Estados Unidos, empezaron a ventilar una España que olía a cerrado.

A este contexto, se sumaba el dinamismo del próspero tejido empresarial catalán de la época, que había convertido a la región en uno de los territorios más prósperos del país. Había una demanda constante de trabajadores imposible de cubrir con la propia población del territorio, por lo que empezaron a llegar gran cantidad de ciudadanos provenientes de otras comunidades, sobre todo de Andalucía. Pero también de Extremadura, Aragón y otros puntos de España. Y en esta tesitura el Barça jugó un papel fundamental como aglutinante del tejido social.

El fútbol, que ya había conquistado todos los estratos de la población gracias, en parte, a que su retransmisión televisiva era ya una realidad consolidada, se había convertido en un poderoso fenómeno integrador, nexo entre extraños y válvula de escape de las penurias de la vida. Vázquez Montalbán, escritor y culé, lo definió así en su memorable artículo de 1969 titulado «Barça! Barça! Barça!»:

«El fútbol ha sido el derecho a la épica, ejercido a tontas y locas por el pueblo. Ha sido, y es, un instrumento de desviación de la agresividad colectiva hacia un cauce no político».

Una suerte, al fin y al cabo, de hermanamiento entre desconocidos e, incluso, entre enfrentados en cualquier otra causa, que durante 90 minutos reman en la misma dirección.

A toda esta creciente y heterogénea masa social azulgrana había que alimentarla con títulos que celebrar. Pero la carestía parecía que no iba a llegar a su fin. Se recuerdan de forma notoria solamente dos alegrías: la última edición de la Copa de Ferias (cuyo trofeo se quedó el club en propiedad por ser el último ganador) y la mítica «final de las botellas», de la que ya hemos hablado anteriormente. La victoria del equipo dirigido por Artigas en la final de la Copa contra el Madrid y en el Bernabéu supuso una inyección de moral que duró varios años. Una pequeña alegría dentro de tanta desolación.

Merece la pena recordar tambien un par de hechos signi ficativos de esta década: el debut deportivo del insigne Carles Rexach en 1965, y el nacimiento del Trofeo Joan Gamper en 1966, instaurado por el presidente Llaudet. Este trofeo ha servido tradicionalmente para presentar la nueva plantilla a la afición y se ha convertido en una jornada festiva para el club y para todos los culés.

El hecho más amargo de la década fue el fallecimiento de Julio César Benítez en 1968. El único futbolista azulgrana que ha muerto estando en activo. El uruguayo fue un férreo defensa, fuerte como un toro y con aquella garra tan habitual en los jugadores charrúa, siempre querida y admirada por los culés.

Su muerte fue inexplicable. Benítez se encontró indispuesto durante la semana previa al clásico que podía decidir la Liga. Conforme se acercaba el partido, parecía que su estado de salud mejoraba y que podría incluso disputarlo. Pero, de repente, la situación se agravó drásticamente y murió durante la madrugada del sábado 6 de abril de 1968.

Horas antes de disputar el partido. El encuentro se suspendió. El sepelio fue multitudinario. Acudieron las plantillas de ambos equipos, y la afición en masa se volcó para despedir a Benítez.

La sombra de la sospecha siempre ha planeado sobre este caso, pues la causa de la muerte fue atribuida a la ingesta de unos mejillones en mal estado que su mujer siempre aseguró que no comió. Nunca sabremos qué sucedió de verdad, pero el fallecimiento de un atleta a tan pronta edad y de forma repentina hace que la duda perdure después de tantos años.

El final de la travesía por el desierto aún tendría otra nota trágica, la muerte del sempiterno Samitier. Aunque por razones de edad el golpe no fue tan duro —murió con 70 años—, la desaparición de quien fue un referente espiritual del barcelonismo conmocionó al mundo azulgrana.

Emulando a Moisés, el legendario entrenador neerlandés Rinus Michels llegó en 1971 y guio al club hasta la tierra prometida: la conquista del título de liga de la temporada 1973-74. 14 años después de aquella victoria liguera alzada por Helenio Herrera en 1960, Rinus Michels logró devolver la gloria al feudo azulgrana.

¡SI HAY QUE RECALIFICAR, SE RECALIFICA!

Dicen que hay que tener amigos hasta en el infierno, y la directiva azulgrana los tuvo cuando fue necesario. En una época en la que el club no podía cubrir con sus ingresos los grandes gastos a los que tenía que hacer frente, el Barça fue capaz de tirar de contactos e influencia para salvar una grave situación económica que pudo haber llevado al club a la bancarrota y a su consecuente desaparición.

La construcción del Camp Nou había sufrido ciertos contratiempos que habían supuesto que el coste inicial presupuestado se cuadruplicara. Eso había creado un agujero negro en las arcas del club que amenazaba con engullir la entidad por completo.

Pero había un elemento patrimonial que podía salvar y salvó la entidad: el campo viejo. Sí, el Campo de Les Corts. El Camp Nou se inauguró en 1957, y desde entonces el club había estudiado formas para sacar el máximo rédito del gran activo que suponía el enorme terreno que ocupaba el antiguo estadio de Les Corts.

Primero, el Barça recibió una propuesta de nuestros vecinos, el RCD Espanyol. Pero la oferta fue irrisoria, y vender el vetusto templo azulgrana al máximo rival dentro de las fronteras de nuestra ciudad era injustificable. Aunque *la pela es la pela*, por lo que, si la oferta hubiera cumplido con las pretensiones económicas que tenía la directiva, seguro que se habría aceptado. Pero no fue el caso.

Corría 1962, el Camp Nou ya hacía años que se había inaugurado, y el Barça necesitaba de forma acuciante resolver el problema de Les Corts.

Enric Llaudet, presidente de la entidad desde hacía un año, se vistió de político y, mediante ruegos, presiones y la concesión de parte del terreno que ocupaba el viejo estadio, logró que el Ayuntamiento de Barcelona aceptara la petición del Barça y recalificara los terrenos de Les Corts como suelo edificable. Ese acto valió para que el alcalde de la ciudad, José María de Porcioles, se ganara la condición de socio de honor del Barça. ¡Qué menos!

El club parecía ya salvado de la bancarrota, pero ciertas facciones de la Ciudad Condal leyeron aquel gesto como un trato de favor hacia el Barça e impugnaron la decisión. Empezaba un interminable litigio mientras la salud económica del club pendía de un hilo.

En tal tesitura, el Barça tuvo que hacer uso, de nuevo, de sus influencias. Mediante Juan Gich, periodista y directivo del club en aquel momento y el cual poseía interesantes contactos entre las autoridades franquistas, logró que el caso se trasladara al Consejo de Ministros y al Pazo de Meirás.

Y, como en las dictaduras se impone el deseo de quien

manda, acabó cerrándose el litigio en favor del Barça, y el ministro de Vivienda y el propio Franco estamparon su firma en el *BOE* del 14 de agosto de 1965, que daba luz verde y definitiva a la recalificación. Aquello le valió también a Franco para ser nombrado socio de honor del, por aquel entonces, Club de Fútbol Barcelona.

El terreno que ocupaba Les Corts fue comprado por la inmobiliaria Habitat, que desembolsó un total de 226 millones de pesetas. Este hecho ha provocado que algunos periodistas lleguen a afirmar que Franco era culé. Nada más lejos de la realidad. Solo fue un dictador que supo aprovecharse del poder de cohesión que ejerce el deporte sobre la sociedad para hacer prevalecer sus intereses.

En tiempos de dictadura, el Barça y su directiva, algunos de ellos falangistas, fueron capaces de moverse entre dos aguas irreconciliables. Trataron de mantener, y defendieron como mejor supieron, la singularidad y las enseñas del club y a su vez lidiaron con el Gobierno franquista para velar por los intereses de la entidad. La imagen más icónica de esta ambivalencia es la que mostraba en portada la publicación número 616 de la revista *Barça*, del 6 de septiembre de 1967, en la cual se mostraba una asamblea de socios presidida por la directiva, y detrás de ellos un escudo del Barça flanqueado en un lado por Gamper y, en el otro, por Franco.

Y es que, a veces, hay que saber bailar con el diablo para evitar quemarse en el infierno.

MÉS QUE UN CLUB

Esta frase forma ya parte del ideario azulgrana. Mundialmente conocida, es la mejor baza propagandística del club y la expresión más definitoria de la idiosincrasia de la entidad. Pero ¿qué significa exactamente?, ¿quién la acuñó por primera vez?

El Camp Nou con el famoso eslogan en sus gradas. [Yuri Turkov]

El honor de ser el primero en pronunciarla se lo llevó el presidente Narcís Carreras cuando, en su discurso de investidura en 1968, dijo:

> «Yo vengo a la presidencia del Barcelona con todo aquel entusiasmo que vosotros pudierais pedir. El Barcelona es algo más que un club de fútbol, el Barcelona es más que un lugar de esparcimiento donde los domingos vamos a ver jugar el equipo; más que todas las cosas, es un espíritu que llevamos muy arraigado dentro, son unos colores que estimamos por encima de todo (...)».

Poco después, en 1973, Agustí Montal Costa fue quien popularizó la expresión al usarla como eslogan de su campaña para la presidencia. Le funcionó, y desde entonces la expresión se ha consolidado como máxima descriptiva de la naturaleza de la entidad.

Pero estos personajes se limitaron a darle forma a ese latido, a esa pulsación que había acompañado al club desde tiempos de Gamper, quien no se contentó con crear tan solo un equipo de fútbol. Sabedor del poder transformador que puede tener el deporte, puso el club a disposición y servicio de la sociedad a la que representaba.

Así, la significación de esta expresión se hunde hasta los cimientos fundacionales de la entidad, cuando Gamper y sus colegas decidieron que no se podían conformar con ser solo un equipo de fútbol y vincularon al club con los anhelos y reivindicaciones de la sociedad barcelonesa de la época.

De este lema emana el estrecho compromiso que a lo largo de su historia ha adquirido el Barça con la sociedad y con sus socios y seguidores. La entidad ha tratado siempre de alinearse con las principales demandas sociales; ha tomado parte en acciones e iniciativas destinadas a defender los derechos humanos, y ha apoyado causas filantrópicas de forma altruista, ya sea estampando el logo de UNICEF en su camiseta o fomentando proyectos culturales y solidarios. Primero fue a escala local, después regional y, por último, debido a su internacionalización, el Barça ha pasado a abanderar planes globales con el propósito de lograr un mundo mejor y más justo.

Gracias a la magnitud de la entidad, el propio Barça ha creado su fundación, que trabaja de forma activa y en colaboración con muchísimos organismos benéficos con el fin de combatir la exclusión social, brindar atención sanitaria a los más necesitados o contribuir a la escolarización de los niños de los rincones del mundo más desfavorecidos, entre otras muchas iniciativas en más de 50 países de los cinco continentes.

Esta extralimitación de la entidad blaugrana, que la convierte en más que un club, nunca ha estado exenta de controversias y ciertas contradicciones. No en su vertiente benéfica, pero sí en su faceta más ideológica, pues su compromiso con algunas causas con un fuerte componente político ha llevado al club a adoptar posturas poco conciliadoras y excluyentes que sí se alinean con los pensamientos de algunos de sus socios, pero chocan frontalmente con las ideas de otros.

Sin embargo, no debemos olvidar que estos posicionamientos los adoptan los directivos del momento, que tarde o temprano acaban por abandonar la entidad. Pero el club continúa y los trasciende, y es que los colores y el escudo están por encima de toda polémica, pues no en vano se trata de *més que un club*.

EL HOLANDÉS VOLADOR

La Santísima Trinidad del Barça moderno la forman Cruyff, Guardiola y Messi. Cruyff es el Padre; Guardiola, el Hijo y Messi, el Espíritu Santo. En este capítulo toca hablar del padre. Pues, sin él, no se entendería la historia más reciente del Barça.

Cruyff nació para hacer historia en el fútbol. Dicen que él era delantero centro, aunque en realidad ese era solo su punto de partida y respondía más a la necesidad de encasillar al futbolista en una determinada posición que en el rol real que representaba en el campo. El Flaco jugaba donde él creía oportuno, donde sentía que más podía ayudar al equipo. Era un genio. No ha habido ningún futbolista, antes o después de Cruyff, que haya alcanzado el nivel de comprensión del fútbol que él tuvo. Su visión del partido era tan holística que no solo era capaz de aprovechar al máximo sus cualidades, sino que también sabía potenciar todo el talento de sus compañeros.

Como delantero centro abandonaba de forma constante su demarcación para caer en banda o retrasaba su posición para llegar después al área mediante desmarques en profundidad. Si veía conveniente incrustarse en la medular y llevar el peso de la construcción del juego, retrocedía aún más. Incluso era capaz de meterse de lleno en la línea defensiva de su equipo para iniciar las jugadas, para actuar como el más férreo defensa si era necesario. Cruyff fue el futbolista total.

Johan Cruyff en 1975 durante la entrega de premios del torneo amistoso *Amsterdam Toernooi*. [Fuente: Fotografía Onbekend / Anefo, CC0, via Wikimedia Commons].

A pesar de su aspecto quebradizo, era un portento físico capaz de ir de área a área de forma incansable durante todo el partido. Con el balón en los pies parecía un bailarín escurridizo que se zafaba de la defensa rival con sus múltiples recursos técnicos, como sus regates en seco o sus conducciones maratonianas y elegantes. Parecía una gacela corriendo entre elefantes que trataban en vano de pisotearlo; y no es solo una metáfora. El fútbol de los años 70 era duro, muy duro, y la pasividad arbitral permitía entradas que ahora nos parecerían salvajes.

Su grácil constitución no parecía la adecuada para lidiar con las guardias pretorianas que custodiaban las porterías rivales. Pero Cruyff se revelaba contra todo y contra todos. Su astucia y picardía hacían que siempre estuviera en el lugar adecuado en el momento preciso para mandar el balón al fondo de las mallas. Ya fuera con un elegante golpeo, con un buen cabezazo o con remates acrobáticos e imposibles.

Su forma de jugar, tan poco ortodoxa, soliviantaba los ánimos de los defensas que sufrieron el calvario de tener que marcar al holandés. Hasta Villar, expresidente de la Federación Española de Fútbol y férreo mediocentro defensivo del Athletic de los años 70, le propinó un puñetazo durante un partido.

Rebelde y extrovertido en el campo, también lo era en la calle, donde se ganaba la vida igual de bien que en el césped. Como futbolista mediático, tuvo la capacidad de mercantilizar su imagen y sacarle gran rédito económico; algo bastante inédito e incluso criticado en aquella época. Pero él se defendía con clarividencia:

«Cuando quieren usar mi nombre, pido dinero. Lo pido por entrar en mi vida privada. Si no pides dinero, todo el mundo te usa, no tienes libertad. Es necesario pedir dinero para protegerse. Pero yo no me vendo. No soy el producto, sino el medio para venderlo».

Cruyff es una leyenda del fútbol, a la altura de Pelé, Di Stéfano y Maradona. Y un icono del Barça y del Ajax. ¿Pero cómo acabó en Barcelona?

El Barça vivía sumido en un estado de depresión futbolística. En cambio Johan vivía en Ámsterdam la época más dorada del Ajax. Con él al frente del equipo, el conjunto neerlandés arrasaba con las competiciones domésticas y había ganado las últimas tres ediciones de la Copa de Europa de forma consecutiva. *A priori* parecía que deportivamente no había motivos para abandonar el equipo de su ciudad, pero los había y los expondremos más adelante.

Desde 1962 se había prohibido la incorporación de jugadores extranjeros a la Liga española. En 1970, el Barça y otros clubes presionaron a los estamentos deportivos para cambiar la regla, y parecía que lo iban a conseguir. De hecho, desde Can Barça se veía tan claro que ya habían llegado a un preacuerdo con el Ajax y convencido al jugador. Pero a última hora ciertos clubes cambiaron su voto y se mantuvo la prohibición de incorporar extranjeros. Agustí Montal, presidente del Barça, montó en cólera por aquella decisión y encargó un suculento trabajo a varios abogados, entre ellos Miquel Roca, quien años después sería uno de los padres de la Constitución.

Existía un resquicio normativo que permitía incorporar jugadores extranjeros, siempre y cuando se demostrara que tenían ascendencia española. Los abogados contratados por Montal investigaron todos los casos y demostraron que la práctica totalidad de aquellos futbolistas extranjeros que habían entrado a nuestra liga mediante esa prerrogativa habían presentado documentación falsificada. Este hecho fue conocido como el «escándalo de los oriundos».

Dosier en mano, Montal se dirigió a la Federación y exigió explicaciones y responsabilidades. Ante esa presión, la Federación se vio obligada a abrir la veda y permitir hasta dos extranjeros por equipo a partir de 1973.

Por aquel entonces, el acuerdo del Barça con el equipo holandés ya había quedado en papel mojado, y el Real Madrid había llegado a un acuerdo con el Ajax para llevarse la estrella de Ámsterdam, pero ambos clubes habían negociado a espaldas del jugador. Cuando Johan se enteró, lo tuvo claro.

Abandonaría su club y ficharía por el eterno rival de los blancos. Esa fue su venganza.

Aquel año, junto a Cruyff, llegó el peruano Sotil. Y, sumados a Rexach y Asensi, formaron una delantera temible destinada a cambiar el rumbo de aquel Barça desorientado.

Como diría Zubizarreta, el fichaje de Johan fue un fichaje de rendimiento inmediato, y vaya si lo fue. En su primer año de blaugrana ya tomó el mando y condujo al equipo a ganar la Liga después de 14 años de sequía.

El equipo era orquestado por Rinus Michels, el padre futbolístico de Cruyff, así que el contexto no podía ser mejor para el Flaco. Aquella temporada de 1973-74, el Barça ganó el campeonato liguero con una superioridad aplastante, sacándole ocho puntos al segundo clasificado, y ¡16! al Real Madrid. Al que, además, le pintaron la cara en su propio feudo, endosándole un soberbio 0 a 5. Aquella colosal victoria enloqueció a los culés, que corrieron a Canaletas a quitar las telarañas de la mítica fuente y festejar aquel revés al eterno rival como si de un título se tratara.

Fue tan significativo aquel triunfo, era tan acuciante la necesidad de una alegría futbolística como aquella que, años después, Cruyff, perplejo, recordaba en una entrevista que lo que más le sorprendió fue que los culés no los felicitaron, sino que les dieron las gracias.

Esa misma temporada, Cruyff protagonizó un gol inimaginable en aquella época. Era diciembre de 1973 y parecía que el único equipo que le iba a competir la Liga al Barça era el Atlético de Madrid. Se enfrentaron en el Camp Nou. Cuando el partido estaba a punto de llegar en igualada al descanso, un centro pasado al segundo palo de Rexach fue cazado de forma brillante por Cruyff, quien saltó de forma acrobática y, suspendido en el aire, logró impactar el balón con el exterior de la bota y lo mandó al fondo de las mallas. Aquel espectacular remate dio la vuelta al mundo y se ha convertido en una de las fotografías más icónicas del barcelonismo.

Parecía que el Barça había renacido, que Cruyff había devuelto la gloria perdida a la entidad, pero solo se trataba de un oasis en el desierto. El Barça encadenó varias temporadas en las que se acercó al título liguero, pero sin obtenerlo, y fue apeado de forma sistemática tanto de la Copa como de las competiciones europeas.

El ambiente se había enrarecido después de que Rinus Michels abandonara el club para hacerse cargo de la selección de su país y más tarde del Ajax. El técnico neerlandés fue sustituido por el alemán Weisweiler, que practicaba un fútbol absolutamente distinto y que encorsetaba a los futbolistas en sus demarcaciones. Eso conllevó choques constantes con el Flaco. Hasta que la situación se tornó insostenible y, claro, entrenadores hay muchos, pero futbolistas como Cruyff solo hay uno. Así que la directiva fulminó al alemán y llamaron de nuevo a Rinus Michels, que se hizo cargo del equipo para las dos siguientes temporadas, logrando, a la postre, la Copa del Rey de 1978. El segundo y último título conseguido por Cruyff durante su época de jugador con el Barça.

Ya superada la treintena, Cruyff decidió dar un paso al lado y asumir otros retos menos exigentes. Se fue a practicar el *soccer* durante unos años. Y, aunque regresó fugazmente años después a España, donde protagonizó un esperpéntico pase por el Levante en segunda división, acabó por colgar las botas en su país jugando dos temporadas en su Ajax y una última en el Feyenoord con 37 años de edad.

Parecía que el Flaco iba a devolver el Barça al lugar que se merecía, pero solo fue un espejismo fugaz que, si bien regaló grandes actuaciones y noches inolvidables para los culés, no acabó por revertir la situación. Y después de la mítica Liga de la temporada 1973-74, hubieron de transcurrir once años más para volver a levantar el trofeo.

Pero el neerlandés aún tenía mucho que dar en el Barça. En 1988 regresó a su segunda casa, esta vez como técnico. Y, desde el banquillo, por fin pudo poner fin a los interminables años oscuros y formar el mítico Dream Team que logró la ansiada primera Copa de Europa. Pero todo esto será debidamente narrado en otro capítulo.

1978-2002. *La ciudad que lleva el nombre de nuestro club*

CABALLERO DE HIERRO

> «Esta ciudad olímpica, esta ciudad que
> lleva el nombre de nuestro club (...)».
> José Luis Núñez

Núñez no solo nos regaló míticas frases que quedarán para la posteridad, sino que también legó un club que había conseguido transformar: convirtió el taller artesano que era la entidad en aquel entonces en una auténtica fábrica con superávit y posicionada en la cúspide del fútbol europeo.

Lo de José Luis Núñez fue un largo reinado. Tras 22 años al frente del club, es el presidente que más tiempo ha permanecido al frente del Fútbol Club Barcelona.

Reelegido varias veces sin elecciones por inexistencia de oposición, su mandato estuvo plagado de grandes sucesos deportivos y extradeportivos, pero con un balance final insuperable. Tras de sí dejó 140 títulos (sumando todas las secciones blaugranas), el saneamiento económico del club y un aumento patrimonial muy reseñable: Miniestadi, el museo del club, la Ciudad Deportiva, el Palau Blaugrana, la ampliación del Camp Nou y la remodelación de La Masía para convertirla en la residencia y academia formativa de las jóvenes promesas. Casi nada.

Logró disparar el número de socios del club; cuando abandonó la presidencia se superaba ya la barrera de los 100 000 abonados. Él sabía que la base del Barça eran sus socios y, en una época en la que las redes sociales aún no existían, comprendió que la opinión de los culés se gestaba en las peñas. Y se convirtió en su máximo valedor. Visitaba la sede de las agrupaciones culés cada vez que podía e inauguraba personalmente muchas de ellas. De hecho, durante su mandato el número de peñas incrementó de forma asombrosa; se pasó de 96 peñas a más de 1200. En estos populares y pequeños feudos culés, Núñez se ganaba la confianza de aquellos socios que después le ratificaban en las urnas.

Cuando asumió la presidencia en 1978, tomó las riendas de un club sumido en la depresión futbolística y casi en la indigencia económica y, como ya hemos apuntado, legó un Barça convertido en la institución deportiva más potente de Europa.

A diferencia de la práctica totalidad de sus antecesores, él no pertenecía a la burguesía catalana que tradicionalmente había gobernado el club. Él venía de abajo, de batirse en el fango y de lograr levantar un auténtico imperio inmobiliario a base de esfuerzo personal. Sí, un nuevo rico, pero de los más ricos. Talento puro para engordar su cuenta y que puso al servicio del Barça, donde aplicó la misma fórmula.

Dirigió el club con firmeza, inteligencia y mentalidad empresarial; además, fue capaz de incorporar a su junta directiva a algunos de los candidatos que perdieron las elecciones contra él, mostrando que la presidencia no se trataba de algo personal, sino de administrar el club integrando a todas las sensibilidades que coexistían en su seno.

En una época donde los controles económicos a los clubes eran inexistentes, Núñez fue pionero en establecer topes salariales a los futbolistas para garantizar la solvencia económica de la entidad. Por ello, tomó ciertas decisiones controvertidas a nivel futbolístico pero económicamente beneficiosas, como la venta de Maradona o Ronaldo.

Y es que, a pesar de acumular millones de pesetas en su cuenta bancaria e innumerables inmuebles de incalculable valor, Núñez sabía lo que costaba ganar una peseta. Por eso se partió la cara por el Barça en cada presupuesto, en cada fichaje, en cada gasto. Controlaba todo el dinero que entraba y salía, no había ni un duro que se moviera sin su conocimiento y consentimiento. No había nacido en Cataluña, pero cumplía con el tópico de los catalanes más que ningún otro. Era un negociador astuto y duro como el granito.

En la primera mitad de su mandato no obtuvo los logros deportivos deseados, aunque sí se consiguieron ciertos títulos reseñables como las Recopas de Europa de 1979 y 1982. Esta competición —muy olvidada a pesar de haber desaparecido hace relativamente poco, en 1999— era el campeonato europeo entre los ganadores de copa de cada país. Un torneo prestigioso, cuyo máximo vencedor histórico es el Barça, quien ostenta cuatro trofeos. Todos ganados en la era Núñez. En el ámbito doméstico, el club alzó tres Copas del Rey durante la década de los 80, pero tan solo obtuvo la Liga de 1984-85.

Pero todo cambió cuando Núñez fichó como entrenador a Cruyff en 1988. La suerte futbolística se puso de cara y el Barça alcanzó el santo grial: la Copa de Europa de 1992. El matrimonio entre presidente y técnico era de conveniencia, pues su forma de ver la vida y afrontar el fútbol era completamente antagónica. Y, aunque saltaban chispas entre ellos, se necesitaban irremediablemente. Cruyff pedía, y Núñez concedía... cuando quería. Por ello, en alguna ocasión, el Flaco le espetó su ya famosa frase: «El dinero en el campo y no en el banco». Aunque a la hora de la verdad, Núñez le trajo a Cruyff grandes estrellas como Laudrup, Stoichkov, Bakero, Nadal, Romário, Figo, Eusebio...

Este matrimonio duró lo que duraron los éxitos. El Barça resucitó con Cruyff como entrenador y este, además, asentó las bases de las señas de identidad futbolísticas del juego azulgrana y plantó la semilla para que años después empezara el ciclo más salvaje de títulos y buen fútbol que jamás ha conocido el Barça. Pero el idilio se agotó en 1996. Después de ocho años de convivencia, Núñez fulminó a Cruyff antes de que acabara la liga. Y, como todo matrimonio que no se traga, hubo acusaciones, descalificaciones y reproches de forma bilateral. Incluso acabaron en los tribunales.

Pero la era Cruyff es solo un capítulo del reinado de Núñez. Hubo multitud de otros sucesos que marcaron la historia del club. En los próximos capítulos narraremos algunos de los hechos más reseñables que acontecieron durante el mandato del inconmensurable presidente Núñez. Aquel coloso charnego que llegó a Barcelona con lo puesto, creó un imperio inmobiliario y soñó con ser alcalde de Barcelona hasta que descubrió que ser presidente del Barça era un designio aún más importante.

CAN PLANES

La historia de La Masía se pierde en la bruma de los tiempos. Poco se sabe más allá de 1662, cuando un payés de Sarriá, Pere Planes, adquirió los terrenos donde se ubicaba una vieja masía que mandó restaurar. Nadie podía imaginar que esa antigua casa de campo, conocida en el siglo XVIII como Can Planes de Dalt, pasaría a ser uno de los lugares más emblemáticos de un club que practicaría un deporte que por entonces aún no se había inventado.

En 1950, La Masía se cruzó en el camino del Barça. El club adquirió los terrenos donde pensaba construir su magnífico campo, y allí en medio se encontraba una vieja masía. Durante la construcción del estadio, La Masía sirvió como centro neurálgico del proyecto. Incluso, algunos autores, como el brillante Manuel Tomás —incombustible responsable del Centro de Documentación y Estudios del Fútbol Club

Barcelona—, demostraron que, mientras se trabajaba en la edificación del Camp Nou, La Masía fue desmantelada y reconstruida piedra a piedra en un emplazamiento un poco más alejado que permitía el correcto levantamiento del estadio sin comprometer la estructura del centenario edificio. Estaba destinada a sobrevivir y ser mundialmente conocida.

Con la inauguración del Camp Nou, La Masía quedó sin un uso específico. Hasta que pocos años después el presidente Llaudet la recuperó para convertirla en el cuartel general del equipo. Allí instaló las oficinas y la sede oficial del club. Pero no sería hasta 1979 cuando alcanzaría la función que catapultó La Masía a su fama internacional. Ese año el presidente Núñez mandó adecuarla para que se convirtiera en la residencia de las jóvenes promesas blaugranas. De este modo, la vieja masía devino en el hogar de todos aquellos niños que aspiraban a ser futbolistas.

La masía de Can Planes en 1925. [Fuente: Antoni Gallardo i Garriga, Public domain, vía Wikimedia Commons].

A LES NOVES PROMOCIONS DE "LA MASIA" ON HEM VISCUT ELS NOSTRES INFANTILS ANYS BARCELONISTES:

"Amb esforç i sacrifici, també podreu arribar. Feu-ho. Val la pena".

Guillem AMOR   Albert FERRER   Josep MUSSONS   Josep GUARDIOLA
                                     (Vice-president F.C.B.)

ANY MÀGIC 1.992 - CAMPIONS D'EUROPA, CAMPIONS DE LLIGA -MEDALLA D'OR JOCS OLÍMPICS

Fotografía que estuvo expuesta en la Masía para motivar a los jóvenes canteranos. En ella aparecen Guillem Amor, Albert Ferrer, Josep Mussons y Josep Guardiola. Mediante el lema «Con esfuerzo y sacrificio, también se puede llegar. ¡Hazlo, merece la pena!» animaban a las jóvenes promesas a continuar trabajando en su progresión para alcanzar el éxito. [Fuente: Jordiferrer, CC BY-SA 3.0 <https://creativecommons.org/licenses/by-sa/3.0>, vía Wikimedia Commons].

Además de la residencia, Núñez dotó al fútbol formativo de un estadio propio, el Miniestadi. De esta manera, aquellos jóvenes foráneos que necesitaban residir en Barcelona para formarse como futbolistas ya no tenían que vivir en pensiones o apartamentos desperdigados por la ciudad. Desde entonces todos ellos residieron en La Masía.

Esto era positivo para los niños —y sus padres—, pero también para el club, pues era un escalón más en la profesionalización del fútbol formativo. En La Masía los jóvenes estaban controlados, recibían una alimentación y una educación adecuada y se evitaba que se pudieran descarriar en su etapa adolescente, tentados por la noche barcelonesa.

Este modelo de residencia para aspirantes a futbolistas fue pionero y ha demostrado ser un éxito. De hecho, la cantera azulgrana es la más admirada en todo el mundo y una de las más prolíficas.

Aunque antes de La Masía, el Barça ya estaba preocupado por el fútbol formativo. De hecho, ya en época de Gamper se crearon categorías inferiores que de forma muy embrionaria ya ejercían como cantera azulgrana. Pero no fue hasta la inauguración de La Masía cuando la cantera empezó a desempeñar un papel fundamental en la producción de futbolistas.

De la primera e histórica hornada de futbolistas que salieron de La Masía, el primero en debutar con el primer equipo fue Ángel Pedraza, que, si bien nunca llegó a ser un fijo en las alineaciones azulgranas, fue un excelente recambio y se mantuvo en el club ocho temporadas. Pero, de esta primera remesa de futbolistas, hay un nombre que destaca por encima de todos: Guillermo Amor. Un clásico en las alineaciones de Cruyff.

Pero la gran eclosión de La Masía llegó de la mano de Johan, quien estableció que todos los equipos formativos del club debían practicar el mismo estilo de juego que el primer equipo. De esta forma, la adaptación de los jóvenes sería mucho más fácil, pues ya habrían adquirido los conocimientos y mecanismos propios de la filosofía de fútbol del primer equipo. Así, también quedó establecida la seña de identidad que definiría el fútbol del Barça en las próximas décadas y que, a la postre, ha sido el estilo que mayores éxitos deportivos nos ha brindado.

La mejor promoción de futbolistas de la cantera es con total seguridad la de los nacidos en 1987. De esa generación salieron Messi, Piqué, Fàbregas y Pedro. Aunque este último llegó a la cantera ya siendo un juvenil. A ellos, se les unió posteriormente Sergio Busquets. Y, junto a los canteranos ya

173

presentes en el primer equipo, Valdés, Xavi, Iniesta y Puyol conformaron el conjunto que más títulos ha ganado en toda la historia del Barça. Un equipo sensacional que escribió la página más dorada de la historia del Barça y que encandiló a todo el mundo con su fútbol.

Otro de los hitos más destacados de La Masía fue cuando, en 2012, en un partido de liga, el malogrado Tito Vilanova alineó once canteranos: Valdés, Piqué, Puyol, Montoya y Alba en la defensa; en la medular Busquets, Fàbregas y Xavi; y en la delantera, Pedro, Iniesta y Messi. Todos ellos habían salido de aquella vieja masía que reconstruyó la familia Planes hace más de tres siglos.

Más de 30 años después, La Masía llegó a su fin. La ambición del Barça y la fuerte apuesta por la cantera tanto para el fútbol como en las otras secciones hicieron que la vieja masía se quedara pequeña, y en 2011 se inauguró el Centro de Formación Oriol Tort, ubicado en la Ciudad Deportiva Joan Gamper y con una capacidad para albergar hasta 120 jóvenes.

El mayor logro de la Masía: Iniesta, Messi y Xavi, tres futbolistas de la cantera en el podio del Balón de Oro de 2011. [Natursports]

La cantera azulgrana sigue creciendo año a año, y su producción de futbolistas continuará. En la actualidad, jugadores salidos de la escuela del Barça como Ansu Fati, Eric García, Gavi, Araújo y Baldé han irrumpido con fuerza en el primer equipo. Esperamos que en un futuro no muy lejano devuelvan al Barça a la senda de los títulos.

LA FINAL DE BASILEA

El Barça históricamente ha sido un equipo poco dado a ganar con épica. Recurre más a la técnica y calidad que al empuje y coraje, a dominar el partido y aplastar al rival que a marcar en el último minuto. Pero, a veces, también hemos sabido vestirnos de Aquiles o de Odiseo y alcanzar la gloria de forma epopéyica.

Corría 1979 cuando el Barça llegó a la final de la Recopa de Europa. El encuentro se disputaba en la tierra de Gamper: en Basilea. Diez años antes habíamos perdido ya una final de Recopa contra el Slovan Bratislava en la misma ciudad y en el mismo estadio, que además se sitúan a menos de 100 km de Berna, donde perdimos la infausta final de los postes cuadrados. Pero esta vez la historia iba a ser diferente y el culé se reconciliará con Suiza.

De aquella segunda amarga derrota en el país alpino acontecida en 1969 solo había dos supervivientes: Carles Rexach, que fue un jovencísimo titular en aquella final, y Rifé, quien acudía ahora como entrenador.

La épica empezó los días previos al partido. Varios puntales del equipo llegaron lesionados o con molestias a la histórica cita. «Milonguita» Heredia, delantero azulgrana de raza y talento (y un tanto excéntrico, pues llegó a tener un zoo en su propia casa), sufría una lesión muscular que le impedía jugar. Tarzán Migueli padecía severas molestias, pero era un toro. Estaba decidido a jugar como fuera y jugó con la clavícula inmovilizada. Y Neeskens, el arquitecto del centro del campo, padecía una gastritis de caballo. Por no hablar del ariete austríaco Krankl, quien los días previos había sufrido un accidente de coche y, aunque él no había salido mal parado, su mujer sí había sufrido daños de mayor gravedad. De esa guisa llegaba el Barça a la final contra el alemán Fortuna Düsseldorf.

Johan Neeskens fue otro genio holandés, idolatrado por los culés de la época. Forzó su salud para poder disputar la final de la Recopa y convertirse en héroe. Ese fue su último partido con el Barça. [Fuente: Panini, Public domain, vía Wikimedia Commons].

El inicio del partido fue trepidante y en el minuto cinco, el mediocampista «Tente» Sánchez anotó el primer gol azulgrana gracias a un pase filtrado de Rexach que lo dejó solo ante el portero. Pero a los tres minutos los alemanes aprovecharon un mal rechace del guardameta Artola y empataron el encuentro. Minutos después, Charly tuvo la oportunidad de poner en ventaja al Barça, pero falló un penalti, y eso que era un especialista. No había tiempo que perder, y, en el minuto 34, el capitán Asensi cazó un balón en el área pequeña y no perdonó. Cuando parecía que el partido se iría al descanso con ventaja para el Barça, apareció el alemán Wolfgang Seel y con un golpeo sutil desde el borde del área chica puso la igualada en el marcador.

La segunda parte auguraba ser del mismo calibre que la primera. Nada más lejos de la realidad. Ambos equipos, ante el temor de perder el partido en ese intercambio de golpes que habían protagonizado en el primer tiempo, replegaron velas y se llegó al final de los 90 minutos igual que se había llegado al descanso.

Quedaba la prórroga y el Barça no estaba dispuesto a dejar escapar el partido. Un minuto antes de que finalizara la primera parte del alargue, Rexach se resarció de su error en el penalti y anotó el tercero con algo de «fortuna» —valga la ironía—.

Ya en la segunda mitad de la prórroga, con el Fortuna Düsseldorf volcado en ataque, el austríaco culé Krankl culminó una contra y metió el cuarto. Parecía que el partido estaba sentenciado. Pero los alemanes replicaron y anotaron su tercer gol. Quedaban seis minutos y tocaba apretarse los machos y sufrir. El Barça no podía permitirse otra noche dramática en Europa. Y con el cuchillo entre los dientes resistieron heroicamente y, finalmente, saborearon la gloria.

Para aquel partido la afición blaugrana se había movilizado como nunca antes se había visto. 30 000 aficionados habían viajado hasta la ciudad helvética para presenciar el partido. Y, con el pitido final, llegó una entusiasta invasión de campo. Todos querían celebrar junto a los héroes la conquista de la primera Recopa de Europa. El festejo fue apoteósico. Tanto que al día siguiente aún continuaba el jolgorio.

Cuando la expedición blaugrana llegó a la Ciudad Condal, los culés estaban esperando a los futbolistas en el aeropuerto. Y marcharon juntos en procesión hasta la plaza de Sant Jaume, desde donde el equipo ofreció el título a la afición. Se calcula que un millón de personas participaron en aquella celebración sin precedentes. Por todas partes ondeaban banderas con el escudo del Barça, la marea culé inundó la ciudad y las calles se tiñeron de color azul y grana.

¡LIBEREN A NUESTRO DELANTERO!

Más de 80 años de historia dan para mucho. Durante ese tiempo, al Barça le habían fusilado un presidente, le habían cerrado el campo, un futbolista había muerto en vísperas de un clásico, habían bombardeado la sede del club, la mayor parte de la plantilla se había exiliado durante la Guerra Civil, pero hasta el 1 de marzo de 1981 nunca le habían secuestrado a un jugador.

Hacía pocos años que había muerto el dictador, España estrenaba su Constitución y el ambiente en todos los ámbitos de la sociedad estaba turbado. El país se encontraba como ese perro que siempre ha estado atado, ansioso de libertad, pero que una vez suelto no sabe hacia dónde correr. La economía no pasaba por su mejor momento, el paro acuciaba a la población, pero, a pesar de todo ello, el balón seguía rodando.

El lunes 23 de febrero de 1981 el teniente coronel Antonio Tejero había fallado en su intento de golpe de Estado. Y el domingo de esa misma semana, secuestraron a un futbolista azulgrana. Unos días moviditos.

Enrique Castro González, más conocido como Quini o el Brujo, fue sin desearlo el protagonista de esta historia. Quini fue uno de los mejores delanteros del fútbol patrio. Con una capacidad asombrosa de cara a portería, dominaba todos los registros: desde el cañonazo violento a la sutil vaselina. Y, por supuesto, presumía de un absoluto control de su remate favorito: el cabezazo. Enrique había deseado ser portero, pero su arrolladora calidad como delantero lo impidió. Y, movido por esa espinita clavada, Quini analizaba con detenimiento los movimientos de los guardametas adversarios. Así sabía siempre cómo convertir sus remates en balones imposibles para los arqueros. No en vano, ganó cinco Trofeos Pichichi a lo largo de su carrera, siendo así el tercer jugador más premiado con este galardón —empatado con Di Stéfano y solo por detrás de Zarra y el inalcanzable Messi—.

Pero lo que más destacan quienes le conocieron es su calidad humana. Para comprobarlo, solo hay que ver cómo es amado por la afición del Oviedo, a pesar de haber sido el baluarte ofensivo del Sporting de Gijón, rival acérrimo de los carbayones; o cómo durante su etapa de azulgrana era respetado y admirado en el feudo blanco. Un hombre capaz de perdonar a sus secuestradores y de no querellarse contra ellos ni aceptar indemnización alguna.

El Barça tuvo que sudar para fichar al goleador asturiano. El Sporting lo retenía cada año. Pero su sueño de jugar en el Barça por fin se cumplió —Núñez mediante— en 1981, cuando ya contaba con 31 primaveras. Pero eso no le impidió triunfar durante las cuatro temporadas en las que militó en las filas azulgranas.

En su primera temporada llegó el secuestro. Justo cuando el Barça del retornado Helenio Herrera marchaba en segunda posición. El equipo había empezado a despegar y marchaba como un tiro, escalando posiciones y a tan solo una jornada de enfrentarse al primer clasificado, el Atlético de Madrid, que le sacaba solo dos puntos de ventaja y al cual estaban dispuestos a arrebatarle el liderato en el propio Vicente Calderón.

En la noche del 1 de marzo de 1981, justo después de endosarle un 6 a 0 al Hércules alicantino, Quini se fue a su casa y, después, a recoger a su familia al aeropuerto. Pero nunca llegaría. Paró a repostar en una gasolinera y allí tres encapuchados lo metieron a punta de pistola en una furgoneta y tomaron rumbo a Zaragoza. A partir de aquí, el secuestro podría responder a un guion de Berlanga.

Los secuestradores eran tres tipos normales. No eran ninguna banda organizada ni delincuentes especializados. Eran mecánicos y electricistas que se habían quedado sin trabajo y a los que se les ocurrió superar su miseria secuestrando al futbolista de moda. ¿Qué podría salir mal?

El Brujo en 1983. [Fuente: Rob Bogaerts / Anefo, CC0, vía Wikimedia Commons].

Amparados por la noche, condujeron hasta Zaragoza y metieron al goleador asturiano en un zulo improvisado construido en un pequeño local. La liebre la levantó la propia mujer de Quini, María de las Nieves, quien, tras haber esperado en vano en el aeropuerto, cogió un taxi y al llegar a casa comprobó que su marido no estaba. Inmediatamente, llamó a la policía y al Barça. Y se activaron todos los protocolos.

La primera llamada de los secuestradores no tardaría en llegar. Pidieron 70 millones de pesetas a cambio de soltar al goleador. Para asombro de la policía, el secuestrador hablaba con la mujer de Quini con total tranquilidad. Podía estar hasta 20 minutos al teléfono negociando con ella. Eso, de algún modo, alivió a la policía, los secuestradores no parecían profesionales. Pero también les causó preocupación: si no eran profesionales, podían llegar a matar a Quini si el asunto se torcía.

Eran tan chapuceros que hasta apremiaron a María de las Nieves a realizar el pago alegando que su marido comía como una lima y se les estaba agotando el presupuesto para bocadillos. Quizá por ello, pronto subieron el montante exigido y pasaron a pedir 100 millones de pesetas.

La casa del matrimonio se había convertido en el centro neurálgico de la operación. Por allí pasaron policías, futbolistas y directivos azulgranas. Dicen que, cuando los secuestradores exigieron los 100 millones, Núñez espetó ante el asombro de los presentes: «Quini no vale 100 millones». Y puede que sea cierto, más aun teniendo en cuenta la talla de su personaje. Pero la realidad es que fue el primero en preparar un maletín con el dinero exigido. Pero fue frenado por la policía, que estaba decidida a capturar a los delincuentes.

Se acordó que el mítico futbolista Alexanco sería quien les entregaría el dinero: se montaría en un coche e iría recibiendo instrucciones. Los secuestradores le indicaron al futbolista que condujera hasta La Junquera. Y allí, le pidieron que cruzara a Francia para hacer el pago, porque allí la policía española no podría actuar. Alexanco, en un golpe de genialidad, se negó y alegó que, si cruzaba con ese dinero la frontera, los gendarmes franceses lo detendrían y no podría llevar a cabo el desembolso. La excusa sonó convincente para aquellos secuestradores novatos, y acordaron buscar otra fórmula los próximos días.

La policía entonces elaboró un plan para engañar a los delincuentes: cuando los secuestradores volvieran a llamar a María, ella debía decirles que Alexanco había tenido una idea genial para realizar el pago. Omega, una supuesta empresa de relojes, debía hacer, en teoría, un ingreso al club. Y, aprovechando la situación, sería Omega quien depositaría el montante en una cuenta bancaria de Suiza. Luego, ellos solo tendrían que ir al banco suizo y retirar el dinero. El nombre elegido por la policía para la supuesta marca no podía ser más irónico, pues a las unidades policiales de intervención inmediata se las llama igual. Los secuestradores no supieron leer entre líneas.

Pero es que, además, es de primero de secuestrador saber que es el raptor quien debe establecer cómo, cuándo y dónde se efectuará el pago. Pero, obnubilados al oler tan cerca el dinero, aceptaron la propuesta y cayeron en la argucia.

En colaboración con la policía suiza, se montó un dispositivo para detener a quien fuera a cobrar el dinero. Fue muy fácil capturarlo, pero el pájaro no quería cantar. Ante ello, uno de los policías miró a Fernando —así se llamaba el secuestrador que fue a por el dinero— y le espetó que la mujer de Quini estaba en camino, que a ver si se atrevía a negarle a ella en la cara el paradero del Brujo. El aprendiz de secuestrador temió más la ira de María de las Nieves que la de la policía y desveló sin dilación la dirección donde tenían cautivo al asturiano.

Esa misma noche, la brigada policial se presentó en el local donde Fernando había confesado que retenían a Quini. Derribaron la puerta y entraron en tromba. Allí, se encontraron un secuestrador que en ese momento estaba batiendo un huevo —es posible que estuviera preparando una tortilla para Quini, a esas alturas el presupuesto para bocadillos ya se habría agotado— y, atónito y sin mediar palabra, les señaló la trampilla que abría el zulo.

Tras 25 días de cautiverio y mientras la selección disputaba un partido contra Inglaterra, Quini fue, por fin, liberado. De inmediato se le trasladó a Barcelona, a la comisaría de vía Layetana, donde aficionados y policías le esperaban para celebrar su regreso.

Las consecuencias futbolísticas de aquel secuestro —las menos importantes sin duda— fueron que al Barça se le escapó la Liga y por poco la clasificación para los campeonatos europeos. Palmó o empató en todos los partidos que se jugaron sin Quini. El vestuario estaba anímicamente destrozado y solo tenían fuerzas para pedir la liberación de su compañero y amigo y pedían la suspensión de los encuentros ligueros. Pero los estamentos futbolísticos decidieron que, a pesar dc todo, el espectáculo tenía que continuar.

Aun así, el regreso de Quini llegó a tiempo para salvar la temporada y levantar la Copa del Rey. El destino había previsto una final maquiavélica: el Barça se enfrentó al equipo de sus amores, el Sporting de Gijón, club que había abandonado tan solo un año antes, en el que se había criado y donde había desarrollado toda su carrera futbolística. Pero Quini era un profesional del gol. Y él mismo se encargó de marcar dos de los tres tantos que el Barça anotó para ganar esa final.

En las cuatro temporadas que militó en el club, le dio tiempo a levantar dos Copas del Rey, una Copa de la Liga, una Supercopa de España y la Recopa de 1982, en la que él marcó el gol de la victoria.

El 27 de febrero de 2018 murió Quini, en su amada Gijón y con tan solo 68 años. Se celebró un emotivo funeral en El Molinón, su casa. Y el Brujo se despidió de esta vida entre sonoros aplausos. Porque a un delantero como él no se le llora, se le aclama. ¡Hasta siempre, Brujo!

EL DÍA QUE MARADONA SE CARGÓ
UN TERESA HERRERA

Diego Armando Maradona dejó a medias a todos los culés. Su paso por el conjunto azulgrana fue fugaz y con un marcado sabor agridulce. Aun así, dos años fueron suficientes para que el Diego escribiera su capítulo en la historia del Fútbol Club Barcelona. Un capítulo colmado de talento e irreverencia. Pues así era el Pelusa.

Maradona llegó al club con la vitola de estrella, de jugador capaz de cambiar el sino de un partido en cualquier momento. No en vano, Núñez se había partido los cuernos en traerlo. Pero Diego era un genio muy particular, tanto dentro como fuera de la cancha. Su trayectoria como jugador culé se vio empañada por sus confrontaciones con Udo Lattek y con la directiva, en especial con el presidente. Tampoco ayudaron sus escándalos nocturnos, los coqueteos con la droga y su cuestionada «hepatitis», que muchos creyeron que en realidad ocultaba una enfermedad venérea. Aun así, dejó un puñado de momentos memorables, jugadas míticas y algunas anécdotas extradeportivas singulares.

Para empezar, su fichaje llegó mal y a destiempo, en concreto cuatro años más tarde, pues se pospuso en dos ocasiones. Primero en 1978, cuando un jovencísimo Maradona ya despuntaba en el fútbol argentino, pero, aun así, el propio entrenador blaugrana, el francés Lucien Müller, acabó desestimando la transferencia del jugador: craso error. El segundo intento fue en 1980. Cuando parecía todo atado y el contrato ya estaba firmado entre las partes, apareció en último instante la AFA y Lacoste, ministro argentino de Bienestar Social de la dictadura de Videla, que frenaron el fichaje. Maradona era el futuro del fútbol argentino y, como buena dictadura, el Proceso de Reorganización Nacional requería de su dosis de populismo: el Pelusa debía quedarse jugando en el país del tango hasta el Mundial de Naranjito.

Pero a la tercera va la vencida. Justo antes de empezar el Mundial de 1982, Maradona estampó su firma y, por fin, acabó aterrizando en el Camp Nou. Una vez en Barcelona, Maradona mostró su carácter irreverente, obstinado y desafiante. Una personalidad fuerte que le valió para dejar, allá donde fue, grandes actuaciones que aún son recordadas hoy en día.

En el Mundial de 1986, que se acabó llevando Argentina, Maradona protagonizó el gol, quizás, más famoso de la historia del fútbol, «la mano de Dios», y, pocos minutos después, el conocido como «el gol del siglo», aquella jugada en la que arranca en campo propio, se va de todos en un *slalom* imposible y acaba anotando el segundo y definitivo gol que daría la victoria frente Inglaterra. Tiempo después, en un homenaje sin precedentes, Messi calcó la misma jugada contra el Getafe.

El Pelusa fue un tipo que nunca se dejó pisar ni se amilanó en aquel fútbol sin cámaras en cada ángulo y, por supuesto, sin VAR; en aquel fútbol en el que entrar en el área rival era como saltar dentro de la trinchera del enemigo cuchillo en boca, un fútbol que permitía que entradas tan salvajes como la que recibió por parte del leñador Goikoetxea, que ya mandó también a Schuster a dique seco, no fueran ni tarjeta roja.

Pero Maradona no era rencoroso, entendía que tanto el fútbol como la vida iban de eso, de pisar si no quieres ser pisado. Y Maradona pisaba fuerte. Aquellos que lo conocieron destacan siempre su sentido del honor, su camaradería y el orgullo por defender a los suyos.

Pocos han entendido el fútbol como él; Maradona era noble, a su manera. En un 26 de junio de 1983, los culés se batían con los merengues en la, hoy extinta, final de Copa de la Liga. Corría el minuto 57 y, tras un pase del «Lobo» Carrasco, el Pelusa se quedó solo ante el meta blanco, Agustín Rodríguez. Lo sentó como solo él sabía hacer y justo en la línea de gol quiso esperar al defensa madridista Juan José «Sandokán». Era injusto marcar ese gol sin darle una última oportunidad al zaguero blanco. Sandokán entró con todo a por Maradona, pero el diez le fintó y Juan José acabó estrellando su entrepierna contra el poste de la portería mientras Diego mandaba el balón a guardar.

Esa imagen tan icónica ha quedado grabada a fuego en las retinas de los culés y desde entonces forma parte del panteón azulgrana de jugadas antológicas. Según confesó más tarde Maradona en una entrevista al diario *Olé*, durante el encuentro le pidió perdón al defensa; le sabía mal que se hubiera llevado ese golpe tan duro en su orgullo y en su entrepierna. Un soberano «Vete a tomar por culo» fue la respuesta de Sandokán.

Maradona junto a su amigo y compatriota Mario Kempes en un partido de liga entre el Fútbol Club Barcelona y el Valencia Club de Fútbol (1982). [Fuente: *Diario El Gráfico* (septiembre de 1982), Public domain, via Wikimedia Commons].

«Carga una cruz en los hombros por ser el mejor, por no venderse jamás, al poder enfrentó (...)», le cantó Rodrigo Bueno en «La mano de Dios». Y es que al Pelusa tanto le daba: si había que bregar en el césped, bregaba. Y, si había que encararse con el presidente de su equipo, se encaraba.

En honor a su propio himno, unas semanas antes de esta famosa final, Maradona fue al Camp Nou junto a Schuster. Querían recuperar su pasaporte para poder viajar a Alemania y disputar un partido amistoso en homenaje a su controvertido amigo Paul Breitner.

En esa época los clubes requerían a los agentes de los futbolistas los pasaportes para poder realizar las gestiones oportunas cuando el equipo jugaba partidos internacionales. Aunque hoy nos pueda parecer un atropello, el pretexto de poder realizar este tipo de trámites para que pudieran disputar partidos fuera de nuestras fronteras la siguiente pretemporada solía ser argumento más que suficiente en aquel momento. Pero, en esta ocasión, el objetivo real que se ocultaba detrás de este secuestro de la documentación de los futbolistas era evitar que ambos jugadores fueran a disputar dicho partido de homenaje que se celebraba pocas semanas antes del primer encuentro de la final de la Copa de la Liga, ya que cualquier lesión podía comprometer la presencia del teutón y el argentino en la gran cita.

Núñez se guarecía en su despacho, sin intención alguna de recibir a ambos futbolistas, que aguardaban en la sala de trofeos del club. Allí se presentó Nicolás Casaus, vicepresidente del club, además de compatriota y amigo íntimo de Maradona. Casaus trataba de contener a Diego, que estaba muy furioso. Intentó hacer valer su ascendencia sobre el astro argentino para disuadirlo, pero fue fútil. Tal y como explica textualmente Maradona en su biografía *Yo soy el Diego*:

> Ahí nomás tuve la sospecha de que Núñez no me la iba a hacer fácil, todo lo contrario. Me iba a romper los huevos. Era lunes: lo hice llamar por teléfono al club para que me mandaran el pasaporte, y no, no lo mandaban.

Otro día más, y nada. Entonces fui y pedí hablar con Núñez. No está, me dijeron primero. Yo había visto el auto y el chofer. Ahora no lo puede atender, cambiaron enseguida. Vino otro dirigente, que yo quería mucho, Nicolás Casaus, que había nacido en Mendoza, casi llorando: No, Dieguito, no te lo podemos dar, el presidente no quiere... Estábamos en la sala de trofeos, en el Camp Nou. Entonces le dije: «¿Así que el presidente no quiere dar la cara? Yo voy a esperar cinco minutos... Si no me dan el pasaporte, todos estos trofeos que están acá, que son divinos, que son de cristal, los voy a tirar uno por uno». Casaus me rogaba: No, Dieguito, no podes... Y el alemán Schuster se sumaba otra vez: A-vi-sssa-me-qué-émpezamos. Agarré un Teresa Herrera, hermoso, y lo interrogué por última vez a Casaus...

—¿No me da el pasaporte?

—No, el presidente dice que no...

—Está, se hace negar y no me da el pasaporte.

—No, ¡sólo dice que no puede dártelo!

Levanté lo más que pude el trofeo y lo tiré... ¡Puuummbbb!... Hizo un ruido... Tú-éstas-loco, me dijo Schuster. «Sí, estoy loco. Estoy loco porque no me pueden sacar el pasaporte... Y cuando pasen más segundos, más minutos, más trofeos voy a tirar». La cosa es que me devolvieron el pasaporte... y no nos dejaron ir al partido de Breitner. No sé qué carajo, pero había una cláusula de la Federación Española... Pero les rompí un Teresa Herrera y el pasaporte me lo dieron; era anticonstitucional que se quedaran con él.

Fiel a su estilo, Maradona recuperó lo que era suyo, pero la hermosa torre de Hércules que representa el Trofeo Teresa Herrera y que fue destruida en mil pedazos no le valió al argentino para ir a jugar ese partido. Una cláusula de la federación lo impedía, y contra eso no había nada que pudiera romper Maradona para superar el escollo. Por supuesto, esa Copa de la Liga la ganó el Barça, con Maradona y Schuster de titulares.

En aquellos años, la fortuna no acababa de sonreírle al Barça, y lo que pudo convertirse en un jugador de época para el club se convirtió simplemente en el paso fulgurante de una de las mayores estrellas que ha dado el fútbol.

Dos años después de firmar por el Barça, llegó el divorcio. Las posturas con la directiva eran irreconciliables, su enfrentamiento con Núñez era continuo y notorio. La gota que colmó el vaso fue la final de Copa del Rey de 1984. Aquel encuentro disputado en el Santiago Bernabéu enfrentó al Barça contra el Athletic Club: el clásico de la Copa. Por aquel entonces eran partidos mucho más reñidos, ya que el nivel de ambos clubes era más parejo. Y el partido tenía mucho morbo, era el reencuentro entre Goikoetxea y el Pelusa —y con Schuster, quien también había pasado por quirófano, Goikoetxea mediante—.

El partido no trascendió por la calidad del fútbol desplegado, pues fue un encuentro extremadamente bronco y violento. Un único gol del Athletic sirvió para que los leones engrosaran su palmarés. Pero la traca final llegó al término del tiempo reglamentario: ambos equipos se enzarzaron en una batalla campal. Puñetazos, patadas, rodillazos... que se saldaron con futbolistas abatidos en el suelo sangrando. Un espectáculo grotesco recordado con vergüenza. Y, cómo no, uno de los protagonistas que más estopa repartió fue el Pelusa. Tras el encuentro, el míster azulgrana, el «Flaco» Menotti, declaró de forma contundente: «Si esto que hemos visto hoy es un partido de fútbol, el fútbol está muerto».

Aquella bochornosa actuación acabó con sanciones de tres meses de inhabilitación para seis futbolistas, Maradona incluido. El cabreo del presidente fue monumental. Y, en esa tesitura, desde Nápoles arribó una oferta mareante. Al oler el dinero, Núñez no dudó, aceptó la propuesta y facturó a Maradona para Italia.

Sin Maradona, al Barça no le fue mal; la siguiente temporada ganó la Liga después de más de diez años sin hacerlo. Pero al Pelusa también le sonrió la suerte. Aupó un Napoli que vivía acomplejado frente a sus vecinos del norte y condujo al equipo a la conquista de los dos únicos *scudettos* que guardan en sus vitrinas. Aquello le valió para convertirse en el dios de los napolitanos.

Siempre nos quedará la duda: ¿y si se hubiera quedado? Nunca lo sabremos. Al final, Maradona dejó a medias a todos los culés, y su paso por el club siempre se recordará como el idilio perfecto que pudo ser pero nunca fue.

URRUTI Y SEVILLA

Ya dijo Zubizarreta que el País Vasco es tierra de porteros. De la pequeña Galia española han salido algunos de los mejores guardametas de la historia de nuestro fútbol: Arconada, Iribar, el propio Zubi…, y muchos de ellos han acabado en Can Barça.

Urruticoechea, más conocido como Urruti, fue uno de ellos. Los culés más veteranos guardan un cariñoso recuerdo de él, y para la posteridad blaugrana ha quedado la mítica retransmisión de Puyal y su «Urruti, t'estimo!».

A Urruti lo pescamos en casa del vecino. Formado en San Sebastián, hacía tres temporadas que militaba en el RCD Espanyol. Así que fue fácil convencerlo.

Una vez convertido en azulgrana, afrontó la ardua tarea de desbancar a Artola, otro portero guipuzcoano, que era el amo y señor del arco culé. Se da la casualidad de que, con Artola, ya había coincidido en el primer equipo de la Real Sociedad. Por detrás, y pisando fuerte, venía Arconada. Probablemente, se trate del mejor trío de porteros en una misma plantilla de la historia del fútbol.

Urruti logró hacerse con la titularidad de la portería del Barça, y, a pesar de haber sido perico, los culés siempre le mostraron su cariño incondicional. Y es que, gracias a su carácter y carisma, fue querido allá por donde pasó. Pero Barcelona fue el lugar en el que alcanzó el estatus de leyenda.

Era un portero jerárquico, de aquellos que ordenan la defensa y vociferan al delantero de su equipo cuando se queda descolgado y deja de colaborar en tareas defensivas. Bajo palos era seguro y espectacular: de reflejos felinos y además con buen pie. Un guardameta moderno, dirían.

Después de sentar a Artola, Urruti entró en el panteón culé en la temporada 1984-85. Acababa de llegar el entrenador inglés Terry Venables, quien imprimió en sus pupilos un fútbol poco reconocible en el Camp Nou, pero tremendamente efectivo. Garra, pundonor, físico y pegada eran sus señas de identidad. No practicaba un fútbol combinativo y vistoso, pero el inglés logró que sus jugadores salieran en cada partido como una jauría de lobos hambrientos. Ya en la primera jornada de Liga desgarraron al Real Madrid en su propio feudo con un 0 a 3. Allí se hicieron con el liderato y no lo soltaron en toda la temporada.

A falta de cuatro jornadas, los azulgranas se presentaron en el José Zorrilla dispuestos a cantar el alirón. Clos adelantó al equipo, pero poco después empató «Mágico» González. En la segunda mitad, Alexanco volvió a adelantar al Barça, parecía que la victoria se iba a consumar. Pero el árbitro tenía otros designios, que, por otra parte, solo podían retrasar lo que parecía inevitable. Al borde del minuto 90, el colegiado quiso ver lo que nadie más vio: penalti a favor de los vallisoletanos previo piscinazo de Miguel Aracil.

De la pena máxima se encargó «Mágico» González, quien golpeó el balón con sutileza, ajustándolo al poste derecho de Urruti. Pero era el momento de gloria del eterno portero, que adivinó la trayectoria, blocó el balón y lo celebró con un incontenible corte de mangas. Vaya usted a saber a quién iba dirigido.

Hacía once temporadas que el Barça no levantaba el título de liga. Y aquella jornada, por disputas entre TVE y TV3, el partido acabó por no emitirse en televisión. Los culés, por tanto, estaban pegados a la radio, desde donde el incombustible Joaquim María Puyal retransmitía con pasión el partido. Y su voz entró en el ideario culé con la ya legendaria narración de aquel momento: «¡Urruti ha atrapat, Urruti ha atrapat, Urruti t'estimo...!».

El Barça había vuelto a ganar la Liga. La primera de la era Núñez, una Liga que ya por siempre quedó bautizada como «la Liga de Urruti».

Pero nuestro querido portero aún nos tenía reservadas varias actuaciones estelares desde los once metros, que malogradamente quedaron empañadas por el resultado final.

Aquella Liga otorgó el billete para participar en la Copa de Europa —antes solo iba el primer clasificado—. El Barça comenzó en la máxima competición europea superando rondas a duras penas. Tanto frente al Sparta de Praga como al Porto, venció gracias al valor del gol en campo contrario. Después, superó a la Juventus por la mínima y se plantó en semifinales, en las que aguardaba el Göteborg sueco, que, si bien no era un mal equipo, estaba compuesto por jugadores no profesionales. El partido en territorio sueco fue otra de esas noches negras europeas, que se saldó con un 3 a 0 sin anestesia, asestado por un combinado de cocineros, bomberos, electricistas y comerciales. Fue un aciago resultado para los intereses del Barça, y una humillante derrota para unos futbolistas profesionales.

La vuelta en el Camp Nou se antojaba épica. Estadio lleno hasta la bandera, bengalas y consignas para jalear a los futbolistas. Por su parte, Venables supo imprimir a su equipo la sed de revancha, y los astros se alinearon.

En el minuto nueve, «Pichi» Alonso metió el primero de la noche. Eso espoleó al Camp Nou y a los propios futbolistas. Pero los suecos ni se inmutaron, mantuvieron su planteamiento y por momentos se hicieron dueños del partido. Y se llegó al descanso sin más novedades en el marcador.

Según transcurrían los primeros minutos de la segunda parte, la euforia se iba desvaneciendo, no parecía que el Barça fuera capaz de levantar aquella eliminatoria. Pero era la noche de Pichi. Y en el minuto 63, Tarzán Migueli desde la cueva mandó un balón a la espalda de la defensa sueca,

Ángel «Pichi» Alonso lo cazó y batió al guardameta. 2 a 0 y a falta de casi 30 minutos para el final del partido.

El Barça se vino arriba, los culés volvían a la fe. Y tan solo seis minutos después, «Lobo» Carrasco se hizo con el balón en la banda, fintó hasta cuatro veces a su marca y colgó un balón preciso al segundo palo. Allí, aguardaba Pichi, que remató de cabeza como marcan los cánones: buscando coger el portero a contrapié y picándola contra el suelo. Una bomba de euforia explotó en el campo. La eliminatoria estaba igualada.

Pero los suecos continuaban sin alterarse y no se vinieron abajo. Las tablas en el marcador dieron paso a la prórroga. El Göteborg despertó, se quitó la zozobra y empezó a acorralar al Barça, que achicaba agua de la barca como podía. Y allí estaba Urruti custodiando el marco azulgrana ante las intentonas suecas.

Final de los 120 minutos y penaltis. Visto con perspectiva, fue lo mejor que le podía haber pasado a un Barça que se había quedado sin fuelle después del éxtasis del tercer gol de Pichi.

La tanda de penaltis fue apoteósica. Ambos equipos anotaron los dos primeros lanzamientos, pero «Lobo» Carrasco marró el tercer lanzamiento. El Göteborg no perdonó y anotó. El cuarto lanzamiento de ambos equipos también acabó en gol. Y con esa tensión se llegó al último lanzamiento. El Barça necesitaba marcar y que los suecos fallaran el suyo. El quinto penalti azulgrana lo lanzó un especialista en pararlos: Urruti. Fueron unos momentos no aptos para cardíacos. El mítico portero azulgrana se dirigió al punto fatídico con aparente calma, como si aquella tensión no fuera con él. Cogió poca carrerilla y, con el interior de la bota, la mandó al lado derecho del portero y… la clavó. El júbilo se apoderó del Camp Nou, pero quedaba el quinto del Göteborg. Los suecos tenían la eliminatoria en sus botas.

Urruti volvió a su posición y detuvo el lanzamiento de los suecos. Mazazo para los visitantes, mientras que el Camp Nou clamó enardecido. Pero el héroe Urruti pedía calma, la faena no estaba aún concluida.

El siguiente lanzamiento era ya a muerte súbita. Empezaron los suecos, que, aún atónitos, lanzaron el balón a tercera gradería. Era el turno del Barça. El encargado del último lanzamiento fue el zaragozano Víctor Muñoz, que mandó un inapelable trallazo a la derecha de la portería. Ese obús fue la traca final de un partido épico que abría las puertas de par en par a la final de la deseada Copa de Europa, en la que esperaba el modesto Steaua de Bucarest. El último escollo para coronarse como reyes de Europa.

Once inicial de ambos conjuntos. [Fuente: Zotteteen1, CC BY-SA 3.0 <https://creativecommons.org/licenses/by-sa/3.0>, vía Wikimedia Commons].

Malos presagios precedieron a aquella final. El Barça perdió la Copa del Rey contra el Zaragoza. Aunque la afición comprendió que la atención estaba puesta en el premio gordo, la Copa de Europa.

Aquella fatídica final de 1986 se jugó en Sevilla, y contra un desconocido Steaua de Bucarest de Rumanía. La ciudad hispalense se tiñó de azulgrana, los culés viajaron en masa, dando por hecho que aquel partido se iba a ganar sin complicaciones, «sin bajar del autobús», como diría el gran Helenio Herrera. El Sánchez-Pizjuán parecía el Camp Nou, los sevillanos sentían aquella final como suya. Todo estaba dispuesto para que los azulgranas tomaran el cetro europeo. Pero los caminos del fútbol son inescrutables.

De todas las decepciones europeas, esta final es con toda seguridad el partido más aciago, más dramático. Las expectativas eran tan altas y el pronóstico tan favorable que el batacazo fue de los que hacen historia.

De forma inexplicable, los jugadores azulgranas saltaron al campo dubitativos, haciendo gala de imprecisiones impropias de su nivel y carentes de aquella garra que había logrado imprimir Venables a su equipo. Quizás que el entorno blaugrana diera por hecho que la final ya estaba ganada causó una presión innecesaria a los futbolistas, los cuales acabaron jugando de forma irreconocible. Aun así, su calidad se impuso ante el discreto talento del conjunto rumano y el Barça dominó el partido, pero sin inquietar al guardameta rival, quien, a la postre, se erigiría como el héroe del partido.

Las malas lenguas incluso aseguran que a Núñez le llegó una propuesta para comprar la victoria, pero la superioridad del conjunto azulgrana era tan apabullante que el presidente declinó el amaño.

El partido se consumía sin moverse el marcador, y, a falta de cinco minutos del tiempo reglamentario, Venables tomó una decisión que traería cola: sustituyó a Bernd Schuster, capitán del equipo y el futbolista con más talento en el terreno de juego. El teutón de temperamento impredecible, indignado, se fue del campo directamente al hotel.

Pero el partido proseguía. La conclusión en tablas de aquellos soporíferos 90 primeros minutos dio paso a una prórroga igual de intrascendente. Todo se decidiría a los once metros.

La tanda de penaltis fue una tragedia, el partido en sí lo fue. El Barça parece que había agotado la fortuna en las semifinales contra el Göteborg, y la desgracia se cebó con aquel equipo destinado a ser campeón de Europa. Urruti hizo su trabajo, y, de no haber sido por sus compañeros, se hubiera convertido en el héroe de Sevilla. Pero ese honor estaba destinado al portero rival, Duckadam.

El portero azulgrana detuvo los dos primeros lanzamientos. Pero Alexanco, Pedraza, «Pichi» Alonso y Marcos Alonso —padre del hoy futbolista azulgrana— marraron. Todos. Uno detrás de otro. Y, por incomparecencia, el Steaua de Bucarest se coronó como campeón de Europa.

No había desenlace más cruel para aquel equipo, que, a punto de saborear las mieles del triunfo, acabó degustando la peor derrota jamás sufrida en Europa.

Urruti continuó defendiendo el marco azulgrana y llegó a levantar la Copa del Rey de la temporada 1987-88. Pero desde el banquillo. Un joven vasco llamado Zubizarreta llegó al club en 1986 y, por decreto de Venables, se hizo con la titularidad de la portería, sentando a Urruti, quien nunca se quejó ante su abrupta suplencia. Ni un mal gesto ni una mala cara. Era un hombre de club y permaneció en el Barça hasta que en 1988 decidió colgar los guantes.

La muerte lo alcanzó trágicamente la madrugada del 24 de mayo de 2001, con tan solo 49 años. Un fatal accidente de coche acabó con su vida. Pero su memoria siempre seguirá viva en los corazones culés: *Urruti, t'estimem.*

EL GRAN MOTÍN

Para alcanzar la cúspide, a veces hay que tocar fondo y coger impulso, y el motín del Hesperia se convirtió en el fin del precipicio, en el cierre de una etapa que daría lugar meses después a la gloriosa era de Cruyff y al Dream Team.

Luego de la dolorosa derrota de Sevilla, el club decidió apuntalar el equipo para la siguiente temporada. Y Venables barrió para casa fichando a Mark Hughes y Gary Lineker. Aunque solo el segundo llegaría a triunfar en Can Barça. Pero los refuerzos no serían suficientes y la temporada se convirtió en un año en blanco.

Además, durante aquel ciclo de 1986-87, Bernd Schuster quedó apartado del equipo por su comportamiento vergon-zoso en la final de la Copa de Europa. A las puertas de ini-ciar la siguiente Liga, el mediocampista teutón se vengó a través de una magnífica jugada. Fue de las pocas personas que han logrado engañar a Núñez y a su olfato. Y es que le metió un gol por toda la escuadra.

Schuster mostró un arrepentimiento calculado y solicitó reengancharse al equipo. El presidente y el entrenador acep-taron sus disculpas, pero Núñez le pidió que renovara su contrato antes de volver a la disciplina del equipo, pues solo le restaba un año de azulgrana. La respuesta del alemán fue ambigua y, aunque afirmó que quería seguir en Can Barça, postergó su renovación. Mandó balones fuera, vaya. Pero logró reincorporarse a la plantilla y, cuando acabó la tem-porada y sin haber renovado, se marchó al Real Madrid. En la casa blanca también sufrieron los rigores de su tem-peramento y solo duró dos temporadas, pero esa ya es otra historia.

Con Schuster recién readmitido, el equipo inicia la tempo-rada 1987-88 con pésimos resultados y a Núñez no le tembló el pulso. Se cargó a Venables y sentó en el banquillo al Sabio de Hortaleza, Luis Aragonés, quien poco a poco logró sacar de la zona baja al equipo y situarlo en posiciones tranquilas de la tabla, pero sin aspiraciones al título. Eso sí, el equipo consiguió sumar al palmarés una nueva Copa del Rey, venciendo a la Real Sociedad con un solitario gol de Alexanco.

Un mes después de esa final de Copa, el 28 de abril de 1988, tendría lugar el gran motín. Otro estrago más a la lista de acontecimientos nefastos del Barça.

En vísperas de un clásico intrascendente —pues los blancos nos sacaban más de 20 puntos en la clasificación y ya eran matemáticamente campeones—, casi la plantilla al completo se amotinó contra el presidente. Convocaron a la prensa en el hotel de concentración, el Hotel Hesperia, para dar a conocer su declaración de guerra contra el presidente Núñez.

¿Pero cuál era el motivo que llevaba a una plantilla al completo a enfrentarse a su presidente? Ni más ni menos que la ingeniería financiera.

Núñez, que controlaba hasta la última peseta, había modificado los contratos de los futbolistas para que una importante parte del sueldo se percibiera en calidad de derechos de imagen. Ese concepto tenía una tributación mucho menor que el salario ordinario, y así el club ahorraba millones de pesetas. Todo iba bien hasta que toparon con la Agencia Tributaria. La triquiñuela de Núñez no coló, y Hacienda, que había establecido el 15 % de la totalidad del sueldo como el porcentaje máximo a percibir en concepto de derechos de imagen, exigió a los futbolistas el correspondiente pago de impuestos, ya que el resto de su remuneración debía tributar como salario ordinario.

La responsabilidad recaía sobre los futbolistas, que de este modo veían mermados sus ingresos. Y el bolsillo no se toca. Primero reclamaron al club, a través de la mediación del vicepresidente Gaspart. Exigían que el Barça asumiera los importes reclamados y regularizara la situación de sus salarios. Pero Núñez se negó en redondo y no quiso asumir las consecuencias que su argucia financiera había provocado. Agotadas las vías de negociación, los futbolistas se plantaron y se amotinaron. Además, convocaron a los medios de comunicación para hacer públicas sus exigencias y explicar a los culés la realidad de su situación.

La plantilla casi al completo estaba unida y secundaba el motín. Incluso Luis Aragonés estaba presente, apoyando a los jugadores, pese a la amenaza de despido de Núñez, pues el Sabio de Hortaleza sabía que, de no respaldar a los futbolistas, estos le harían la cama y no ganaría ningún partido. Y parece que su estrategia surtió efecto, pues aquel clásico lo ganó el Barça.

Solo hubo dos ausencias justificadas: Francisco López López, un joven canterano que jugaba de extremo que no acudió al motín por encontrarse convaleciente de una lesión, y Gary Lineker, que se encontraba convocado con su selección. Aunque los rumores dicen que él tenía solucionado este asunto de forma personal, con lo cual es probable que, de estar en Barcelona, no hubiera acudido. Nunca lo sabremos.

Aunque hubo un tercero en discordia, Bernd Schuster. Este, que en un inicio apoyaba el motín, se descolgó minutos antes de que se iniciara la rueda de prensa. A esas alturas de la temporada ya tenía decidido que no continuaría en el club, y es más que probable que ya tuviera un acuerdo tácito con el Real Madrid, así que prefirió no estar del lado de sus compañeros. Esa no era su guerra.

Alexanco, el capitán, presidía la mesa y ejerció de portavoz. Fue él quien trasladó a la prensa y, por tanto, al público en general, el sentir del equipo. Declaró que la plantilla, a pesar de los intentos del presidente de dividirla, se encontraba unida y que se sentían engañados, traicionados y estafados por la directiva y, en particular, por el presidente. Acusó a Núñez de no solo haberlos engañado en lo económico, sino también de no dispensarles un trato serio y profesional. De hecho, explicó que el presidente ni se dignó a bajar al vestuario para felicitarlos después de la consecución de la Copa del Rey. Por último, Alexanco apeló a los valores del club, buscando granjearse el favor de la afición. Y acabó por sentenciar: «En conclusión, aunque la petición de dimisión es derecho de los socios del club, la plantilla sugerimos dicha dimisión. *Visca el Barça!*».

La plantilla al completo pedía nada más y nada menos que la cabeza del presidente. El veredicto lo dictaría, como siempre, el Camp Nou.

Pronto les quedó claro a los futbolistas de qué lado estaba la afición. Nada más bajar del autobús, un ultra agredió al lateral Julio Alberto. Durante el partido, hubo más silbidos contra los jugadores propios que contra los del Madrid. A excepción de Schuster, a quien, por no haber participado, le apoyaba la afición incondicionalmente. No sabían que estaba cocinando a fuego lento su espantada hacia el eterno rival.

Pancartas en favor de Núñez pedían que no aflojara y mantuviera el pulso a la plantilla. Cánticos de «Peseteros y mercenarios» se oían sin cesar. A pesar de que infligir una derrota al Real Madrid siempre es motivo de celebración, esta vez el resultado no importó. El plebiscito lo había ganado Núñez, por goleada.

Es probable que, si los resultados deportivos hubieran acompañado, la afición se hubiese mostrado más favorable a los futbolistas. Pero el desempeño paupérrimo en la Liga y en Europa no ayudaba. Además, Núñez supo utilizar el populismo y mandar a los pies de los caballos —de la afición en este caso— a los jugadores. ¿Cómo podía ser que aquellos trabajadores privilegiados, aquellos millonarios, montaran tal circo por un puñado de pesetas? ¡Peseteros y mercenarios! Esa es la idea que caló entre los culés.

Núñez había ganado la batalla y la guerra. Ahora iban a llegar las consecuencias.

En cualquier motín fallido, el capitán se carga o destierra a los amotinados. Y Núñez no iba a ser menos, por lo que, de un plumazo, echó a gran parte de los integrantes de la plantilla, algunos de los cuales eran pesos pesados del equipo que habían dejado una profunda huella en Can Barça: Víctor Muñoz, Pedraza, Clos, Gerardo, Amarilla, Moratalla, Covelo, Manolo, López López, Nayim, Calderé, Rojo y Urruti. Sin embargo, indultó a otros futbolistas, como «Lobo» Carrasco,

Migueli, Salva, Urbano, Robert, Julio Alberto y Cristóbal. También a Lineker, que no había tomado parte, y, sorpresivamente, también a los máximos instigadores del motín: Alexanco y Zubizarreta. A pesar de ser el césar, Núñez atendió la petición expresa del próximo entrenador, y por este motivo ambos se salvaron de la purga.

El motín también conllevó la defenestración de Luis Aragonés, por equivocarse de bando. Aquella destitución abrió las puertas a la vuelta del hijo pródigo: Johan Cruyff.

Pero a Cruyff le faltaba media plantilla. Así que, al más puro estilo Bayern de Múnich, el presidente saqueó a los demás clubes del campeonato doméstico y se llevó a sus mejores jugadores. De la Real Sociedad fichó a Txiki Begiristain, López Rekarte y Bakero. Unzué vino del Osasuna, Miquel Soler y Valverde del RCD Espanyol, Ricardo Serna del Sevilla, Julio Salinas y Eusebio del Atlético, y Manolo Hierro del Valladolid. Aunque con este último se equivocó: el bueno era el hermano, Fernando.

Aunque también trajo a varias perlas internacionales como el paraguayo Romerito, y el brasileño Aloísio. Aunque estos no cuajaron. Al año siguiente, la plantilla se acabaría de apuntalar con la llegada de Laudrup y Koeman y más tarde llegaría Stoichkov y el neerlandés Witschge. Una constelación de estrellas destinadas a hacer historia. Se acababa de plantar la semilla del Dream Team.

JOHAN CRUYFF Y LA IDENTIDAD FUTBOLÍSTICA

«Jugar al fútbol es muy sencillo, pero jugar un fútbol
sencillo es la cosa más difícil que hay».

Johan Cruyff

El Flaco regresó a su segundo hogar en 1988, dispuesto a marcar una época y a cambiar para siempre la historia del Barça. En su llegada, ya avisó: «Si queremos cambiar las cosas, hay que cambiar la historia».

En su larga estancia como entrenador blaugrana, no se desvió ni un milímetro de su estrategia. Con su carácter y su genialidad, estableció un estilo de juego único que se ha acabado convirtiendo en la seña de identidad futbolística del Barça.

La personalidad del Barça en el terreno de juego es muy singular y característica y acompaña al equipo desde la llegada de Cruyff al banquillo azulgrana. A pesar de que siempre hay matices generados por la personalidad del entrenador de turno y de que este carácter está supeditado a las cualidades de sus futbolistas. Pero sin duda es el estilo que nos ha permitido disfrutar de las etapas más brillantes del club. Un club que ha sabido conciliar de forma magistral la excelencia futbolística con la consecución de títulos. Y es que el Barça no sabe ganar sin jugar bien.

Cruyff, a veces, ha sido también considerado como el padre de este estilo de juego, conocido como «fútbol total» o «tiqui y toque», pero, en realidad, no es creación suya, él solo fue el encargado de dotar a esa fórmula de su propia impronta y de sus propios preceptos futbolísticos e importarla a Can Barça, donde gozó de una gran acogida.

Johan venía de la escuela holandesa, de haber practicado este estilo tan característico de fútbol impuesto por Rinus Michels, tanto en la selección de Países Bajos como en el Ajax y en el Barcelona. Entonces, ¿Rinus Michels fue el inventor del fútbol total? Pues no, tampoco fue él el creador.

Como ya hemos comentado en alguna ocasión, en el fútbol está todo inventado. Este fútbol vistoso, combinativo, de presión, ofensivo y donde los futbolistas son capaces de ocupar cualquier posición del campo para adaptarse a toda eventualidad del partido, ya lo había practicado la generación de oro de la Hungría de los 50. Y, antes de los húngaros, este tipo de juego ya se había visto en el propio Ajax, cuando el británico Jack Reynolds tomó las riendas del primer equipo entre 1915 y 1925 y entre 1928 y 1940. De hecho, también estuvo al frente del conjunto de Ámsterdam durante una tercera etapa al finalizar la Segunda Guerra Mundial, entre 1945-47. En esta última estancia tuvo a sus órdenes a un joven Rinus Michels, quien integró en su librillo de entrenador los conceptos inculcados por Reynolds.

Johan Cruyff, en el aeropuerto de Schiphol, Amsterdam, a punto de volar hacía Barcelona y hacer historia. [Fuente: Rob Croes / Anefo, CC0, vía Wikimedia Commons].

Por tanto, estamos hablando de que este estilo de juego ya se aplicaba a principios de siglo xx, y es muy probable que el propio Reynolds lo hubiera importado de su Inglaterra natal, pues su compatriota Jimmy Hogan también imprimía una filosofía de juego similar a los equipos que dirigía.

La evolución del fútbol a lo largo de la historia ha conllevado que el fútbol total fuera mutando con la aportación de nuevos matices tácticos y de variaciones genuinas de cada uno de los entrenadores que lo han practicado. Del 3-4-3 que aplicaba Cruyff, se pasó al 4-3-3 de Guardiola, quien apostó mucho más por el pase corto —en contraposición al famoso pase largo de Koeman en la era Cruyff— y quien otorgó, además, la responsabilidad de ampliar el campo a los laterales, mientras que los extremos pasaron a un juego más interior. Luego, Luis Enrique, aprovechando la pólvora que tuvo en la delantera, apostó por una versión más directa, buscando nutrir de la máxima cantidad de balones posibles al tridente conformado por Messi, Suárez y Neymar. Y ahora, con las riendas del equipo en manos de Xavi, los extremos han recuperado su rol más clásico, jugando pegados a la línea de cal y buscando el desborde por banda.

El logro de Cruyff fue introducir este estilo de juego y convertirlo en el ADN azulgrana. Pero lo más importante fue conseguir que esta filosofía de fútbol llegara a ser el medio para alcanzar los títulos. Con ello, terminó con el devenir de un club abonado a las desgracias y lo consolidó como un candidato permanente a ganar cualquier título.

Desde el primer momento en el que Cruyff llegó al Barça como entrenador, aplicó su método sin concesiones. Y, como asentar un estilo y conformar un equipo lleva tiempo, la parroquia azulgrana empezó a inquietarse:

«¡Jugando con tres defensas nos meterán un carro de goles! ¡No tenemos un delantero centro fijo!», se podía escuchar en las tertulias entre culés, quienes no habían comprendido aún a Cruyff.

De repente, el Barça había empezado a jugar con solo tres defensas, quienes además participaban en las tareas de construcción y se incorporaban a la medular y al ataque con frecuencia. El juego ofensivo era su bandera.

La figura del delantero centro desapareció —con matices, pues tampoco rehusaba utilizar un ariete clásico como Salinas o Romário— y dio lugar al falso nueve, que no era más que un mediapunta, como Laudrup, que se situaba como referencia en ataque.

Las permutas eran constantes en las posiciones delanteras e incentivó la llegada en segunda línea de los mediocampistas. Se presionaba al rival en su propia área y el Barça pasaba a ser guardia y custodio del balón. Había una premisa básica en su fútbol, la cual Cruyff se encargó de repetir: «Si nosotros tenemos la pelota, ellos no pueden hacer ningún gol». Lapidariamente cierto.

Este cambio tan abrupto tardó en empezar a carburar, pero, cuando los engranajes estuvieron engrasados, el Barça despegó y empezó a atropellar a sus rivales con su fútbol.

Para aplicar bien su modelo de juego era necesario que los futbolistas comprendieran sus funciones en todo momento. Y en un sistema tan complejo esto no se consigue de la noche a la mañana. Por ello, Cruyff se extralimitó en sus funciones e hizo que todas y cada una de las categorías inferiores adoptaran el mismo estilo de juego que el primer equipo. Esto garantizó que las generaciones más jóvenes se adaptaran a la perfección al nuevo sistema de juego. Así, su integración sería más rápida y efectiva. No en vano, a lo largo de su trayectoria como entrenador hizo debutar a un gran número de canteranos, y uno de ellos se convirtió en la manija del Dream Team: Pep Guardiola.

Aparte de imponer esta característica personalidad futbolística, Cruyff también aplicó genialidades temerarias, casi siempre con éxito. Tomó decisiones tácticas brillantes que desconcertaban a sus rivales, y a veces también a sus propios futbolistas. Y es que el Flaco no solo era un tipo idealista que no concebía la victoria sin un fútbol vistoso y espectacular, sino que en su mente reinaba una lógica de juego inescrutable para los demás, que le llevó a realizar ajustes estratégicos inverosímiles.

Estar a las órdenes de Cruyff se convirtió en religión. Y acatar sus genialidades con fe era la única posibilidad de triunfar. Si veía que el mediocampo no recuperaba el tráfico de balones que él creía conveniente, metía un defensa de mediapunta. Si había un delantero del equipo rival muy difícil de marcar, entonces ordenaba a sus futbolistas que lo liberaran. Que tenía un extremo muy rápido como Goikoetxea, pues lo ponía de lateral izquierdo si le resultaba útil para mejorar la salida de balón.

A veces, sus inverosímiles retoques tácticos fallaban. Entonces, Cruyff salía a defenderse y exponía que el invento no había funcionado porque el futbolista no lo había entendido. Puede que tuviera razón. Él apostillaba que, cuando colocaba un jugador en una posición no habitual, era porque lo que él quería era que resolviera las situaciones tal y como él sabía, no que tratara de emular al jugador que estaba sustituyendo. Es decir, cuando ponía a Laudrup en punta, quería que el danés jugara como él sabía, guiado por su instinto. No que tratara de imitar a un delantero centro. Si ubicaba a Eusebio en el lateral derecho o en el extremo izquierdo, era porque creía que su juego asociativo podía beneficiarlos en aquella posición; no buscaba, por tanto, que Eusebio tratara de desbordar por la banda como haría cualquier extremo.

Salvo en ocasiones puntuales, el equipo siempre jugaba con defensa de tres, de los cuales solo uno era realmente central. Los otros dos solían ser laterales ofensivos como Barjuan, Ferrer, Juan Carlos o Nando. Este hecho, sumado a que situaba a los zagueros muy adelantados para contribuir a la presión tras la pérdida de balón, provocaba que hubiera un espacio descomunal entre la defensa y el portero. Espacio que podía atacar el rival saliendo al contragolpe. Por ello, ya en su primera temporada, Cruyff se dirigió a Zubizarreta y le pidió que ejerciera de líbero para controlar los pases a la espalda de la defensa y poder cortar los contragolpes.

Pero Zubi, que era un portero clásico al que nunca le

habían exigido un buen juego de pies y que concebía lo que había más allá de su área como territorio ignoto, quedó trastocado ante tal exigencia y le replicó: «¿Y si me tiran una vaselina?». Cruyff fue tajante: «En ese caso, si entra, aplaude».

Genio y figura, siempre confió en su instinto y en aquella forma de ver el fútbol tan especial que solo él poseía. Tanto le daban las críticas y la incomprensión, él era obstinado e indomable. Y su perseverancia llevó al Barça a la senda ganadora y a coronarse, esta vez sí, como reyes de Europa.

Su herencia, el modelo de juego y la estructura formativa que instauró es el patrimonio más valioso para un club que descubrió el camino del éxito gracias a los preceptos del Maestro.

EL DREAM TEAM

Desde que Johan Cruyff abandonó la disciplina del Barça como futbolista en 1978, el equipo solo había ganado una Liga. El club estaba necesitado ya no de un líder, sino de un salvador. Con el desmantelamiento de la plantilla después del motín del Hesperia, solo había un hombre capaz de cambiar el rumbo del equipo, lo que nadie esperaba es que cambiaría también la historia del Fútbol Club Barcelona. Ese hombre era Hendrik Johannes Cruijff.

En esa tesitura, con un club deportivamente desorientado y una situación social convulsa, la directiva encabezada por Núñez se encontraba en horas bajas, y tuvieron que acceder a todas las peticiones de Cruyff cuando lo contrataron. Bien que hicieron. El Flaco armó una sobresaliente plantilla, uniendo a los supervivientes del motín del Hesperia con todos los fichajes que logró traerle Núñez y con la incorporación de jóvenes talentos que venían de la cantera, como Guillermo Amor y Luis Milla. A los que pronto se le uniría Pep Guardiola.

En la primera temporada del Flaco en el banquillo azulgrana, se retomó el pulso a la liga, pero no alcanzó para ganarla. Tuvieron que conformarse con el subcampeonato, quedando a tan solo cinco puntos del Real Madrid. En la Copa del Rey cayeron estrepitosamente contra el Atlético de Madrid.

Pero hubo una señal que hacía presagiar lo que sucedería en los años venideros. En la Recopa de Europa, el Barça había ido avanzando rondas, sufriendo como siempre, pero ganando. Y, como quien no quiere la cosa, se plantó en la final. En Berna otra vez, en el Wankdorfstadion de nuevo. Aquel estadio que arrebató la gloria a Ramallets, Kubala, Suárez y compañía. Pero esta vez fue distinto, los postes ya no eran cuadrados y el partido se desarrolló por derroteros favorables a los intereses azulgranas.

Un tempranero gol de Salinas encarriló el partido, y López Rekarte lo sentenció a falta de diez minutos del final, venciendo así a una Sampdoria que presentaba una temible delantera con Vialli y Roberto Mancini. Y que también contaba en la medular con el exblaugrana Víctor Muñoz, a quien Núñez había fulminado a raíz del motín. La tercera Recopa de Europa llevaba el sello de Cruyff.

El Barça aún no desplegaba aquel fútbol que poco después deslumbraría a todo el panorama futbolístico, pero había adquirido dos cualidades imprescindibles en un equipo de leyenda: saber competir y saber ganar.

Para la siguiente temporada, la de 1989-90, Cruyff apuntaló el equipo con Koeman y con Laudrup. El primero aportó seguridad en la zaga, salida de balón y un disparo descomunal. Laudrup, por su parte, puso magia, talento puro y espectáculo al servicio del culé.

Aun así, el equipo no acababa de despegar; faltaba algo. Los revolucionarios métodos de Cruyff hacían que el equipo jugara de forma brillante, pero sus preceptos todavía no habían cuajado entre la plantilla y eso lo convertía en un equipo irregular, capaz de vencer a cualquier equipo, pero también capaz de perder contra el menos pensado.

En Liga quedaron rezagados y tuvieron que conformarse con la tercera plaza. Europa tampoco sirvió de consuelo. Solamente la Copa del Rey salvó con algo de dignidad aquella temporada, pues se venció en la final al magnífico Real Madrid de la Quinta del Buitre.

En aquellas dos primeras temporadas, Cruyff había construido el equipo que estaba a punto de eclosionar. Y, para redondear aquella potente plantilla, Goikoetxea regresó de su cesión para convertirse en un titular habitual. A petición expresa de Johan, también se incorporó el indomable Stoichkov: temperamento, velocidad y mucho gol. Una combinación explosiva.

El Flaco iniciaba su tercera temporada al mando de la nave azulgrana con una plantilla repleta de grandísimos futbolistas que ya habían asumido el cruyffismo como filosofía futbolística. Despegaba el Dream Team.

En la segunda jornada de aquella Liga de 1990-91, el Barça se hizo con el liderato, el cual no abandonaría en todo el campeonato, proclamándose vencedores de forma holgada. Empezaba la tiranía doméstica de los hombres de Cruyff, que acabaron por encadenar cuatro títulos ligueros consecutivos. Hasta hoy, las cuatro Ligas consecutivas del Dream Team siguen siendo la mejor racha de victorias ligueras consecutivas de toda la historia del Barça.

Aquella temporada, el equipo azulgrana estuvo muy cerca de sumar otra Recopa de Europa a sus vitrinas. Pero palmaron en la final contra el Manchester United por 2 a 1. Mark Hughes, aquel galés que trajo Venables pero que no cuajó en Can Barça, se cobró su venganza anotando un doblete. También influyó el hecho de que para aquel partido Cruyff no pudo contar con tres de sus intocables: Stoichkov, Amor y Zubizarreta.

A pesar de aquella derrota, se vio cómo el Barça de Cruyff era ya un equipo madurado y con los automatismos de la filosofía de juego de Johan perfectamente asimilados. Pero el neerlandés no solo había inculcado requerimientos tácticos a sus futbolistas, sino que también había logrado plantar en ellos la semilla del ganador, el gen competitivo. Aquel intangible que lleva a los grandes equipos a imponerse a las adversidades, a saber ser campeones.

La cuarta temporada de Cruyff empezaba con nuevas incorporaciones que sirvieron para redondear una plantilla que ya de por sí era muy completa. El lateral zurdo Juan Carlos llegó al equipo procedente del Atlético de Madrid: pulmones frescos para recorrer el carril izquierdo. También llegó Nadal, cemento armado para sujetar el equipo. Y un jovencísimo Josep Guardiola, que ya había asomado la cabeza la temporada anterior y que se alzó como la revelación de aquella temporada. Ese joven de Sampedor hablaba el mismo idioma que Cruyff, y por ello se convirtió en su extensión en el terreno de juego.

La temporada 1991-92 fue la más gloriosa del Dream Team. Empezó mal en la Liga, pero, a medida que avanzaban las jornadas, el Barça cogió velocidad de crucero y se instaló en segunda posición, haciendo que el Real Madrid sintiera su aliento. Ya en otoño se hicieron con la Supercopa de España, venciendo en dos partidos y de forma cómoda a los colchoneros.

Pero el premio gordo ese año se encontraba en la Copa de Europa, en la cual habían logrado participar gracias al título de Liga del año anterior. Los pupilos de Cruyff llegaron a octavos de final sin dificultades, pero allí los esperaba el Kaiserslautern: el flamante campeón alemán que estaba viviendo la época más dorada de su historia. El partido de ida acabó con un solvente 2 a 0 en el Camp Nou. Un resultado aceptable para ir y resistir el infierno alemán.

En la vuelta, el Kaiserslautern dio dos mazazos psicológicos al Barça en forma de gol, antes y después del descanso. Empate en la eliminatoria; pero en el minuto 76 llegó el tercer tanto de los germanos. El Barça estaba fuera. Pero aquel equipo creía, no se resignaba. Y, en las postrimerías del partido, un centro pasado de Koeman al segundo palo fue cazado por Bakero, que obró el milagro.

El cabezazo de Bakero llevó al Barça a jugar unos cuartos de final en formato de liguillas de dos grupos: los vencedores de ambos irían a la final. Aquella liguilla tampoco fue un paseo triunfal. A la última jornada los azulgranas llegaron empatados a puntos con el Sparta de Praga y con un solo punto de ventaja con respecto al Benfica. El Barça se enfrentaba a los portugueses, y los checos a un Dinamo de Kiev sin opciones. Los de Cruyff hicieron los deberes dejando en la cuneta al Benfica y, sorpresivamente, el Sparta de Praga cayó en Ucrania. Estábamos en la final.

El sueño de los culés estaba cada vez más cerca de cumplirse. La ansiada final se jugaría en el país que parió el fútbol, Inglaterra, en el Estadio de Wembley. No había mejor escenario para coronarse.

Las expectativas eran máximas, los nervios estaban a flor de piel. La confianza en el Dream Team hacía que los fantasmas del pasado se desvanecieran. Había que ganar esa final. Enfrente, los esperaba la Sampdoria, que venía con ganas de revancha por la Recopa que les arrebatamos en 1989. Pero ya lo decía Cruyff: «Los italianos no pueden ganarte, pero sí puedes perder frente a ellos».

Si el Barça desplegaba su vendaval futbolístico, la Sampdoria no podría frenarlos. Los elegidos para alcanzar la gloria aquel 20 de mayo de 1992 fueron Zubizarreta, Juan Carlos, Koeman, Nando, Ferrer, Bakero, Eusebio y Guardiola, y en el frente de ataque, Stoichkov, Laudrup y Salinas.

A las 20:15 empezó a rodar el balón. Ambos equipos afrontaron el partido sin aquel miedo escénico que se suele ver en las finales. Los dos jugaban a ganar. Pero parecía que esa noche estaba destinada a los porteros. Zubizarreta realizó varias paradas de mérito, con alguna mano milagrosa incluida. Y el mítico cancerbero italiano Gianluca Pagliuca hizo lo propio. Estropeó una jugada maravillosa de Salinas, que se había ido de tres en una baldosa. Y, minutos más tarde, salvó un disparo a quemarropa de Eusebio. El partido era trepidante.

Se sucedían las ocasiones, Vialli perdonó dos oportunidades claras frente a Zubi y un mano a mano de Stoichkov con Pagliuca acabó con el balón en la cepa del poste. Espadas en todo lo alto, pero el marcador no se movía.

Once titular de ambos equipos. [Fuente: Zotteteen1,
CC BY-SA 3.0 <https://creativecommons.org/licenses/
by-sa/3.0>, vía Wikimedia Commons]

Los 90 minutos concluyeron y dieron paso a la prórroga. El ritmo había bajado porque el cansancio había empezado a hacer mella. Pero la mengua física propiciaba más desorden táctico, más contragolpes. Era tarde para pausar el partido e intentar gobernarlo. Cuando parecía que el campeón iba a decidirse desde el punto fatídico, una falta en la frontal del área italiana cambió el signo del partido y la historia azulgrana.

A veces, un centímetro hace que el portero no llegue al balón; en otras ocasiones, el salto a destiempo del delantero impide que pueda elevarse lo suficiente como para conectar el remate o, de vez en cuando, una entrada un segundo tarde del defensa provoca una falta. Un segundo, unos pocos centímetros son, al fin y al cabo, la distancia entre la gloria y el fracaso, entre entrar en el cielo o descender a los infiernos. Y aquel segundo tarde propició la falta que convertiría a Koeman en el héroe de Wembley.

Stoichkov vio que la barrera de la Sampdoria estaba muy cerca y se le ocurrió una genialidad al más puro estilo de su entrenador. El búlgaro tocó el balón en corto, Bakero lo detuvo. La barrera se abrió para avanzar y achicar espacios mientras Koeman corrió hacia el balón y lo golpeó con el alma, con la fuerza de todos los culés. Un verdadero misil que se coló a pocos centímetros de los guantes de Pagliuca y que derribó los sueños de los italianos. El holandés acababa de marcar el gol más importante de la historia del Barça.

Era el minuto 111 de la prórroga. Aún quedaba tiempo. Pero a veces sucede que hay goles que sentencian el partido antes de que este finalice. El Barça lo sabía. Y, en su fuero interno, los jugadores de la Sampdoria también lo habían asumido. El Barça, por fin, se coronaba como rey de Europa.

Aquel título se celebró como nunca, la euforia azulgrana se había desatado. Ese triunfo fue mucho más que un trofeo en la vitrina. Y no solo por tratarse del título más importante que se había obtenido hasta entonces, sino porque esa Copa de Europa transformó el club y a sus aficionados. Legitimó una institución futbolística que, si bien en el panorama nacional ya se encontraba consolidada como el club más importante y laureado —junto al Real Madrid—, a nivel europeo no había logrado demostrar toda su grandeza.

El devenir del Barça había cambiado. Ya se encontraba entre los 19 equipos que habían logrado levantar la Copa de Europa. Aquella victoria convertía al Barça en un club campeón, de los que ganan grandes partidos por el peso de su camiseta.

El gol de Koeman fue el cénit del Dream Team, el culmen de la obra de Cruyff. Pero todos los proyectos futbolísticos tienen una trayectoria curva, en la que después de alcanzar el punto álgido indefectiblemente empiezan a descender.

Días después de la gesta, y con los culés y futbolistas aún sufriendo la resaca del título europeo, el equipo se jugaba la liga en la última jornada. Aunque no dependían de ellos mismos, pues el Madrid los aventajaba en la clasificación por un punto. Pero los astros se alinearon. El Barça hizo los deberes venciendo al Athletic Club en casa, y en el Heliodoro Rodríguez López de Santa Cruz de Tenerife sucedió el milagro.

Un Tenerife que no se jugaba nada —salvo la honra— fue capaz de darle la vuelta al marcador y venció 3 a 2 a los merengues. El Barça ponía la guinda a la temporada y se llevaba otro título liguero. Era la primera de las famosas Ligas de Tenerife; más adelante desarrollaremos más esos milagros balompédicos.

Para la temporada 1992-93, Cruyff decidió no alterar mucho la plantilla. Eran el mejor equipo de Europa, así que no hacía falta tirar de cartera. Eso sí, incorporó algunos jugadores de la cantera como al hispanodanés Christiansen Tarín, a Pablo Alfaro —quien a principios de los 2000 formaría junto a Javi Navarro en el Sevilla FC una de las parejas de centrales más duras que se recuerdan—, a Patri, a Edu, a Nacho Castro o al croata Goran Vučević. Ninguno de ellos echó raíces en el primer equipo y muy pocos triunfaron en la élite del fútbol.

Pero, con su guardia pretoriana, Cruyff volvió a engrosar el palmarés del club, logrando la Supercopa de España y la

Supercopa de Europa, y llevándose otra vez la Liga gracias, de nuevo, a nuestros queridos amigos de Tenerife.

Pero aquella plantilla no dio para revalidar el título europeo. Lejos de ello, el Barça palmó en octavos de final. En una eliminatoria en la que eran claros favoritos, empataron en la ida en el campo del CSKA de Moscú. Y en la vuelta, aunque todo invitaba a pensar que los de Cruyff iban a arrollar a los rusos en el Camp Nou (de hecho, Txiki Begiristain marcó el 2 a 0 en el minuto 31, y parecía que el partido estaba visto para sentencia), los rusos recortaron distancias antes del descanso. Y en el minuto 57 y el 60 giraron el marcador. Ante el desconcierto de la parroquia culé, aquellos dos zarpazos eliminaban virtualmente al equipo, que necesitaba anotar dos goles en dos minutos. Pero el equipo no lo logró y quedaron apeados de la máxima competición de forma abrupta y tempranera.

A pesar de ello, la dinámica del equipo y del club era buena. Había sido un bache, pensaban los aficionados. Pero para la siguiente temporada, 1993-94, a Núñez le tocó rascarse la cartera para apuntalar la delantera. Primero pescó en aguas nacionales y trajo a Iván Iglesias del Sporting de Gijón y a Quique Estebaranz de nuestro amado Tenerife. Pero quien acaparó todas las portadas sería Romário, O Baixinho. Un artista del gol que se movía igual de bien en el área que en las discotecas.

El brasileño llegaba con la vitola de estrella y con 27 primaveras, en plenitud futbolística y listo para dar sus mejores años al Barça. En su presentación se comprometió a meter 30 goles. Un tipo que afirma eso al aterrizar en un club es un loco o un genio. Resultó ser lo segundo. Y cumplió.

El equipo afrontó la liga de forma muy irregular. Si bien se mantuvo siempre en la parte noble, no fue capaz de dominar el campeonato con su fútbol, a pesar de alcanzar la excelencia en determinados partidos, como en el encuentro del 5 a 0 al Real Madrid, en el que el propio Romário se inventó la famosa «cola de vaca» que le valió para dejar sentado a

Alkorta y anotar uno de los tres tantos que asestó a los blancos en aquel partido.

El Barça protagonizó en aquella Liga una entretenida pugna con el Deportivo de La Coruña, hasta la última jornada. Los gallegos llegaban a final de temporada con dos puntos de ventaja, les bastaba con ganar en Riazor al Valencia para llevarse la Liga. Y el Barça necesitaba vencer al Sevilla en su feudo. Los de Cruyff hicieron los deberes y vencieron a los hispalenses en un trepidante encuentro que acabó 5 a 2. Con gol de Romário incluido, que de este modo cumplía con su ambiciosa promesa de los 30 goles.

Pero el drama se vivió en Riazor. El Depor era incapaz de doblegar a un Valencia correoso. Y, en el último minuto del encuentro, la suerte parecía sonreír al conjunto gallego. Nada más lejos de la realidad, el destino había preparado un final macabro para ellos. El colegiado pitó un penalti claro a favor del Deportivo. Con toda la afición en vilo, Miroslav Djukić fue el encargado de ejecutarlo. Héroe o villano. Le salió cruz. Atenazado por el peso del momento, lanzó el penalti bastante centrado y con poca potencia, el guardameta valencianista detuvo sin problemas y blocó el balón. Drama en La Coruña, júbilo en Barcelona. El Barça había ganado su cuarta Liga de forma consecutiva y concatenaba tres títulos ganados en la última jornada. Épico y solo al alcance de los equipos campeones.

Pero el drama no se viviría solo en La Coruña, había una derrota muy dolorosa aguardando a la vuelta de la esquina: la final de Atenas. Tan solo dos temporadas después, el Dream Team se había plantado en otra final de Champions, dispuesto a hacer historia y repetir la gesta de Wembley. En frente los esperaba Fabio Capello con su rocoso Milán de Tassotti, Maldini, Albertini, Donadoni, Boban o Massaro.

A priori y sobre el papel, el Barça era favorito. Pero el fútbol es impredecible y cruel. En la primera parte los italianos vapulearon al Barça y se fueron al descanso con un merecido 2 a 0. Pero los lombardos no tenían intención de levantar el pie del acelerador y antes del minuto 60 ya habían anotado dos más. Un 4 a 0 que hizo tambalear los cimientos del Barça. Un drama para los aficionados, una crueldad para el fútbol de los azulgranas y un problemón para la directiva. Había empezado el principio del fin del Dream Team.

La derrota de aquella final fue un mazazo tan duro que con el tiempo se ha convertido en una suerte de trauma infantil. Una herida psicológica que por siempre quedará grabada en la conciencia de los culés. Un recuerdo consternador que el aficionado esconde en el lugar más recóndito de la memoria para que no aflore.

Ante tal debacle, Cruyff sacudió la plantilla y prescindió de algunos baluartes del equipo. El ambiente en el vestuario empezó a tensarse, y Laudrup, después de varios desencuentros con el míster, decidió saltar del barco y enrolarse en el Real Madrid. Otros futbolistas de la talla de Goikoetxea, Salinas y Zubi también abandonaron la entidad. Y para rehacer el equipo llegaron jugadores como Abelardo, el genial «Gica» Hagi o el ruso Kornéyev.

Salvo el «Pitu» Abelardo, los demás fichajes no funcionaron. El Dream Team se convirtió en una sombra apática de lo que había sido en anteriores temporadas. No presentó batalla en la Liga y, aunque el año no fue en blanco porque se ganó la Supercopa, ese título no valió para tapar las vergüenzas del equipo. Al término de esa temporada, la vieja guardia de Cruyff acabó por desintegrarse. Romário ya había abandonado el equipo a mitad de Liga; el héroe de Wembley, Koeman, decidió volver a su tierra natal para disputar sus últimas temporadas como profesional. Eusebio y Txiki también se despidieron del club. Y el temperamento de Stoichkov acabó por chocar de forma frontal con Cruyff. Y es que ya lo decía el Flaco: «Dos gallos no caben en el mismo corral». Así que el gallo búlgaro tuvo que hacer las maletas y emigrar al fútbol italiano.

Para Johan, la siguiente temporada iba a ser su última bala. La dinámica del equipo era claramente descendente, y con la marcha de gran parte de su guardia pretoriana no le quedaba más que acertar en los fichajes para rearmar el equipo.

Cuando llegó al club, pidió plenos poderes y se los dieron. Pero a más poder más responsabilidad. De él dependía que los hombres que estaba a punto de fichar funcionaran. El fútbol es inmediatez, y Cruyff ya había consumido el rédito que le habían proporcionado las anteriores temporadas. Si no lograba obrar de nuevo su magia, Núñez se lo cargaría, pues su matrimonio de pura conveniencia no tenía más sentido que el éxito del equipo.

Así que Cruyff reforzó la plantilla con varios fichajes: Popescu, Prosinečki, Kodro y la gran estrella lusa, Figo. También ascendieron al primer equipo Iván de la Peña, Celades y Roger García. Los canteranos funcionaron de forma aceptable. Popescu se erigió como un baluarte defensivo y su carácter ganador y espíritu de lucha lo convirtieron pronto en el líder del vestuario, alcanzando la capitanía a pesar de permanecer solo dos años en el club. Figo se hizo indiscutible en el once de Cruyff. Lo acontecido con Prosinečki fue una pena. El croata era uno de aquellos futbolistas distintos; un centrocampista elegante y con clase, de esos que albergan magia en sus botas. Pero varias circunstancias extradeportivas y las continuas lesiones lastraron su carrera. El bosnio Kodro rindió en su única temporada como azulgrana de forma aceptable, pero la siguiente temporada fue usado como moneda de cambio para la llegada de «Macanudo» Pizzi.

A pesar de que estos fichajes no fueron del todo desacertados, la pérdida de los grandes puntales del Dream Team y la imposibilidad de establecer los engranajes necesarios para el funcionamiento de un equipo con la premura que se requería llevaron al club a una temporada en blanco. Como el triunfo era lo único que sustentaba la relación entre Núñez y Cruyff, el primero no dudó en despedirlo a falta de dos jornadas para el final de la Liga. En su lugar, el eterno escudero de Cruyff, Rexach, ocupó el puesto de forma interina.

De esta forma murió el Dream Team. Sin una despedida con honores, sin un último baile, sin un último trofeo que pusiera la guinda a la hasta entonces etapa más gloriosa del club. Cruyff salió por la puerta de atrás y con reproches. Salió, sí. Pero nunca se fue. Su impronta futbolística se ha convertido en el santo y seña del ADN azulgrana. El maestro se marchó dejando plantada la semilla de su fútbol. Años más tarde, su discípulo recogería los frutos de aquella planta de Cruyff, que brotó convertida en el mejor equipo de fútbol de la historia: el Barça de Pep. Y es que, como es ya consabido, el alumno siempre supera al maestro.

AMIGOS PARA SIEMPRE

Amigos para siempre
means you'll always be my friends.
Amics per sempre
means a love that got no end.
Friends for life,
not just a summer or a spring.
Amigos para siempre.

La mítica canción de clausura de los Juegos Olímpicos de Barcelona de 1992 bien podría ser un homenaje a la gesta que protagonizó el Club Deportivo Tenerife al vencer en la última jornada de la Liga 1991-92 al Real Madrid y entregar en bandeja el campeonato al Barça.

En ocasiones, cuando cierto equipo blanco consigue la victoria a la heroica en el último instante, se habla de gesta, de carácter, de casta… e incluso se invoca al espíritu de Juanito. Cuando lo hace el Barça, en cambio, se habla de chiripa, maletines, amaños y robo.

Por suerte o por desgracia, el Barça no está muy abonado a las victorias postreras. Nuestro estilo es más de vencer sin sobresaltos y dentro del tiempo reglamentario. Aunque eso no quita que a veces se alineen los astros y se gane un partido o un campeonato en la última exhalación.

El tema de las Ligas de Tenerife escuece mucho en el Bernabéu, pues el Barça le arrebató dos Ligas al Real Madrid; ambas en la última jornada, ambas por derrota blanca, ambas en el Heliodoro Rodríguez López, feudo tinerfeño. Y, para más inri, con el exdelantero merengue Jorge Valdano dirigiendo al equipo desde el banquillo isleño. Y es que a veces el fútbol es pura poesía.

En el caso de la primera Liga, muchos madridistas acérrimos afirman que la motivación con la que disputó ese partido el Tenerife era muy extraña, inexplicable sin incluir en la ecuación los supuestos maletines azulgranas, pues aducen que no se jugaban nada. ¿Nada? Se olvidan de que el afán de vencer es inherente al fútbol, incluso al que se juega en las pachangas de barrio, porque siempre está en juego la honra y el orgullo. Incluso añadiría que en un partido de estas características, en el que el rival se juega el título, los futbolistas pueden saltar al campo concentrados y con cierta motivación extra para alcanzar la victoria, para que nadie les pueda acusar de dejarse vencer. ¿Acaso estas voces blancas ponen en duda la ambición profesional de un futbolista? ¿Debemos presuponer que los jugadores solo anhelan la victoria cuando son primados? Quien piense eso jamás ha jugado a fútbol.

La realidad es que el Real Madrid dejó escapar el título, perdió el partido y la competición. Y eso que el encuentro lo tenía, en un principio, encarrilado. A los ocho minutos, Hierro ya había anotado el primero de un cabezazo. Gol que el portero pudo haber evitado. ¿Debemos deducir, por tanto, que le había llegado un maletín blanco al guardameta para que no estuviera acertado durante el partido? El segundo gol merengue, de libre directo, fue obra de Hagi. El portero hizo la estatua, y eso que el balón iba muy centrado. ¿Más sobornos?

A las postrimerías del primer tiempo, Estebaranz metió un gol de bella factura. Para recordarle al Real Madrid que no se relajara.

Mientras, en el Camp Nou, Stoichkov hizo los deberes y el Barça se marchó al descanso ganando por la mínima. En la reanudación, el búlgaro anotaría otro tanto que sentenciaba el partido. Solo quedaba esperar que en Tenerife se obrara el milagro.

La segunda parte se reanudó en el Heliodoro Rodríguez López sin muchas novedades, hasta que, en el minuto 69, el zaguero blanco Villarroya vio la segunda amarilla por una entrada clara. El Madrid se quedaba con uno menos, pero seguía uno arriba en el luminoso. Pero, a partir de la expulsión, el Tenerife se envalentonó y el Madrid se desmoronó.

En el minuto 77, Rocha se metía un gol en propia al despejar de forma penosa un balón dentro del área chica. Y tan solo dos minutos después llegaría la sentencia. Sanchís mandó un balón traicionero a su guardameta, Paco Buyo. Pero aquello no fue un pase al portero, fue una sentencia de muerte. Un obús envenenado que Buyo detuvo con mucha dificultad y, viendo que el balón salía por línea de fondo, lo mandó de nuevo al terreno de juego, sin darse cuenta de que el delantero hispanoitaliano Pier andaba merodeando por su área y aprovechó ese balón regalado para mandarlo al fondo de las mallas. El Tenerife vencía 3 a 2 en un frenético partido y entregaba al Barça la segunda Liga de Cruyff.

Dentro de la fábula creada para explicar aquella derrota, además de los maletines y de los sobornos, se ha mencionado mucho al árbitro, intentando sacar de contexto las palabras de García de Loza, el trencilla que pitó aquel partido, pues es suya la frase «Con el VAR, el Madrid hubiera ganado la primera Liga de Tenerife», con la que se refiere a un gol anulado a Milla que hubiera supuesto el 1 a 3 para los blancos. Es cierto, ese gol estuvo mal anulado, el fuera de juego era inexistente, por muy poco. Por tan poco que ni los futbolistas del Real Madrid lo protestaron. También habría que ver cuántas Ligas más tendría el Barça si rearbitráramos todos los partidos. Un sinsentido.

García de Loza, en relación con este mítico partido, años más tarde acabó por zanjar el asunto de la siguiente forma: «Me equivoqué, pero no robé a nadie, ni metí dentro un balón que se iba fuera, ni marqué el segundo en mi portería».

Al igual que Buyo, Rocha y Sanchís se equivocaron, el árbitro también lo hizo. Una variante más que forma parte de la esencia del fútbol. A veces te da, a veces te quita. Pero los partidos los ganan y los pierden los futbolistas.

El fútbol no solo es imprevisible. A veces también es sarcástico. En la siguiente Liga, la de 1992-93, Barça y Madrid llegaron en idénticas condiciones a final de temporada. Los blaugranas se enfrentaban en casa a otro equipo vasco, la Real Sociedad. Y debían esperar una derrota blanca para cantar el alirón. Al Madrid le bastaba con ganar su partido para llevarse la Liga. Y, como si de una tragicomedia se tratara, el Real Madrid disputó la última jornada contra el Tenerife, aún con Valdano en el banquillo. Y no se lo pierdan, de nuevo con el arbitraje de García de Loza.

La historia se repetía. Pero esta vez había una nueva variable en la ecuación: el Tenerife sí se jugaba algo en ese partido, clasificarse para la Copa de la UEFA.

Aunque el guion no fue tan dramático, el resultado fue igual de fatídico para los intereses del Real Madrid. El Tenerife se impuso de forma clara y venció por 2 a 0, ambos goles anotados en la primera parte. Y el Barça repetía fórmula: victoria en casa con Stoichkov como protagonista.

El Tenerife lograba así una clasificación histórica para disputar competición europea y regalaba por segundo año consecutivo la Liga al Barça. A veces el fútbol te regala amigos imprevistos.

No naino naino naino naino naino na.
Amigos para siempre.

EL MEJOR CAMARERO

La llegada de Ronaldo Nazário, también conocido como el Gordito o Ronaldo «el Bueno», fue una inyección de moral para el Barça, después de la salida traumática de Cruyff. El equipo, como tantas otras veces había sucedido, debía rearmarse, y no había mejor forma de hacerlo que mediante el fichaje de Ronaldo, que a sus 20 años ya era considerado como uno de los mejores futbolistas del momento.

El club había acordado las cifras de traspaso con el conjunto neerlandés donde militaba Ronaldo, el PSV Eindhoven. Pero ahora faltaba que el jugador brasileño firmara el contrato. Y el presidente Núñez delegó esta gestión a su delfín: Joan Gaspart.

Cuando un equipo decide realizar un fichaje, el verdadero reto es conseguir llegar a un acuerdo con el club y con el jugador, pero nunca se presume que el problema pueda llegar a ser lograr reunirse con el futbolista para realizar un mero trámite: rubricar el contrato.

Por imperativo del jugador y de su agente, el club neerlandés se había visto abocado a firmar el acuerdo con los azulgranas, pero, aun así, no estaban dispuestos a desprenderse de su estrella y estaban decididos a hacer lo imposible para evitar que el astro brasileño estampara su firma antes de que el acuerdo, con una vigencia muy limitada, caducase. De este modo, si el Barça no lograba la firma del jugador, de nada valdría el pacto entre clubes. Por aquellas fechas Ronaldo se encontraba concentrado con la Canarinha para la disputa de los Juegos Olímpicos de Atlanta de 1996. Y los directivos del PSV habían tejido una elucubrada estratagema, con la connivencia del delegado de la *seleçao*, para aislar al brasileño e impedir que el emisario azulgrana lograra la tan ansiada firma. Los directivos del PSV estaban jugando sucio, y, si Gaspart no lograba la rúbrica de Ronaldo, el astro brasileño debería permanecer un año más en la disciplina del conjunto neerlandés.

***

El característico sonido del ascensor anunciaba la llegada a la sexta planta, las puertas se abrieron. Dos agentes de seguridad escoltaban la salida: caras de pocos amigos, brazos hercúleos cruzados y gesto amenazante. Joan Gaspart, que no destacaba precisamente por su baja estatura, tuvo que levantar su mirada hasta dar con las caras de aquellos dos armarios empotrados ataviados con traje y corbata. Narices torcidas y cejas partidas, se trataba, sin duda, de boxeadores retirados. Como definiría más tarde Joan: «Eran dos gorilas, el más pequeño de dos metros y medio».

Gaspart sabía que no podría cruzar el umbral del ascensor y salir de una pieza. Antes de que abrieran la boca, el vicepresidente se apresuró a pulsar el botón de bajada y, con una sonrisa nerviosa, se despidió de aquellos gladiadores que blindaban el acceso. Bajó hasta la imponente recepción del lujoso Hotel Biltmore, en Miami, donde se encontraban concentrados los futbolistas; debía buscar una solución ingeniosa para acceder a Ronaldo.

Entonces, el vicepresidente azulgrana se iluminó y su idea dio lugar a una de las firmas de contrato más rocambolescas de la historia del Fútbol Club Barcelona.

Acudió a las cocinas del restaurante del hotel buscando al responsable de sala, a quien rápidamente encontró. Tras un cuantioso soborno y una breve explicación, Gaspart vestía ya como un camarero más.

Volvió al ascensor, esta vez uniformado y con la típica bandeja redonda y plateada en su mano izquierda. La bandeja sostenía un reluciente vaso y una lata de Coca-Cola y, debajo del mantelito, el flamante contrato para el futbolista. Acudió de nuevo a la sexta planta, y las puertas se abrieron.

Mientras los guardaespaldas lo escrutaban con la mirada, Gaspart les aclaró que habían pedido un refrigerio desde la habitación del señor Nazário. Uno de ellos, con un gesto de mentón y un leve gruñido, le invitó a traspasar el umbral del ascensor. El directivo azulgrana había superado el primer escollo y se dirigió hacia la habitación del brasileño.

Una vez dentro, Nazário miró atónito al improvisado camarero. Incrédulo con aquella situación, cogió el teléfono y llamó a su representante. Este, ante la surrealista circunstancia que le estaba contando, pidió a Ronaldo que le pasara el teléfono a Gaspart. Y, tras comprobar que aquel camarero era el vicepresidente del Fútbol Club Barcelona, le confirmó a su representado que podía firmar.

Joan Gaspart lo había logrado. Estrechó la mano con Ronaldo, guardó el contrato dentro de la americana y bajó de nuevo por el ascensor. El Fenómeno ya era futbolista azulgrana.

En su primera y única temporada reventó el récord goleador de la Liga, además de marcar 47 goles en 49 partidos disputados, una bestialidad. Tan solo necesitó una Liga para dejar una huella imborrable en el ideario de los culés, pues aún todos recordamos aquel magnífico gol maratoniano frente al Compostela.

Después de su gran temporada, quiso renegociar su contrato, pero Núñez era un hueso. En esa tesitura, apareció el Inter de Milán con muchos millones en los bolsillos y se llevó al brasileño a Italia previo pago de su astronómica cláusula de rescisión.

Ronaldo, el Gordito, fue un delantero de época que pudo entrar en el olimpo de las leyendas del fútbol de no haberse lastrado su trayectoria por severas lesiones que menguaron su potencial. Aun así, su talento le permitió ser uno de los mejores delanteros de su generación y pasar a los anales de la historia como un icono del fútbol.

Nuestro otro protagonista, Joan Gaspart, demostró por qué Núñez, a quien relevó en la presidencia, lo quiso a su lado tanto tiempo. Él dijo de sí mismo que fue el peor presidente que tuvo el club, y es cierto que sus años al frente de la entidad fueron desastrosos a nivel deportivo y económico. Pero en su defensa también hay que decir que aseguró la continuidad de un par de piezas clave para el Barça del futuro:

Puyol y Xavi. En su mandato, además, se contrató a Messi y fue él quien evitó que Van Gaal echara a Víctor Valdés. Pero, por encima de todas sus luces y sombras, Gaspart ha sido el mejor camarero azulgrana.

UN CLUB CENTENARIO

Estoy seguro de que, desde allá donde se encuentren, Gamper y los padres fundadores esbozaron una sonrisa de satisfacción e incredulidad cuando vieron la magna envergadura que había alcanzado su club al cumplir 100 años. Una centuria en la que había evolucionado, crecido, capeado los vaivenes del convulso siglo XX, vencido y, sobre todo, levantado algunos de los títulos más prestigiosos del mundo.

Comenzó erigiéndose como el adalid de una ciudad, después, traspasó fronteras y, poco a poco, fue tiñendo de azulgrana corazones de todo el mundo, para acabar representando un sentir y una forma de entender este magnífico deporte.

Placa conmemorativa de los cien años de historia del club.
[Fuente: Autor desconocido, <http://creativecommons.org/licenses/by-sa/3.0/>, CC BY-SA 3.0, vía Wikimedia Commons].

A las puertas del siglo XXI, el Barça estaba de celebración, y a Núñez estos eventos le encantaban. Y, ya en las postrimerías de su reinado, decidió organizar un homenaje colosal. Al más puro estilo romano, el presidente emuló al emperador Tito, quien decretó 100 días de juegos para la inauguración del Anfiteatro Flavio —el Coliseo de Roma—. El mandatario azulgrana quiso ir incluso más allá y decretó un año entero de festejo.

Los actos de conmemoración del centenario fueron fastuosos y, sobre todo, emotivos. Los culés pudieron disfrutar, por ejemplo, de Serrat cantando el himno en el Camp Nou o de la disputa de un Barça-Brasil.

Durante aquel partido se vivió un momento icónico. En el minuto 61, un Guardiola ya veterano fue sustituido por un jovencísimo Xavi Hernández. Un cambio que, bajo la atenta mirada de Cruyff, quien no se había querido perder el partido, simbolizaba la entrega del bastón de mando del centro del campo azulgrana al egarense. Los tres guardianes de las esencias azulgranas bajo el amparo del Camp Nou.

Pero el acto más conmovedor tuvo lugar en la previa de este histórico partido contra la Canarinha. Antes de que empezara el encuentro, saltaron al césped azulgrana más de 200 exjugadores de todas las épocas: desde octogenarios que defendieron la camiseta blaugrana en los duros años de posguerra hasta los héroes de Wembley. Algunos de los cuales ni siquiera habían llegado a jugar en el Camp Nou, pues este aún no había sido construido cuando colgaron las botas. Veteranos de la hueste barcelonista que recibieron la última ovación, el último aplauso por su hoja de servicios como azulgranas en un emotivo acto de comunión entre pasado, presente y futuro. Una oda al sentimiento culé y a sus 100 años de historia.

Entre la multitud de actos, destacó por su solemnidad y significación una multitudinaria misa que ofició el papa Juan Pablo II en el Camp Nou. Al acabar el acto, el presidente Núñez le entregó al pontífice el carnet de socio. De este modo, el máximo representante de Dios en la Tierra recibía el bautismo azulgrana.

Para redondear el año del centenario, las principales secciones deportivas del club —fútbol, baloncesto, *hockey* y balonmano— lograron hacerse con los respectivos títulos de Liga.

Visto en perspectiva, la grandiosidad de esta fiesta culé, que duró desde el 28 de noviembre de 1998 al 29 de noviembre de 1999, fue una declaración de intenciones del Barça que estaba por venir.

Por un lado, se conmemoraban las vicisitudes vividas a lo largo de 100 años y el recorrido de un club que empezó jugando en campos alquilados y que, cumplida la centuria, ya disponía del estadio de fútbol más grande de Europa. Pero, por otro lado, esta celebración advertía al mundo de que muy pronto nacería una camada de jugadores salvajemente virtuosos, un equipo de elegidos que durante una década gobernarían el panorama futbolístico mundial sin piedad. Estaba a punto de nacer la máquina de hacer fútbol.

LA SERVILLETA DE ORO

«En Barcelona, a 14 de diciembre de 2000 y en presencia de los Sres. Minguella y Horacio, Carles Rexach, Secretario Técnico del FCB, se compromete bajo su única responsabilidad y a pesar de algunas opiniones en contra a fichar al jugador Lionel Messi siempre y cuando nos mantengamos en las cantidades acordadas».

Estas líneas escritas en una servilleta del bar de la Reial Societat de Tennis Pompeia de Barcelona marcaban el inicio de la historia del mejor futbolista de todos los tiempos: Lionel Andrés Messi Cuccittini.

No podía imaginar Rexach que aquella servilleta con su firma se convertiría en una reliquia azulgrana y que acabaría en una caja fuerte de un banco andorrano custodiada a cal y canto.

Todo empezó en el año 1998. Francia acababa de ganar el Mundial y el mundo empezaba a prepararse para el cambio de siglo y el temido efecto 2000. El Barça, por su parte, iniciaba la celebración de su centenario. Detrás de tanto fuego de artificio, entre bambalinas, Carles Rexach seguía gestionando las incorporaciones necesarias para apuntalar el futuro del club. Y, en ese contexto, a más de 10 000 kilómetros, en Argentina, se empezaba a gestar la salida de Messi de su club de formación.

Leo Messi ya destacaba en las categorías inferiores del Newell's Old Boys, driblaba de forma endiablada y tenía la portería entre ceja y ceja. Pero tenía un problema: un déficit de crecimiento. Su estatura era muy inferior a la de los chicos de su edad, por ello los grandes clubes argentinos desestimaban su fichaje. Estuvo cerca de River Plate, pero no se concretó, pues no estaban dispuestos a asumir el elevado coste del tratamiento hormonal necesario para paliar aquel déficit y temían que el problema de crecimiento que padecía el rosarino fuera una desventaja insalvable en su proyección como futbolista.

A Carles Rexach, sin embargo, le bastó ver jugar a Messi durante dos minutos para darse cuenta de que estaba ante un talento único que no se podía escapar. El olfato no le falló. Pero ¿cómo se llegó a firmar el contrato en una servilleta?

La verdad es que el legendario papel constituyó más un gesto de confianza y compromiso por parte de Rexach y el Barça hacia Jorge Messi y su familia que un contrato formal. Aunque, como expresó Charly, él había dado su palabra y estampado su firma, y con el honor de su nombre no se juega, por lo que se trataba de un legítimo pacto entre caballeros. Después ya llegaría la firma oficial del contrato.

Todo empezó por el malestar que sentía Jorge Messi y su familia en relación con el Newell's Old Boys, el club en el que militaba su hijo desde los seis años y que se había comprometido a pagarle el tratamiento hormonal. Pero esa ayuda económica llegaba de forma irregular, algunos meses sí, otros no, y otros solamente la mitad. Aquello no era lo acordado y los Messi necesitaban una solución.

Messi durante un partido de la temporada 2005-2006. [Fuente: Josep Tomàs, CC BY-SA 4.0 <https://creativecommons. org/licenses/by-sa/4.0>, vía Wikimedia Commons].

A pesar de haber probado con el River Plate de forma infructuosa, la familia de Messi estaba dispuesta a todo para solucionar aquel problema, incluso a cruzar el charco y trasladarse a Europa si era necesario.

En ese contexto aparecieron Martín Montero y Fabián Soldini, dos de los responsables del fútbol formativo del Newell's, quienes contactaron con el agente de futbolistas Horacio Gaggioli para informarle de que tenían un diamante en bruto en su cantera. Pero para aquel entonces Messi solamente contaba con once años y, finalmente, consideraron que era demasiado prematuro buscarle una salida fuera de su país.

Dos años más tarde la progresión de Leo seguía siendo imparable, y Gaggioli contactó con Minguella, el polifacético agente de futbolistas que lleva ligado al Barça más de medio siglo, desde 1970, cuando entró como intérprete del entrenador Vic Buckingham.

Minguella habló con el Barça y logró que Leo acudiera a Barcelona para que lo probaran durante 15 días. Algo extraordinario en la época para un futbolista tan joven y de otro continente.

Leo Messi empezó sus pruebas en Can Barça al lado de la mítica generación del 87, junto a Piqué y Fábregas y bajo la atenta mirada de Joaquim Rifé, responsable en aquel entonces del fútbol base azulgrana.

Las pruebas iban bien, el argentino era muy tímido, apenas hablaba, pero cuando se vestía de corto la vergüenza la dejaba en el vestuario. Todos los técnicos estaban maravillados con él, pero no se atrevían a tomar una determinación. Era muy joven y venía de muy lejos, lo que disparaba el riesgo de la decisión, la cual debía ser ratificada por Rexach, que como director deportivo tenía la última palabra.

Charly no había podido ver aún los entrenamientos de Messi porque se encontraba en Australia cazando nuevos talentos, pero su llegada a Barcelona coincidía con los últimos días de los Messi en Barcelona. A pesar de los informes favorables que había recibido de los técnicos, decidió poner a Leo ante una prueba de fuego y organizó un partido entre futbolistas de su edad contra un equipo de juveniles, dos años mayores que él.

Rexach llegó tarde a ese partido y apenas vio diez minutos del encuentro. No necesitó más tiempo. De hecho, él mismo contó que, cuando llegó a la altura donde se situaban los técnicos azulgranas, los miró fijamente y les espetó: «¿*Para eso me esperaron dos semanas? Este chico se ficha solo, no me necesitan*».

Los Messi regresaron al día siguiente a Argentina, con la promesa de Rexach de incorporar a Leo al club de cara a la siguiente temporada.

Lo relativo a la parcela deportiva lo tenían claro, pero en los despachos el asunto no se veía tan sencillo. El club se encontraba en una situación económica pésima, el estado del primer equipo era alarmante y requería de todos los recursos, y esa inversión por un chico tan joven se antojaba arriesgada. Más teniendo en cuenta que el club debería además asumir los costes del traslado, poner una casa para la familia y darle trabajo a Jorge Messi, pues la FIFA impedía la contratación de menores extranjeros que no fueran acompañados por alguno de sus progenitores. Así que el Barça debía darle una nueva vida a toda la familia, además de costear el tratamiento de Leo.

Todo esto retrasaba la decisión del club, pasaban las semanas y los meses y desde Argentina se empezaban a impacientar ante el silencio azulgrana.

Pero la astucia de Minguella resolvió aquello por la vía rápida. Invitó a Rexach a disputar un partido de tenis y en una pausa le soltó la bomba. La familia no podía continuar esperando respuesta, habían concedido un tiempo más que suficiente al Barça para tomar la decisión y, si no había una respuesta ese mismo día, ofrecerían a Leo a otros equipos. La respuesta de Charly fue clara. Levantó la mano y pidió un bolígrafo a un camarero, cogió una servilleta de la mesa y escribió a mano el contrato más famoso del mundo del fútbol.

Meses después, Messi se trasladaría de forma definitiva a Barcelona. Nadie lo sabía, pero acababa de empezar la historia de la leyenda más importante del club.

EL CERDO VOLADOR

Situémonos: Camp Nou, 23 de noviembre de 2002. Se estaba disputando la onceava jornada de Liga que enfrentaba el Barça con su eterno rival, el Real Madrid.

Un clásico que acabó en un insípido empate a 0 y que no hubiera tenido más trascendencia de no haber sido por aquella cabeza de cerdo que sobrevoló varias filas de aficionados y acabó aterrizando a los pies de Figo.

Esa cabeza simbolizaba el resentimiento de los culés, quienes se sentían despechados y traicionados por quien un día fue su ídolo. Un amado y respetado jugador que abandonó el barco azulgrana de forma rastrera para acabar vistiendo de blanco. Con su espantada, Luis Figo se convirtió en el Judas Iscariote de la religión culé.

En ese encuentro el luso acabó desquiciado por el férreo marcaje que un joven futbolista azulgrana le dispensó; un Carles Puyol que empezaba a labrar su leyenda. Pero esta brillante actuación del que tiempo después sería el gran capitán quedó eclipsada por la icónica cabeza de cerdo: un gesto, sin duda, poco deportivo y reprochable por parte de la afición, pero profundamente poético y revelador.

Aunque la lista es larga: Laudrup, Schuster, Luis Enrique, Eto'o..., los traspasos de futbolistas del Barça al Madrid o viceversa siempre han sido muy duros para los aficionados. Pero ninguno tan traumático como el de Figo. ¿Qué sucedió realmente? ¿Cómo llegamos al punto de lanzarle una cabeza de cerdo?

La historia de Figo y el Barça empezó en 1995 y terminó en el año 2000. Cinco años de idilio con un futbolista diferencial que acabó incluso portando el brazalete de capitán cuando su gran amigo Guardiola no estaba en el terreno de juego. Su fichaje fue una petición expresa de Cruyff, pero su llegada no estuvo exenta de controversia, causada por el tinglado que había montado en Italia con Parma y Juventus.

Quizá este episodio es más desconocido y quedó totalmente oculto tras su polémica marcha al conjunto merengue, pero vale la pena dedicarle unas líneas para poder entender de qué pie calzaban tanto el futbolista como su representante, José Veiga.

Meses antes de aterrizar en el Camp Nou, el futbolista y su mánager habían firmado un acuerdo de traspaso con ambos equipos italianos; algo totalmente ilegal, además de inmoral. Primero firmó por el conjunto *bianconero*, y pocas semanas después para el conjunto de la Emilia-Romagna, que le ofrecía más dinero.

El escándalo acabó con una sanción para el futbolista que le impedía jugar en Italia durante los dos próximos años. En medio de aquel embrollo, apareció el Barça, que primero convenció a la Vecchia Signora para que renunciara a su acuerdo con el luso, y, después, pactó con el Parma una cesión del futbolista con derecho a compra al finalizar la temporada. Ambos clubes italianos renunciaron sin dilación a sus intereses de enrolar al futbolista en sus filas; al fin y al cabo, no querían tener a un tipo dos años en la grada a causa de la sanción. De este modo, formalmente Figo disputó su primera temporada en el Barça como cedido.

La forma rocambolesca con la que llegó al club invitaba a pensar que su permanencia en Can Barça no sería fácil. Su progresión estelar vistiendo de azulgrana y el hecho de tener al otro lado de la mesa de negociaciones a Núñez y a Gaspart (que también era un hueso) tampoco facilitaban las cosas.

Su compromiso como futbolista en las cinco temporadas que militó en el Barça fue irreprochable. Durante esos años hizo gala de una actitud profesional y de un gran rendimiento. De hecho, era un futbolista de raza, de aquellos que no se amedrentan y que levantan la mano cuando el partido está torcido. Ejemplar en el verde, pero el vil metal le corrompía en los despachos.

Y llegó el año 2000. Núñez había abandonado la presidencia y su eterno delfín, Joan Gaspart, le había relevado en el cargo. Pero nada hacía presagiar un verano tan movidito como el que se vivió.

Figo ya era un estandarte del Barça, pero sentía que el club no le quería lo suficiente. Un eufemismo que, en boca de un futbolista, significa que quiere cobrar más.

En ese escenario, apareció el trío calavera: Florentino, Veiga y Futre. Florentino quería alcanzar la presidencia del conjunto blanco a cualquier precio, y Veiga y Futre buscaban un pellizco del botín. Así, el magnate de la construcción llamó a Paulo Futre, exfutbolista colchonero e ídolo de la infancia de Figo. Aunque ambos apenas se conocían, tenían muchos vínculos en común y Futre gozaba de ascendencia sobre Figo.

Según cuenta el propio Futre, contactó con el agente de Figo para tantear el terreno y, ante la negativa de Veiga, convenció a Florentino, mediante cierta argucia que él mismo desvela en el documental *El Caso Figo*, de pagarle una jugosa comisión a ambos si el fichaje se llevaba a término. Pactada la comisión, volvió a llamar a José Veiga, quien, al oír las cifras, se sumó al barco para lograr que su pupilo acabara en el Real Madrid.

¿En qué consistía el acuerdo? Pues, según cuentan los protagonistas, en una apuesta entre amigos después de una noche de desenfreno. En caso de que el constructor ganara las elecciones, Figo ficharía por el Madrid y Florentino pagaría, además de la cláusula, unos seis millones de euros a repartir entre Futre y Veiga. Pero, si el luso se negaba a vestir de blanco, el magnate recibiría una indemnización de 30 millones de euros que debía salir de los bolsillos de los portugueses.

Eso quedó por escrito en un contrato del que no se conserva ninguna copia y que supuestamente Figo jamás firmó. Aunque, según Veiga, aceptó por teléfono.

En esa tesitura, llegaron las elecciones a la presidencia y Florentino ganó. El balón pasaba ahora al tejado de los portugueses. Según Figo, él quería quedarse en Barcelona, pero, claro, no estaba dispuesto a afrontar el pago de la indemnización millonaria que establecía aquel acuerdo. Hasta aquí todo sería normal, si no fuera porque, como ya hemos explicado, en principio, Figo nunca lo firmó. La versión lusa dice básicamente eso, que no le quedaba más remedio que ir al Real Madrid o afrontar un pago millonario. Y, por otro lado, tenemos a Gaspart, quien dice que el propio Figo le llamó y le chantajeó diciéndole que disponía de dos billetes de avión, uno para Madrid y otro para Barcelona. Pero que, para volar a la Ciudad Condal, necesitaba un aval bancario de 500 millones. El presidente se negó. Aunque, según Figo, esa llamada nunca existió.

Al final, con la victoria de Florentino acabaron todos contentos. El señor Pérez había logrado la presidencia gracias a la baza electoral de Figo, Veiga y Futre habían llenado su cuenta bancaria y el futbolista pasaba a cobrar muchísimo más que en su etapa como azulgrana. Todos contentos menos los culés, quienes jamás perdonaron esta traición.

También hay quien dice que realmente Figo no quería vestir de blanco. Y, para corroborar esta postura, apelan a la cara de circunstancias que puso durante su presentación. Sinceramente, creo que es más probable que el gesto torcido se debiera al desasosiego ante el enorme follón que había armado; sabía, por ejemplo, que en Barcelona pasaba a ser persona *non grata*. Porque, si realmente no hubiera querido fichar por el Real Madrid, hubiera sido tan sencillo como dejar en la estacada a su representante. Él no había firmado ningún acuerdo, y esa es una de las pocas verdades en la que todos los protagonistas coinciden.

Después de tanto tiempo, la bruma de las mentiras y las semiverdades sigue empañando esta historia. Los protagonistas se contradicen entre sí y nadie ha sido capaz de dar una versión clara y nítida de los hechos. Lo único probado es que Figo fichó por el Madrid. A pesar de sus continuas muestras de amor a los colores y su famosa frase durante la celebración de la Liga de 1998: «Blancos llorones, feliciten a los campeones».

Muchos charlatanes afirman desde una pretendida posición de superioridad moral que lo que hizo Figo es normal y entendible: ¿quién no quiere progresar en su trabajo? ¿Quién no quiere ver crecer su sueldo?

Bien, eso es cierto. Todos tratamos de mejorar nuestra economía. Pero el fútbol es distinto, no es un trabajo común. Vestir los colores azulgrana es representar a un colectivo, a unos valores, a una historia y a un sentir. Y como futbolista tienes la obligación moral de respetarlos.

Nunca se le ha exigido a un futbolista azulgrana que jure amor eterno a los colores y a la bandera. Solo se exige honor, profesionalidad y rendimiento. Pero Figo mintió a la afición, la traicionó. Las semanas previas a su fichaje se las pasó declarando en distintos medios que de ningún modo ficharía por el Madrid y que continuaría en la disciplina culé. Incluso concedió una entrevista al diario *Sport* para reafirmar su postura y apaciguar las dudas. No pudo mentir más.

A título personal creo que a Veiga y a Figo la situación se les fue de las manos. Es probable que vieran la oportunidad de usar al Real Madrid y a Florentino para que el Barça le aumentara su ficha. Probablemente, su plan era continuar en un club que le quería, vivir en una ciudad que le encantaba, pero con muchos más billetes en la cartera. Pero el tiro le salió por la culata. Ante aquel esperpéntico acuerdo, del que no sabemos hasta qué punto tomó parte, la inesperada victoria electoral de Florentino —¡qué tiempos aquellos en los que el Real Madrid celebraba elecciones!— dinamitó su estrategia y se encontró en un escenario que no había contemplado.

En esa nueva tesitura, el que tenía un compromiso contractual con el nuevo presidente blanco era Veiga, no Figo. Pero el futbolista decidió abrazar el dinero blanco y mudarse a la capital. ¿Legítimo? Por supuesto. Pero podía haberse ahorrado sus falsas declaraciones de amor, sus promesas vacías y las mentiras a una afición que lo idolatraba, la cual, en respuesta a su falta de respeto, le lanzó aquello que mejor representaba su actitud: una cabeza de cerdo.

El idilio entre Países Bajos y el Barça nació con la llegada de Rinus Michels al banquillo y de Johan Cruyff a la delantera. Desde entonces ha existido un vínculo futbolístico que ha conectado la Ciudad Condal con el país tulipán.

Esta simbiosis se ha mostrado prolífica, y es por eso que en Can Barça, después de Cruyff, se ha continuado apostando por futbolistas y entrenadores neerlandeses como garantes del modelo de juego y de la filosofía de club.

Después de la salida de Johan en 1996, y tras la fugaz y fructífera estancia de sir Bobby Robson —quien en su única temporada como técnico nos regaló una Copa del Rey y la última Recopa—, llegó Louis van Gaal, quien estuvo en dos etapas en el banquillo azulgrana: la del periodo comprendido entre 1997 y 2000 y, posteriormente, la temporada 2002-03.

Van Gaal muestra su carácter en la rueda de prensa de presentación como técnico de la *Oranje*. [HeukersMedia]

Van Gaal fue un gran entrenador, pero siempre ha sido un tipo muy extraño: por férreo carácter bien podría haber sido sargento aliado en Normandía o tirano en Roma. Duro, exigente, arrogante, soberbio, dominante, pero también un trabajador incansable, brillante y honesto, que siempre ha planteado un fútbol atractivo y ofensivo.

Otra de sus señas de identidad es la confianza en los más jóvenes. De su mano debutaron algunos futbolistas que posiblemente os suenen: Xavi, Puyol, Valdés, Iniesta, Oleguer, Gabri y otros jugadores como Fernando Navarro y Sergio García, que no cuajaron en el Barça, pero sí en el Sevilla y en el Espanyol respectivamente.

Esa fantástica hornada de canteranos la combinó con la columna vertebral del equipo: Rivaldo, Sergi Barjuan, Abelardo, Nadal, Luis Enrique, Figo, Guardiola... Pero también barrió para casa e inundó el Camp Nou de neerlandeses: Hesp, Bogarde, Reiziger, Cocu, Kluivert, Zenden, Overmars y los hermanos Frank y Ronald de Boer. El Barça parecía la Oranje, o la selección neerlandesa parecía el Barça, como lo prefieran.

Parecía que los holandeses volvían, una vez más, al rescate del Barça, pero Van Gaal no pudo emular a su compatriota —con quien se llevaba como el perro y el gato— y, a pesar de lograr ciertos títulos (dos Ligas consecutivas, una Copa del Rey o la Supercopa de Europa), la sombra de Cruyff era demasiado alargada y, en su tercer año como técnico azulgrana y tras una temporada en blanco, decidió renunciar a la temporada adicional que le quedaba por contrato y dimitió.

Durante sus últimos meses en Can Barça, tuvo lugar un sonado acontecimiento en semifinales de la Copa del Rey: el club se negó a disputar el partido al disponer solo de once jugadores del primer equipo —dos de los cuales eran porteros— debido a que el encuentro se había programado dentro de las ventanas FIFA de fútbol de selecciones.

Su salida coincidió con la marcha de Núñez, pero un par de años después Gaspart lo llamó a filas y volvió a sentarse en el banquillo, aunque apenas llegó a comerse los turrones, pues a finales de enero de 2003 dejó el cargo. Y se fue como pocos saben hacerlo: renunciando al cargo y a su contrato en favor del club, deseando suerte y mostrando su respeto para el próximo entrenador. Sin dirigir ni una mala palabra para la directiva; con alabanzas a los futbolistas; con elegancia.

Reconoció, además, sus errores, pero, eso sí, no pudo despedirse sin soltar: «A pesar de que los jugadores están y estaban conmigo y yo soy el mejor, o el más adecuado, para sacar al equipo adelante, he tomado la decisión».

Sus discursos y sus enfrentamientos continuos con los medios de comunicación y su inolvidable «Tú siempre negativo, nunca positivo» han empañado el recuerdo de un muy buen entrenador que realizó un gran trabajo y que siempre tuvo claro que había algo por encima de todos, incluso de él: el Fútbol Club Barcelona.

Al final, este neerlandés no nos rescató, pero él y su tropa mantuvieron el Barça a flote. Y, aunque su nombre no entró en el olimpo azulgrana, dejó preparada una generación de jóvenes futbolistas que sí alcanzarían la máxima gloria guiados por otro paisano suyo: Frank Rijkaard.

2003-2017.
La máquina de hacer fútbol

¡AL LORO!

Joan Laporta asaltó la presidencia del Barça en 2003. Venció contra todo pronóstico en unas elecciones marcadas por la nefasta situación del club a nivel deportivo y económico y sentó las bases para la reconstrucción de un Barça que en los próximos años alcanzaría la máxima gloria futbolística.

Su llegada fue una bocanada de aire fresco para un equipo que llevaba demasiado tiempo sumido en las dinámicas ya añejas del nuñismo y de su epílogo: la presidencia de Joan Gaspart.

Cogió las riendas de un club que había dilapidado todo el dinero que había en caja con fichajes infructuosos que trataron de retomar de forma estéril el rumbo deportivo.

Su carácter directo, su oratoria que a veces roza la bravuconería y la profesionalidad de un equipo directivo muy competente encandilaron al socio culé, que no dudó en hacerle presidente frente a otros candidatos más notorios. Además, en cierto modo, su propuesta era avalada por el todopoderoso Cruyff, con quien mantenía una estrecha relación.

Laporta es un tipo hábil, que disfruta estando en el ojo del huracán y que hace de la improvisación un arte. Se crece en la adversidad y se regocija en el triunfo. Por ello, no es de extrañar que disfrutara llegando a la presidencia cual bombero en un incendio. Recoger un club en calma y en la buena dirección no va con él, le gusta el *rock and roll* y siempre vuelve cuando pintan bastos en Can Barça.

Sucedió a Gaspart, quien le entregó un equipo arruinado, en mala disposición futbolística y con una masa social crispada. Pero ni se despeinó. Tiró de creatividad y le salió una jugada maestra. ¿Que he prometido a Beckham en las elecciones y este acaba fichando por el Madrid? Ningún problema, ficho a Ronaldinho. ¿Que el reputado entrenador Guus Hiddink no acepta venir al Barça? Pues pongo de entrenador a Frank Rijkaard (cuyo único mérito como técnico había sido descender a la segunda división neerlandesa al Sparta de Rotterdam). Bien seguro que esta última elección fue un sabio consejo de su amigo Johan, otro abonado a las decisiones inverosímiles. Pero le salieron buenas cartas.

Cambiar la deriva de un transatlántico como el Barça no es fácil ni rápido, pero tampoco él había prometido inmediatez. La primera temporada a nivel deportivo fue agridulce. El equipo no empezó a carburar hasta la segunda vuelta y, aunque protagonizó una remontada vertiginosa, no alcanzó para llevarse la Liga.

La siguiente temporada a él y sobre todo a Sandro Rosell y a Txiki Begiristain —quienes se encargaban de la planificación deportiva— no les tembló el pulso a la hora de sacudir el vestuario y renovarlo por completo. Hasta 16 bajas se dieron, entre ellas las de algunos ilustres como Luis Enrique, Kluivert, Cocu y Overmars.

Este último, en un gesto admirable, decidió retirarse voluntariamente y renunciar a su contrato alegando que ya no podía rendir al nivel requerido en un club como el Barça.

A cambio, trajeron a futbolistas que en poco tiempo estamparon su nombre en los anales azulgranas: Larsson, Edmílson, Eto'o, Deco, Giuly, Silvinho y Juliano Belletti.

Con estos refuerzos ya le dio a Rijkaard para sumar una Liga más a la cuenta culé. El equipo desplegaba un fútbol vistoso y efectivo que bastó para el campeonato doméstico, pero no para Europa. Pero la siguiente temporada ya fue para enmarcarla. Subió a Messi del filial, que tiró la puerta abajo, y el equipo conquistó de nuevo la Liga y, por fin, llegó la segunda Champions.

Entre tanto, Laporta iba acumulando poder y credibilidad. Acababa de renovar mandato por incomparecencia de otros candidatos —aunque, si los hubiera habido, habría ganado seguro—. Su segundo ciclo tomó un marcado carácter presidencialista, y eso le ocasionó numerosos enfrentamientos con sus directivos, quienes habían concebido su mandato más como un sistema de *primus inter pares*. Pero la dominancia y el liderazgo de Laporta habían facilitado que el presidente fuera acaparando cada vez más poder en detrimento de sus subordinados, quienes fueron dimitiendo paulatinamente, siendo la baja más sonada la de su mano derecha, Sandro Rosell, quien se bajó del barco ya en 2005.

Al igual que sucedió con el Dream Team, la consecución de la Champions marcó el cenit del equipo liderado por Frank Rijkaard y el inicio de su declive. Y, aunque se le dio rédito al entrenador, el equipo no logró retomar el rumbo de la victoria y una solitaria Supercopa de España fue el pobre bagaje de los dos años siguientes.

Al final de la temporada 2007-08, volvió la salsa en el Camp Nou. Era patente que el proyecto de Rijkaard se había agotado. La sequía de títulos había crispado el ambiente entre los culés, hasta tal punto que los socios presentaron una moción de censura contra el presidente. Laporta salvó la moción por un porcentaje escasísimo, 6,6 %, reuniendo un total del 60 % de votos en contra. Aunque no tuviera que dimitir, ante este panorama de desafección, alguien normal abandonaría. Como hicieron ocho de sus directivos. Pero él no. Pues si algo le sobra a Laporta es confianza en sí mismo. Aguantó el envite y se sacó de la chistera a Pep Guardiola.

La brújula del Dream Team era un entrenador imberbe cuyo único bagaje había sido dirigir el Barça B la temporada anterior. Esta apuesta fue la mayor genialidad de Laporta e inició la mejor etapa futbolística del Barça. Solo un temerario habría puesto el primer equipo en manos de un entrenador sin experiencia, pero solo un temerario es capaz de revertir una situación tan complicada de una forma tan extraordinaria y lograr pasar de un año en blanco a ganar el triplete en la siguiente temporada.

En 2010, Laporta entregó un club saneado económicamente, que había más que duplicado su presupuesto anual y que había incrementado su masa social en casi 70 000 socios más. Legó un equipo en dinámica victoriosa y una afición más unida que nunca.

Tras más de una década de asueto, en 2021 Laporta vio la oportunidad de volver. De nuevo, el Barça le necesitaba más que nunca. Si de Gaspart había heredado un club en la ruina, de Bartomeu heredó una institución que flirteaba con la bancarrota.

Laporta, junto a Guardiola y Xavi, celebrando la consecución de la Liga 2009-2010. [Maxisport].

Se puso el casco de bombero y, pancarta mediante —la de Madrid: «Ganas de volver a veros»—, accedió de nuevo a la presidencia del Barça.

Esta vez se encontró con una situación mucho más dramática, con una plantilla descompensada y descompuesta y con una afición acostumbrada a la victoria y con sed de títulos. En tal tesitura, lo prudente, lo sensato, habría sido apostar por la austeridad. Asumir y transmitir a los culés que aquello no se levantaba de la noche a la mañana, que había que apretarse el cinturón y los dientes y adoptar una política económica muy rigurosa que imposibilitaría fichajes de relumbrón y, por ende, alejarse de los títulos durante un tiempo.

La otra opción, la insensata, la descabellada y la arriesgada era vender el club a trozos, tirar de las famosas palancas para lograr inyecciones económicas extraordinarias que permitieran rearmar el equipo de forma instantánea y, así, lograr títulos que devolvieran la gloria al Barça y atrajeran riqueza que paliara la pérdida patrimonial que estas ventas supusieron. No cabía duda de por cuál se decantaría Laporta.

En estos momentos aún es pronto para juzgar su decisión, y el movimiento se demuestra andando. Así que el tiempo nos desvelará si hemos presenciado una nueva y temeraria genialidad de Laporta o si, por el contrario, esta pirueta financiera lo dejará a él en la lona y al club en la cuneta.

Por lo pronto, el Barça de Xavi ya está compitiendo por esta Liga, así que ¡al loro!, que no estamos tan mal.

VUELVE LA SONRISA AL CAMP NOU

Laporta prometió a Beckham, pero llegó Ronaldinho. Este fue el mejor fichaje frustrado de la historia azulgrana. Porque Ronaldinho trajo la samba, los goles, el espectáculo y su sonrisa le devolvió la sonrisa al Camp Nou.

Ronaldinho conduce el balón durante la final
de Champions de 2006. [ph.FAB].

Puro *show* y diversión, porque él no comprendía el fútbol de otra manera. La efectividad y la eficiencia se la traían al pairo, él jugaba para pasárselo bien, para disfrutar y para reír. Es por ello que, a pesar de ser el futbolista más genial y fabuloso, nunca podrá estar en el absurdo podio de los mejores futbolistas de la historia. Ni sus guarismos han sido inigualables ni su estancia en la élite prolongada. Jugó mientras quiso y, durante ese tiempo, deleitó a quienes le vieron con su *jogo bonito*, con el fútbol hechizado que emanaba de sus botas. Su sonrisa era tan contagiosa y su fútbol tan sincero que incluso era capaz de hacer olvidar los colores de los aficionados y lograr que, por un pequeño espacio de tiempo, simplemente disfrutaran del fútbol, de su fútbol.

Corría el 19 de noviembre de 2005 y los azulgranas visitaban el feudo merengue. A pocos minutos del final del partido y cuando el luminoso mostraba un contundente 0 a 2, Ronaldinho recogió el balón en la banda; en un *slalom* sostenido sentó a un voluntarioso Ramos, al que ya le había quebrado la cadera en distintas ocasiones, y acabó definiendo con clase ante Casillas. Era el tercero del Barça en el campo de su eterno rival.

Pero eso no importaba. La afición blanca, en un gesto de elegancia y gusto por el buen fútbol, se levantó y aplaudió al Gaúcho, a la estrella del eterno rival. El Bernabéu en pie rindiendo pleitesía a Ronnie. De un plumazo consiguió mandar durante unos instantes al cajón del olvido las bufandas, los colores y las rivalidades centenarias. Porque él y su fútbol estaban por encima del bien y del mal.

A las pocas temporadas, al diez azulgrana se le empezó a borrar aquella perenne sonrisa que iluminaba su rostro y su juego, y conforme se iba apagando, también lo hacía su fútbol, pues, para mantenerse en la élite, hace falta algo más que talento, y eso él ni lo quiso ni lo comprendió.

Después de él, llegaron otros que marcaron más goles, que ganaron más títulos, pero nadie jamás podrá ni siquiera imitar el fútbol de Ronaldinho en su cenit.

Siempre estará sobre la mesa el debate sobre quién ha sido el mejor futbolista de todos los tiempos. Los más nostálgicos abogarán por Pelé, Maradona, Cruyff o quizá Di Stéfano o Kubala, aunque ese trono esté reservado para Messi, cuando se retire y se pueda ver en perspectiva su carrera. Pero siempre existirán voces discordantes. Lo que nadie dudará nunca es que el jugador que más y mejor hizo disfrutar a los aficionados fue Ronaldinho.

Una estrella fugaz que iluminó como nadie había hecho antes el planeta fútbol. Su luz se apagó pronto, pero duró lo suficiente para devolver la sonrisa al Camp Nou.

EL CIELO DE PARÍS

El 17 de mayo de 2006, el capitán Puyol alzaba con furia y satisfacción la Champions hacia el cielo de París. Era la segunda. Habían pasado 14 años desde que Zubizarreta levantó la primera en Wembley.

Aquella final supuso la coronación de un nuevo rey. El Barça llegaba a ella sin ser favorito, ante ellos se presentaba el todopoderoso Arsenal de Wenger, Henry y compañía. Un club con más reconocimiento europeo por su trayectoria reciente. El Barça, en cambio, era un equipo joven e irreverente, dispuesto a imponer su ley futbolística y reclamar para sí el cetro del Viejo Continente.

Sobre el césped, Frank Rijkaard alineó un once que, aunque previsible, tenía un tono más defensivo de lo habitual: Valdés bajo palos, Oleguer y Gio van Bronckhorst en los laterales y, en el centro de la zaga, Puyol y el mexicano Rafa Márquez. Por delante de ellos, Edmílson; con Van Bommel y Deco en los interiores, y al gol, Ronaldinho, Giuly y Samuel Eto'o. En aquella final no pudieron participar ni Xavi ni Messi. Ambos salían de graves y largas lesiones y, aun recibiendo el alta médica justo antes de la final, el entrenador prefirió no forzarlos a pesar de haber sido figuras importantísimas en el Barça de aquella temporada.

El partido empezó con un intercambio de golpes. Nadie se guardaba nada. El Barça aún no infundía aquel miedo y respeto que años después haría que sus rivales se acularan. El fútbol ofensivo azulgrana era innegociable; iban a por el partido. Durante la refriega, Víctor Valdés se erigió como un baluarte inexpugnable. Lo paró todo y secó a un hiperactivo Henry, que lo intentó por tierra y aire. Pero esa noche era la de Víctor, que vestía de verde, homenajeando a Artola.

Pero en el minuto 18 empezaría otro partido. Una escapada del camerunés dejó sentado al portero Lehmann, quien en última instancia decide derribar a Eto'o. Roja y a la ducha. El Arsenal se quedaba con un hombre menos, aunque no achacó esa inferioridad en todo el partido. De hecho, pudieron quedarse con nueve cuando, minutos después, Eboué cazó de forma salvaje a Gio. Pero el árbitro no quiso cargarse el partido y apostó por una diplomática cartulina amarilla

También Eboué, a pocos minutos de finalizar el primer tiempo, fingió una falta inexistente de Puyol, que desembocó en un centro de Henry, ante el que el colosal central inglés «Sol» Campbell se alzó con potencia por encima de todos y mandó el balón al fondo de las mallas. A pesar de la superioridad, el Barça se fue al descanso perdiendo.

En una final no hay tiempo para especular, y Rikjaard sentó a Edmílson para dar entrada a Andrés Iniesta, quien puso la precisión en el centro del campo gracias a sus pases entre líneas y a sus conducciones inesperadas. Eso provocó que el Arsenal renunciara al dominio del partido, pero no a sus veloces contraataques dirigidos por Henry y Ljungberg, que obligaron a la defensa azulgrana a emplearse a fondo y a Valdés a seguir luciéndose.

Se había cumplido la hora de partido y los azulgranas seguían abajo en el marcador, por lo que el entrenador neerlandés se vio obligado a meter más pólvora ofensiva, sustituyendo a Van Bommel por el sueco Larsson. Minutos después, sentó a Oleguer para dar entrada a Juliano Belletti, lateral con mucha más proyección ofensiva.

Surtió efecto. En el minuto 76 Eto'o batió a Almunia con un disparo a bocajarro tras pase del veteranísimo delantero sueco. Cinco minutos después, el mismo Larsson habilitó a Belletti para que colara el balón por debajo de las piernas del portero armero. Juliano solo marcó un gol vistiendo de azulgrana, aquel. El que lo convirtió en el héroe de la Champions.

Mientras el Barça remontaba, la lluvia empezó a caer en el Stade de France, creando un clima épico que dotó a los futbolistas azulgranas de la determinación necesaria para culminar la gesta y acabar levantando la segunda Champions al cielo de París.

La victoria frente al Arsenal devolvió el cetro europeo al Barcelona. Con esta Champions se inició el ciclo ganador del Barça. [ph.FAB].

Se acababa de coronar el nuevo rey, que teñiría de azulgrana el panorama europeo durante la próxima década. Había nacido el mejor equipo de fútbol jamás visto, que reinó con tiranía y un espectacular juego durante uno de los ciclos vencedores más longevos que se recuerdan.

EL GRAN CAPITÁN

Un capitán no es aquel que luce el brazalete. El capitán es quien lidera al equipo, en el verde, en el vestuario y fuera de él. Pues, en realidad, ese distintivo en el brazo solo te habilita para ser el interlocutor del equipo con el árbitro y el representante en el sorteo inicial, nada más.

Desde Gamper hasta Messi, en Can Barça han desfilado 48 capitanes, eso sin tener en cuenta los segundos, terceros y cuartos capitanes de la plantilla. Algunos tan ilustres como Paulino, Samitier, Escolà, Segarra, Cruyff, Alexanco o Guardiola. Pero por encima de todos destaca un tipo que llevó el brazalete durante diez años: Carles Puyol Saforcada.

Su figura es el paradigma del capitán. Un líder nato en el terreno de juego que imbuye a sus compañeros de su espíritu ganador y a su vez intimida al rival con su pundonor. Un tipo que jamás renunciaba a la lucha, que enfrentaba todos los duelos y peleaba todos los balones por imposibles que fueran.

Un futbolista duro y firme que se partía la cara, literalmente, por su equipo, por su escudo, por sus colores, por su Barça. De hecho, más que futbolista, debemos considerar a Puyol como un jugador del Barça, pues nunca vistió otra camiseta ni aceptó defender otra insignia que no fuera la que reinaba en su corazón azulgrana.

Carles Puyol durante la final de la Supercopa de España de 2009. El futbolista que mejor ha representado los valores del club dentro y fuera del terreno de juego. [Maxisport]

Cuando debutó, ya se atisbaba en su perfil futbolístico que tenía madera de líder. Pero sus carencias técnicas —no era un tronco ni mucho menos, pero con el balón en los pies no tenía el desplazamiento en largo de Koeman o Márquez ni la clase de Piqué— hicieron dudar a más de uno de que pudiera cuajar en un Barça tan combinativo, de toque y clase. Se equivocaban. Lo primero que debe saber hacer un central del Barça es defender, y, en eso, él era el mejor: rápido en la corrección, con un buen juego aéreo, contundencia, disciplina y una concentración innegociable durante los 90 minutos, con independencia del rival y del resultado en el marcador. Un auténtico gladiador infatigable.

Sus cualidades le hicieron merecedor de la capitanía del Barça, y llevó con orgullo el brazalete durante diez años. No en vano, nadie ha sido capaz de ejercer de capitán durante tanto tiempo como él.

Algunos capitanes han ejercido ese honor porque lideraban por su fútbol y sus goles, como Messi. Otros lo han hecho desde la lucha y la entrega. Y otros han gozado de este reconocimiento por sus galones en el vestuario y su longeva carrera en el club. Pero ninguno ha sido capaz de aunar en su figura los dotes de capitanía y mando que reunía Puyol, quien, además de ser un futbolista extraordinario y uno de los mejores defensas del planeta, era un ejemplo dentro y fuera del terreno de juego.

Puede que fuera un futbolista duro, de hecho, lo era. Pero jamás tuvo una desconsideración hacia el rival ni cazó un tobillo a propósito y a destiempo dominado por la impotencia. No. Él era un maestro del denostado arte de defender. Un baluarte capaz de frenar al más habilidoso extremo, de lidiar con los más corpulentos delanteros sin dejarse llevar por provocaciones, sin entrar en el juego de subterfugio que puede sacarte de quicio cuando vas a más de 150 pulsaciones; un filósofo y maestro del robo del balón.

Encarnó aquellos valores que tanto celebra el club y que a menudo parece que solo se reflejan en aquellos jugadores más técnicos. Y es que no hay nada más azulgrana que defender tus colores respetando al rival y el fútbol. Tal y como ocurrió en aquella goleada al Rayo Vallecano, en la cual Thiago y Alves celebraron el enésimo gol bailoteando frente a la afición rival y Puyol, ni corto ni perezoso, paró aquel esperpento: reprimió a sus compañeros y se los llevó a su campo. O como ilustra lo que sucedió durante un clásico en el que a Piqué le cayó un mechero cerca y se fue directo al árbitro, protestando, con el objetivo de buscar algún tipo de sanción ridícula para el estadio merengue. Ante tal situación, Puyol le paró por el camino, le quitó el mechero y lo lanzó fuera del terreno de juego mientras le exigía concentración a su compañero.

Carles no se arrugaba ni con los rivales ni con los suyos. Y esa ejemplaridad no solo le valió para erigirse como el mejor capitán de toda la historia del Barça, sino también para ser reconocido por los equipos rivales y sus aficiones como el mejor ejemplo de líder de un equipo. Aunque él nunca buscó esa fama y ese reconocimiento, ya que lo único que le importaba era que su Barça llegara a lo más alto.

Otro de sus actos que le reafirman como el mejor capitán de la historia azulgrana lo protagonizó en la consecución de la cuarta Champions del Barça en 2011. Tras vencer al Manchester United en Wembley, Puyol se disponía a levantar su tercera Copa de Europa como capitán, pero, en un acto de generosidad, decidió ceder el brazalete a Éric Abidal, para que fuera él quien levantara el trofeo, pues el francés acababa de superar un cáncer de hígado. Y Puyol sabía que no había partido más difícil ni victoria más grande que esa: vencer a la muerte.

Desde 1999 hasta 2014 defendió el escudo como nadie y, cuando ya no se sintió capaz de seguir rindiendo al máximo nivel para defender los intereses blaugranas, dio un paso al lado y colgó las botas, renunciando a los años de contrato que aún le restaban.

Por todos los golpes recibidos, por todos los balones salvados, por su liderazgo, su valentía y su saber estar en el terreno de juego, inmediatamente después de su retirada, se convirtió en leyenda, en el Gran Capitán azulgrana.

EL ALUMNO SIEMPRE SUPERA AL MAESTRO

Un día a Cruyff le dijeron que había un jugador en la cantera que era lento, sin regate, sin disparo y sin remate de cabeza, pero que era técnico e inteligente. Ese tipo era Pep Guardiola. El genio neerlandés, ante el asombro de todos, afirmó que esas eran las mejores cualidades de las que podía disponer un futbolista y, sin dudarlo, le entregó a un novicio el gobierno del primer equipo. Lo convirtió en su extensión en el terreno de juego y no se equivocó.

Ambos veían el fútbol con los mismos ojos, hablaban el mismo idioma —aunque eso parezca complicado con Johan—, y Pep sabía exactamente qué quería y qué esperaba el míster de él en cada momento.

Más de diez años después, el pupilo de Johan llegó al banquillo azulgrana. Una decisión controvertida, un *all in* de los de Laporta.

La primera temporada de Pep como míster azulgrana ya sabemos cómo acabó: ganándolo todo, haciendo historia con el sextete y colocando al Barça en la cumbre futbolística. Sin embargo, los inicios de esa andadura no son tan recordados. El equipo no empezó con buen pie. Tan solo obtuvo un punto de seis en las primeras dos jornadas: derrota ante Numancia y empate frente al Racing de Santander.

Aquello levantó de su butaca a más de un tribunero. Empezaron los cuchicheos y la espada de Damocles sobrevoló la cabeza del entrenador. Pero hubo alguien, un visionario en esto del fútbol, que comprendía los engranajes de un equipo y sabía leer más allá de la primera ola que nos había revolcado. Y, entre tanta marejada y desde el privilegio que su sabiduría le confería, se atrevió a decir que ese Barça pintaba muy, muy bien. Pocos le creyeron y la mayoría lo tomaron por loco. A veces la locura es solo eso, locura. Pero, en otras ocasiones, llamamos locura a la inteligencia; a una percepción tan superior a la del resto de la humanidad que los demás mortales necesitamos tildarla de delirio para no sentirnos imbéciles. Por suerte, la de Cruyff era de las segundas. Había sido capaz de descifrar los preceptos que estaba instruyendo Guardiola a sus jugadores, atisbó lo que estaba por venir y auguró que por ese camino pronto llegarían los éxitos.

Cruyff perfeccionó el fútbol total de Rinus Michels y lo adaptó a las circunstancias futbolísticas de su momento y a las características de su plantilla; Guardiola hizo lo mismo. Pero había una diferencia sustancial: Pep contaba en el equipo con la mejor generación de jugadores jamás salida de la cantera azulgrana, que habían mamado desde pequeños el estilo futbolístico de Can Barça. Entre aquellos canteranos, había uno que destacaba por encima de los demás, Leo Messi. Un extraordinario jugador que de la mano de Guardiola se convertiría en un arma letal, en una máquina de marcar goles, de regalarlos y de generar ocasiones.

Bajo la batuta de Pep, Messi explotó sus virtudes, dejó el extremo para pasar a ocupar cualquier posición del campo, aparecer como falso nueve y después esfumarse para integrarse en la medular y construir el juego. Algo similar a lo que hizo Cruyff como jugador, pero con muchísima más incidencia en el gol.

Existe una creencia sin fundamento entre algunos aficionados al fútbol —sobre todo entre no seguidores del Barça— bajo la que afirman que el equipo de Pep solo practicaba un estilo de fútbol, el tiki taka, y que vencía por disponer de jugadores superlativos e increíbles. Nada más lejos de la realidad. La gran virtud de Guardiola no era la de aplicar antiguas fórmulas al nuevo fútbol, sino su obsesión enfermiza de analizar el juego y a sus rivales y mutar buscando las variables más favorables para su equipo, aunque siendo siempre fiel al estilo que él conocía y que sus futbolistas llevaban en las venas. Aplicó la receta ideal para la materia prima de la que disponía.

La posesión sin un objetivo claro de trasfondo se vuelve estéril. Sin un plan, sin una idea, el pase horizontal es incluso contraproducente por los peligros que entraña un robo del rival en posiciones comprometidas, al igual que la innegociable salida con balón controlado desde atrás. La feroz presión tras pérdida que practicaba su equipo, como si de una jauría de lobos se tratara, exigía una concentración y una sincronización máxima, pues, si los rivales lograban romper la primera línea de presión, se encontraban con un Barça desplegado y desorganizado, muy vulnerable a los contragolpes rápidos.

El equipo de Pep era una orquesta que tocaba a la perfección la pieza que él indicaba con su batuta. Sinfonía futbolística que deleitaba al espectador. Pero detrás de ese conjunto excelso había un arduo trabajo de fondo, un nivel de exigencia máximo, incalculables ensayos que lograron que aquella banda sonara sincronizada con una excelsa precisión. Un nivel futbolístico jamás visto hasta entonces y probablemente irrepetible. Fue tal la excelencia que alcanzó el equipo que en algunos partidos las segundas partes se convertían en intrascendentes. Vapuleaban al rival de tal forma que en no pocas ocasiones el partido quedaba sentenciado de tal manera en la primera parte que ni los rivales se atrevían a salir en el segundo tiempo con intención de remontar o maquillar el marcador y se limitaban a evitar que aquella paliza se convirtiera en una goleada histórica.

Es habitual que el mundo del fútbol solo tenga memoria para los campeones y olvide a aquellos equipos que han practicado un fútbol espectacular en detrimento del resultado. Con suerte, alguien menciona de vez en cuando a la Naranja Mecánica del 74, pero poco más. Pero la máquina perfecta de Guardiola aunó aquello que más anhela cualquier equipo: un fútbol fastuoso y a su vez resultadista. Y eso no se le escapaba a Pep, que, en la arenga previa a disputar la final de la Champions de 2009, les espetó a sus futbolistas: «Si perdemos, continuaremos siendo el mejor equipo del mundo. Si ganamos, seremos eternos». El equipo de Guardiola no solo lo ganó todo en su primer año conquistando en 2009 todos los títulos en juego (Liga, Copa del Rey, Champions, Supercopa de España, Supercopa de Europa y Mundial de Clubes), sino que además dejó para el recuerdo multitud de exhibiciones imborrables. Ejemplos son el aplastante 2 a 6 en el Bernabéu, con Messi ocupando el centro del ataque y cortocircuitando por completo el planteamiento defensivo del Real Madrid, o la victoria sin discusión en la final de la Champions en el Olímpico de Roma, frente a un Manchester United que partía como favorito y trataba de revalidar el título. En aquella final, aunque el resultado no fue aplastante, tan solo un 2 a 0, los azulgranas dominaron todos los aspectos del juego y a los ingleses no les quedó más que rendirse en elogios hacia el equipo que les acababa de arrebatar el título.

Después de aquella temporada inolvidable, Guardiola logró que su equipo no perdiera fuelle: concatenó tres Ligas y tres Supercopas de España consecutivas y, después de caer en semifinales de Champions de la edición de 2009-10 —tras un dudoso arbitraje frente al Inter de Milán en el Giuseppe Meazza—, logró levantar de nuevo la Orejona en 2011. Esta vez en el mítico Estadio de Wembley, de nuevo frente al Manchester United y después de apear al eterno rival en semifinales.

Si ya en la final de 2009 los de Mánchester se deshicieron en elogios hacia su rival, en 2011 sir Alex Ferguson no tuvo más remedio que afirmar: «El Barça es el mejor equipo que he conocido» y «Nadie nos ha dado una paliza así».

Que eso lo diga alguien de la talla de Ferguson, que a la sazón era el máximo responsable de un equipo que acababa de perder una final de Champions, significa dos cosas: que es un caballero y que sabe de fútbol.

En su cuarta y última temporada, Guardiola no sería capaz de mantener el excelso nivel de resultados y, aunque peleó hasta el final todas las competiciones —llegando a obtener 91 puntos en Liga, una cifra extraordinaria pero inútil ante una gran campaña del Real Madrid—, solo fue capaz de levantar de nuevo la Supercopa de España y la Copa del Rey. Como dato curioso, su primer y último título al mando del Barça fue en la misma competición, Copa del Rey, y contra el mismo rival, Athletic Club.

Guardiola dando indicaciones a sus futbolistas. [Maxisport].

Tal fue el nivel que alcanzó el equipo que hablamos de «tan solo» dos títulos en una temporada, considerándolo un bagaje escueto cuando en cualquier otra época la consecución de dos trofeos se habría considerado meritoria. Pero para el Barça de Pep nos parecía poco. Y ese listón tan alto fue una losa para sus sucesores, quienes siempre quedaron a la sombra de los éxitos del de Sampedor. Salvo Luis Enrique, quien en 2015 fue capaz de embolsarse Liga, Copa y Champions.

El círculo de virtuosismo ganador de la era Guardiola se cerró con la consecución de 14 títulos en tan solo cuatro temporadas. Pero, en un club tan particular como el nuestro, su mayor legado fue el fútbol que exhibió. Siempre fiel al estilo azulgrana, al fútbol ofensivo combinativo, a la extenuante presión en campo contrario y a la búsqueda infatigable del gol. Pero alcanzar esa cota tan elevada de excelencia futbolística y esa solvencia resultadista no fue fácil y ni mucho menos perenne. Requería de un desgaste físico y mental insostenible en el tiempo. Por ello, cuando Guardiola vio que no podría mantener esa excelencia durante mucho más tiempo, decidió renunciar al cargo.

Su alegato fue claro y sincero: «Me he vaciado y necesito llenarme», y añadió que tenía la sensación de que, si se quedaba, se podrían hacer daño entre todos. Habían sido cuatro años de un fútbol extraordinario. Pero él y el equipo habían estado sometidos a una inmensa presión y a un gran desgaste. De haberse quedado, podría haber terminado mal con algunas de las figuras que tanto le habían dado en el terreno de juego y de las que ahora tocaba prescindir. Él ya ventiló el vestuario cuando llegó, despachando a Deco, Ronaldinho y, más tarde, a Eto'o. Le tocaba a otro hacer lo propio.

Alguien dijo hace tiempo aquello de lo bueno, si breve, dos veces bueno. La era de Guardiola fue más breve de lo deseado, pero más próspera de lo jamás imaginado. Pep es el entrenador más laureado del Barça. Ganó tres títulos más que su maestro, Cruyff, quien necesitó el doble de temporadas para levantar once trofeos. Porque con ellos aquello de que el alumno siempre supera al maestro cobra todo el sentido.

SAN ANDRÉS DE STAMFORD BRIDGE

Piqué se la entrega a Xavi en la medular, quien abre a su derecha, para Alves, que corre la banda y centra a la desesperada, pero el balón es repelido por la defensa del Chelsea y el esférico cae a los pies de Eto'o. Essien la recupera y en un mal despeje se la regala a Messi, quien la sirve para Iniesta, que se encuentra en el balcón del área y de un zapatazo superlativo la manda a la escuadra. ¡Gol! ¡Gol de Iniesta en el 93'!

David tumbó a Goliat de un certero disparo. El tremendo gigante checo que custodiaba la portería no pudo hacer nada para evitar el gol del empate, que sabía a victoria, que abría las puertas al paraíso, a la final de la Champions en el Olímpico de Roma.

Dicen que el fútbol es injusto. Puede serlo. Pero solo a corto plazo, porque el tiempo siempre pone a cada equipo en su lugar. Y, en ocasiones, hasta imparte justicia poética.

Aquella semifinal de 2009 contra el Chelsea fue una lucha grecorromana. Los de Londres llevaron ambos partidos a su terreno: a la protesta, al forcejeo. Se olvidaron del fútbol y casi ganan un encuentro. Pero no. Y es que el partido no termina hasta el silbido final. En el descuento, de forma pírrica, empujados por la ilusión y olvidando cualquier tipo de orden táctico, el Barça empató con el Iniestazo en el último suspiro. Justo cuando el partido y la eliminatoria se escapaban, el fútbol decidió ser justo y entregar el billete para la final al único equipo que había decidido jugar de verdad.

Aquella eliminatoria fue durísima en todos los sentidos. El Chelsea contaba con auténticos gladiadores, cemento armado en la defensa, dos tipos duros en la medular como eran Ballack y Lampard, secundados por un Essien que actuaba como un perro de presa infatigable, y en la delantera con un colosal Drogba que se partía la cara tanto en área contraria como propia.

Frente a aquellos pretorianos, Guardiola había plantado a sus más finos estilistas: Messi, Iniesta, Xavi, Alves, Busquets…, tipos que danzaban en el campo esquivando los vigorosos envites de sus rivales. El cuerpo a cuerpo no era una opción para ese Barça.

En esa confrontación tan clara de estilos, el partido de ida dejó insatisfechos a todos con un triste empate a cero. El pase a la final se decidiría en el coliseo de los *blues*. Y allí los azulgranas recibieron dos jarros de agua fría. El primero antes de los diez minutos. Espectacular volea de Essien ante la que nada pudo hacer Víctor Valdés. Con el marcador en contra y ya en la segunda parte, el trencilla decidió inventarse una falta inexistente de Abidal, tarjeta roja y a la calle.

Restaban menos de 30 minutos y el Barça se encontraba abajo en el marcador, en inferioridad numérica y en un campo rival que rugía con fervor. La portería defendida por Čech estaba cerrada a cal y canto. El barco inglés no hacía aguas pese a que el Barça lo bombardeó de todas las formas posibles. Pero resistían. Incluso decidieron prescindir de su delantero y jugar con el aspecto psicológico, metiendo en el terreno de juego a otro defensa, pero no uno cualquiera, sino a Belletti. El héroe de la segunda Champions blaugrana ahora vestía de azul.

Ya cuando parecía que los culés morirían en la orilla, apareció él. Andrés Iniesta. Aquel chico tímido de Fuentealbilla, que no llevaba tatuajes ni ropa estrafalaria, que nunca decía una palabra más alta que la otra, pero que en el terreno de juego se convertía en un solista virtuoso, en un futbolista con clase y elegancia que rompía líneas con sencillez, que regateaba sin cabriolas innecesarias. Su fútbol debería ser patrimonio de la humanidad. Y eso que no marcaba muchos tantos, pues se los reservaba para cuando más falta hacían. Y aquel día, ante el Chelsea y en su propio campo, marcó un golazo por la escuadra que catapultó al Barça a una nueva final de Champions y a él a entrar por la puerta grande al panteón de leyendas azulgranas, bajo el santo nombre de San Andrés de Stamford Bridge.

Hablando de goles importantes, también llevó su firma el tanto que dio el Mundial a la selección española en 2010. En esa ocasión, cuando marcó el gol más trascendente de la historia de un país, no buscó la gloria para sí mismo en una celebración egoísta, no. Se acordó de un futbolista, de un amigo que ya no estaba, se lo dedicó al desaparecido perico Dani Jarque.

Iniesta defendió la camiseta azulgrana durante 16 temporadas. Formó, junto a Busquets y Xavi, el medio campo más perfecto que jamás ha tenido el Barça, y no en vano es el único jugador que ha disputado las cuatro finales de Champions que ha ganado el Barça en este siglo. Una hoja de servicios impecable que le convierte en una de las leyendas más importantes del club.

Andrés Iniesta regatea a varios futbolistas del equipo rival, bajo la atenta mirada de Henry. Final de la Champions de 2009. [Fuente: Sergey Chernov, CC BY 2.0 <https://creativecommons. org/licenses/by/2.0>, vía Wikimedia Commons].

EL PARTIDO PERFECTO

«No aspiro a fichar por el Barça, a lo máximo que aspiro es a que un día me dejen jugar un partido con ellos».
Paulo Henrique Ganso

Es consabido que Guardiola es un genio del deporte rey, un privilegiado que es capaz de ver lo que los demás no ven. Pero un día decidió llevar la idea del fútbol total a su máxima expresión, al extremo más radical. Mandó los conceptos básicos de juego al retrete, para dar paso a lo imposible: salir al campo sin delanteros y golear 4 a 0 a su rival.

El partido elegido para tal hazaña fue la final del Mundial de Clubes de 2011. Y la víctima fue el Santos de Neymar. Ningún espectador esperaba encontrarse con tal lección de fútbol en un partido que, a pesar de ser una final, gozaba de poco atractivo por la denostada reputación de la competición y por jugarse en un horario mañanero, intempestivo para el deporte rey y más apto para tertulias de café que para emociones futboleras. Pero Guardiola preparó un partido que pasó a la historia, un regalo para aquellos aficionados incondicionales que no se perdieron la actuación de su equipo a pesar de que compartía horario con el ángelus.

Debo confesar que cuando vi la alineación no sabía dónde jugaría cada futbolista. Aquello era un puzle indescifrable. ¿Salía con un 3-5-2?, ¿o aquello era un 4-3-3 con Thiago y Cesc de falsos extremos? Lo mismo le pasó al Santos y a su entrenador, que en 90 minutos no supieron ubicar a los futbolistas azulgranas, pues Pep sacó un dibujo táctico jamás visto: 3-7-0. No había delanteros. Si acaso Messi, como falso nueve. Pero ni eso, pues en cada jugada modificaba a su antojo su propia posición.

Los elegidos para el recital fueron: Valdés, en portería; una línea de tres con Puyol, Abidal y Piqué, y, por delante, Messi, Xavi, Thiago Alcántara, Iniesta, Alves, Cesc y Sergio

Busquets. De todos ellos, la única posición que se mantenía dentro de la normalidad era la de Busquets, que en su rol de mediocentro ejercía de ancla del equipo y de conexión entre la zaga y los futbolistas ofensivos.

En aquel equipo nadie fijaba a la defensa rival, los brasileños andaban descolocados, sin saber si defender de forma zonal o tratar de marcar al hombre. Los azulgranas sabían cómo ejecutar el plan maestro de su entrenador a las mil maravillas: nadie tenía una posición fija ni debía ocupar un espacio previamente acordado. Desplegaron un fútbol caótico y sencillo, cada uno aparecía por donde creía oportuno, por donde su instinto le indicaba.

Guardiola había creado una tormenta perfecta, un caos absoluto que solo cobraba sentido en su mente y en la de sus pupilos. Por ello había alineado a los más técnicos de la plantilla, para desencadenar un fútbol instintivo, sin encorsetar el talento de sus jugadores. Rienda suelta a la clase y a la magia que aquellos elegidos atesoraban.

Tan pronto se infiltraba Thiago en área contraria para rematar un centro, como Messi se retrasaba para iniciar la jugada, o aparecía Cesc en posiciones de extremo. Un torbellino de fútbol control, de sombras que permutaban sus posiciones constantemente.

Quien minutos antes estaba en la media punta, en la siguiente jugada caía a un extremo, provocando un apagón general en el equipo brasileño. Los goles no tardaron en llegar. Messi, Xavi y Cesc sentenciaron el encuentro en una primera parte que se saldó con un 74 % de posesión azulgrana. Los del Santos sencillamente ni olían el balón, y, en las raras veces en las que lo tenían, el agotamiento no les permitía ni estructurar una contra en condiciones.

La segunda parte, ya con los deberes hechos y sin la urgencia de los goles, fue más placentera, los azulgranas se relajaron y concedieron alguna oportunidad, pero el afán incansable de Messi le llevó a anotar el cuarto a pocos minutos del pitido final. Y, aun así, el resultado fue discreto debido a la gran actuación del meta del Santos, Rafael, quien, a pesar de encajar cuatro goles, realizó varias paradas de mérito.

Al finalizar el partido, no solo los futbolistas del Santos y su entrenador se rindieron ante el Barça. El mundo del fútbol también se postró de forma unánime ante la envergadura de aquel equipo colosal. Aquella clase magistral de juego sirvió, probablemente, para convencer a Neymar de fichar por el Barça, quien ante los micros acabó por afirmar: «Hoy aquí hemos aprendido a jugar al fútbol».

Se trató de una obra maestra para homenajear el papel de los mediocampistas, la cual demostró que el fútbol, a veces, trasciende al deporte, para convertirse en un puro y excelso arte.

Guardiola es manteado por su equipo. [Maxisport].

«Como el señor Mourinho me ha tuteado, yo también le voy a tutear. Me ha llamado Pep, yo le voy a llamar José. No sé cuál es la cámara del señor José, deben ser todas estas. Mañana a las ocho cuarenta y cinco nos enfrentamos aquí, en el campo. Fuera del campo él ha ganado, me ha ganado durante todo el año, me ha ganado durante toda esta temporada y en el futuro lo que va a ser. Le regalo su Champions particular fuera del campo, que se la lleve a casa y la disfrute, como todas las otras. En el otro, jugaremos, a veces ganaré, a veces perderé, o ganaremos o perderemos. Normalmente gana él, porque su historia así le avala. Nosotros a veces nos conformamos con victorias más pequeñitas, con las cuales provocamos la admiración del mundo y de lo cual estamos muy muy orgullosos. (...) Simplemente, mañana saldremos a este campo a intentar jugar al fútbol lo mejor posible. En esta sala él es el puto jefe, el puto amo, es el que más sabe del mundo, yo no quiero ni competir ni un instante. Solo le recuerdo que hemos estado juntos cuatro años, él me conoce y yo le conozco, y con eso me quedo».

Era la previa del partido de ida de las semifinales de Champions de la temporada 2010-11. Mourinho había logrado provocar a Guardiola. Lo que no se esperaba es que aquello se convertiría en gasolina para los azulgranas. El portugués había ganado la previa, había vencido en las ruedas de prensa, pero los títulos se disputan en el campo. Y allí nada pudo hacer. El Barça salió enrabietado y dispuesto a imponer su soberanía futbolística.

El partido fue durísimo, el Bernabéu arreciaba con fuerza, empujaba a sus jugadores, que, por momentos, sintieron retroceder casi 2000 años atrás y encontrarse en el Coliseo de Roma. Blandieron sus piernas, sus brazos y sus codos como espadas, llevando la dureza al límite de la legalidad, pisando aquella línea tan fina que separa la agresividad de la agresión.

Mourinho y Guardiola en el partido de vuelta de la
Supercopa de España de 2011. [Natursports]

Los azulgranas respondieron con fútbol. Y es que no hay nada peor que tratar de sacar a Messi del partido con codazos y entradas a destiempo. Raramente se rebota, prefiere devolver el golpe con goles. Y, en efecto, primero coló un balón por debajo de las piernas de Casillas y, a pocos minutos para el final, protagonizó una de las jugadas más épicas que se recuerdan en un clásico: Busquets, ubicado casi en el centro del campo, le entregó el balón a Messi, y el argentino se dirigió a la carrera hacia la portería blanca, esquivando, como si fueran conos, a todos los futbolistas madridistas que le iban saliendo al paso, hasta alcanzar portería y definir con suavidad y precisión ante Iker. Y el trabajo estaba finalizado: 0-2 en el estadio del eterno rival y para casa.

La vuelta en el Camp Nou se resolvió con un intrascendente empate a uno. El Barça acababa de apear a los blancos de la máxima competición continental y se dirigía a Wembley, donde lograría su cuarta Champions.

¿Pero cómo se llegó a ese enfrentamiento tan encarnizado? Barça y Madrid son los polos opuestos y siempre ha existido una férrea rivalidad, pero esa competencia nunca hasta la fecha había alcanzado unas cotas tan altas de violencia y animadversión.

Desde finales de la década de los 60, el Real Madrid, gracias a la gran cantidad de Copas de Europa que había ganado, se sentía hegemónico, creía ser el adalid del fútbol español, creía que ese era el orden natural, la jerarquía orgánica del fútbol nacional. Aunque se les olvidaba que hasta 1916 no fueron capaces de vencer a los azulgranas, pero eso era prehistoria del fútbol para ellos.

En cierto modo, gracias a ese mismo sentimiento vanidoso, fueron capaces de aplaudir a Ronaldinho en el Bernabéu, pues, cegados por su infinita soberbia, sintieron que un futbolista brillante de un equipo más pequeño les había pintado la cara de forma puntual. No se dieron cuenta de que era el inicio de la tiranía azulgrana, la cual imperó durante más de una década. Por ello, después de haber sufrido varios baños inapelables a cargo del Barça de Rijkaard y después del fabuloso equipo de Guardiola —como el 2 a 6 en el Bernabéu o el 5 a 0 en el Camp Nou que se llevó el propio Mourinho—, el Real Madrid se convirtió en una bestia herida que contemplaba impotente cómo el Barça barría en el campeonato liguero y también en Europa. La máxima expresión de aquella frustración la verbalizó, antes de un clásico, Schuster, quien ocupaba el banquillo blanco en 2008: «Es imposible ganar en el Camp Nou». Aquello que todos pensaban, aunque nadie quería oír, le costó el cargo. Pero su premonición se cumplió.

Después de años de tiranía y oscuridad bajo el yugo azulgrana, el Real Madrid decidió contratar al que creían que sería el antídoto contra Guardiola, José Mourinho. Este no revirtió la situación, para nada. Y, aunque muchos afirmen que el portugués fue capaz de frenar al Barça de Pep, su bagaje en las tres temporadas que dirigió el conjunto merengue está ahí: una Liga, una Copa del Rey y una Supercopa de España. Exiguo e insuficiente para poder soportar tal afirmación, ya que, durante ese mismo periodo, el Barça había levantado dos Ligas, dos Supercopas de España, una Copa del Rey, una Champions, una Supercopa de Europa y un Mundial de Clubes. Literalmente su Madrid se había comido las sobras de un Barça empachado de títulos. Nada más.

Lo que sí trajo el luso fue una confrontación inusitada, que elevó la rivalidad a estratos indecentes. Generó odio y violencia. Empujado por su miedo atávico al todopoderoso Barça de aquel momento, llegó incluso a prohibir que sus futbolistas mantuvieran una relación cordial o de amistad con los futbolistas azulgranas, por lo que el conflicto perjudicó también a la propia selección española.

Para combatir el fútbol azulgrana, Mourinho abogó por convertirse en el Satanás del fútbol. Apostó por prácticas poco éticas fuera del campo y abanderó actitudes marrulleras dentro. Incluso protagonizó aquel bochornoso episodio en el que trató de lastimar al desaparecido Tito Vilanova introduciéndole un dedo en el ojo.

El portugués conminó a sus futbolistas a llevar la dureza al extremo, convirtiendo a jugadores como Xabi Alonso o

Marcelo en auténticos tuercebotas. Amén de los que ya llevaban de serie esa sobrepasada agresividad, como Arbeloa, Pepe o Ramos.

Con todo, su espiral de violencia fue fútil e incapaz de detener a la máquina de hacer fútbol de Guardiola, que una y otra vez doblegaba a los blancos a base de goles. Durante aquella época, el Barça eclipsó en lo futbolístico al Real Madrid gracias a sus recitales de buen fútbol. Alcanzó victorias que provocaron el sonrojo en los aficionados blancos. Se impuso el fútbol.

El luso era mejor actor, más elocuente y más versado en el arte de la mentira y la confabulación. Pero, en el banquillo, él era el Salieri. Un buen entrenador enajenado por la impotencia de saberse inferior y arrastrado a la vileza para tratar de lograr algo que le era imposible alcanzar. Aquella mezquindad hizo que todas sus vergüenzas salieran a relucir, y que sus notables capacidades como entrenador quedaran ocultas. Porque en el banquillo y en la pizarra solo había un puto amo. Y ese era Pep Guardiola.

LA ERA MESSI Y LA GENERACIÓN DE ORO

«Es Maradona todos los días».
Jorge Valdano

En cada generación siempre aparecen dos o tres futbolistas magníficos, llamados a marcar una época. Figuras que devienen en leyendas de su país y en ídolos de sus clubes. Y, en raras ocasiones, uno de ellos, gracias a su calidad insultante, se erige por encima de todas las demás estrellas de la galaxia futbolística, trasciende a su época y se convierte en un mito. Así nacen los dioses del deporte rey.

Hasta ahora, existe cierto consenso sobre quiénes reinan en el olimpo del fútbol: Maradona, Pelé y Cruyff. A los que, en un peldaño ligeramente inferior, se le suman Di Stéfano y Kubala. Aunque este último con más controversia.

Un elenco nostálgico, representativo del siglo pasado y acorde a un fútbol más espontáneo y menos cuantificable. En nuestra época, en la era de los datos y la información, estos futbolistas serían geniales y despampanantes, pero no sostendrían comparación alguna con Leo Messi, quien ha sido capaz de exhibir un nivel colosal, un juego exquisito durante toda su carrera y unos números de escándalo. Ha pulverizado récords y establecido marcas extraterrestres, como sus 50 goles en una sola temporada.

Leo Messi con su característica celebración. [Cosmin Iftode].

Recuerdo como si fuera ayer su debut. Un derbi otoñal contra el Espanyol. A falta de ocho minutos para el final del partido, Rijkaard sustituyó al autor del único tanto del encuentro, Deco, para dar entrada a Leo Messi. Ese partido lo vi con un buen amigo al que nunca se le escapan los jóvenes talentos que surgen de la cantera, y, tras preguntarle por Leo, me aseveró con rotundidad: «Tiene el mismo talento y clase que Ronaldinho, solo que con menos adornos. Es más efectivo y vertical».

No se equivocaba, Ronnie fue un futbolista sensacional, probablemente el que más talento innato albergaba en sus botas. Pero la ambición no le acompañó. En cambio, Messi aúna en su figura las cualidades del futbolista perfecto: ambición, profesionalidad, conocimiento táctico y calidad a raudales. Aptitudes todas ellas elevadas a su máxima expresión y acompañadas de un talante y un afán de superación inquebrantables. Amén de su genialidad y de esa capacidad que solo él tiene de anticiparse, que le permite inventarse pases que nadie espera y goles imposibles. Virtudes inalcanzables para el resto de los mortales.

El nivel de Messi es tan sublime que los adjetivos para describirlo aún no se han inventado. Hay futbolistas que te apasionan por su coraje, otros que te asombran por su velocidad y su técnica, y unos pocos te hacen sonreír por su magia. Leo está en un grupo cuyo único miembro es él. Porque es un futbolista que te hace reír a carcajadas con sus *slaloms* vertiginosos o con su rotura hacia dentro para el posterior disparo desde la frontal. Y no solo te ríes con sus regates a alta velocidad, sino también con sus goles inverosímiles. Aquellos en los que logra colar el balón por un lugar imposible, a veces con potentes y colocadísimos disparos, y otras con su característico pase a la red.

Recordar su carrera, sus guarismos y sus logros no es el objeto de este capítulo, pues su historia reciente con el Barça la recordamos todos. Pero creo conveniente recordar que ha ganado todos los títulos existentes en el mundo del fútbol y que ha dejado para la historia marcas que difícilmente alguien podrá batir en el futuro.

Pero lo más importante es que, a diferencia de los demás dioses del fútbol, Messi ha sabido mantenerse en la cima desde sus inicios como futbolista profesional hasta el ocaso de su carrera. Más de una década acudiendo puntual a su cita con el gol. Algo inédito y extraordinario. Pues ni Pelé, ni Cruyff, ni Maradona fueron capaces de mostrar una regularidad tan espectacular como la de Leo.

Una de las claves de tan longeva y prolífica carrera ha sido su capacidad de adaptación. Inició su andadura futbolística en el extremo derecho, sembrando el pavor por la banda gracias a su velocidad y regate. Poco después, en su plenitud futbolística supo adaptarse a la posición de delantero centro, aunque ejercía de falso nueve, combinando su desborde con su olfato de gol, siendo letal y logrando cifras goleadoras inalcanzables. Y, en su última etapa, ha sido capaz de retrasar su posición, incidiendo más en la creación de juego, pero sin olvidar su faceta goleadora.

Ahora bien, ¿qué convirtió a Messi en el mejor futbolista de la historia?

El esfuerzo, el talento innato y superior al de los demás y una mentalidad inquebrantable para permanecer en la élite es obvio que solo le atañen a él. Pero para alcanzar los logros individuales que conquistó y ganar todos los títulos colectivos que logró, hace falta algo más, hace falta el equipo.

Y es que Leo fue el concertino de la mejor orquesta futbolística. El «diez» del equipo que más ha maravillado al mundo con su fútbol, pues a su lado había músicos excepcionales que interpretaban las fabulosas partituras de los brillantes entrenadores que llevaban la batuta. Ya fuera Guardiola, Rijkaard o Luis Enrique.

El fútbol es un deporte colectivo, y, aunque tengas al mejor jugador de la historia, si el nivel de tu plantilla es mediocre, el conjunto no da. En un Barça de entreguerras como el que vivimos después de Luis Enrique, el equipo tenía suficientes mimbres para ganar campeonatos nacionales, pero a nivel europeo fue vapuleado, aun contando con el argentino, pues el grupo ya no era el mismo.

Dicen que los grandes equipos se distinguen por la calidad de sus porteros. Y durante la era Messi, el Barça siempre contó con guardametas de excepción: Valdés, Ter Stegen o el fugaz Claudio Bravo. Todos ellos dotados de grandes reflejos, de habilidad en el mano a mano, de liderazgo y de un sublime juego con los pies, requisito indispensable para el buen funcionamiento del engranaje azulgrana.

La zaga fue una combinación de baluartes defensivos en el eje (Puyol, Márquez, Piqué o Mascherano) con laterales ofensivos como Jordi Alba o el incombustible Alves, que se proyectaban en ataque y se convirtieron en los mejores socios de Leo. Sin despreciar, por supuesto, a los laterales de corte más defensivo como Éric Abidal, que compensaba al equipo y dotaban de mayor fortaleza a la línea defensiva.

El centro del campo, territorio sacro del fútbol azulgrana, era habitado por los mejores mediocampistas de la historia del fútbol patrio: Busquets, Xavi e Iniesta. La secuencia de nombres del trío de la cantera se convirtió en un mantra mil veces repetido al canto de las alineaciones. Futbolistas de exquisita técnica, lúcidos y clarividentes, purasangres del estilo futbolístico azulgrana, que dominaban el espacio-tiempo como nadie. Y, en la delantera, dinamita. Neymar y Suárez conformaron con Messi el último —y más temido— tridente azulgrana. Pero también le acompañaron Pedro, Villa, su gran amigo Ronnie, Eto'o y Thierry Henry. Casi nada.

Todo ello sin contar con otros formidables futbolistas que tuvieron un paso menos trascendente pero con un rendimiento sobresaliente: Deco, Yaya Touré, Rakitić, Giuly, Sylvinho…

Rodear a Messi de jugadores de clase mundial fue la clave del éxito, tanto para el propio club como para Leo. El Barça creó el ecosistema perfecto para explotar al máximo el talento de su estrella, y eso hizo que él pudiera rendir a un nivel supremo y liderar al equipo en el verde. Se configuró el grupo para que Messi pudiera decidir los partidos, para que recibiera balones de calidad que le permitieran ser determinante. Se fortificó su banda con centrocampistas de contención para liberarle de la presión y de esfuerzos defensivos.

En el fútbol juegan once, y se afirma de forma categórica que los once atacan y defienden. Cierto. A menos que tengas a Leo en tu equipo. Su devastadora capacidad ofensiva es tan preciada que en este caso tan extraordinario es menester incumplir esa ley en pos del beneficio colectivo, pues exonerar a Messi de las labores defensivas te asegura que cada vez que reciba el balón no estará exhausto por haber perseguido la internada del lateral rival ni se encontrará en posiciones inadecuadas para capitanear el ataque azulgrana. Aquello no era una licencia o un privilegio por ser tan bueno, por ser el mejor. No. Era una estrategia necesaria.

También hubo ciertas críticas a Leo porque, en determinados tramos de partido, parecía que pastaba por el verde, que el partido no iba con él. Deambulaba andando y en apariencia desconectado del encuentro. Craso error. Sus dotes de anticipación y comprensión del juego requerían de esas pausas. De hecho, eran la calma que precedía a la tempestad. Durante sus pastoreos, Leo analizaba el juego, el movimiento de la defensa rival, los espacios que se generaban en función de la posición del balón en el campo. Tramaba cómo asestar el golpe letal al adversario. Y, de repente, salía de su ensimismamiento, se activaba y empezaba a causar estragos.

Este tipo de reproches demuestran un escaso conocimiento de fútbol y de Messi, pues, si buscamos aquellos momentos en que deambulaba, nos daremos cuenta de que la defensa rival en ningún momento lo perdía de vista. De hecho, les causaba pavor el mero hecho de que Leo empezara a andar, pues en cualquier momento, quizá en esa jugada o en la próxima, Messi se activaría, arrancaría con un regate eléctrico y empezarían sus diabluras.

En el fútbol hay que correr, sí. Pero es mejor saber cuándo y hacia dónde hacerlo que simplemente correr mucho. Y la Pulga dominaba ese arte. Estar en el lugar adecuado en el momento adecuado, ni demasiado pronto ni demasiado tarde, como aseveraba Cruyff.

Esa generación gloriosa se fue apagando poco a poco, marchitándose lentamente. Sus compañeros se retiraban o ya habían envejecido demasiado como para rendir a aquel nivel tan excelso, pero Messi continuaba. Y sostenía el equipo. Messi seguía ganando títulos nacionales que servirían de consuelo ante el tremendo vacío que quedó tras él. El club no supo renovarse a tiempo, ya fuera porque las genialidades de Messi enmascaraban la realidad o por puro conformismo e incapacidad.

Fuera como fuera, Leo Messi abandonó el club de forma traumática en verano de 2021. Parecía que Barça y Messi eran indisociables, pero no.

Y sin entrar en detalles del porqué —pues es demasiado cercano el acontecimiento como para poder valorar con perspectiva el caso— sí sabemos las consecuencias catastróficas que causó. Un tsunami pasó por Can Barça, la masa social quedó huérfana de su hijo pródigo, del mejor futbolista de todos los tiempos que ya se había convertido en el jugador que más partidos había defendido la camiseta del Barça. Y el fútbol del equipo se desplomó. Una depresiva nube negra se instaló sobre el Camp Nou. Ante tal magna tragedia, deberíamos haber sustituido por un tiempo el color azulgrana de la camiseta por el negro del luto.

Se había ido el mejor futbolista de la historia, un tipo irrepetible que puso todo su fútbol al servicio del club. Un pequeño gigante que protagonizó la época más legendaria del Barça y puso todos los focos del planeta fútbol sobre el Camp Nou durante más de una década.

Y sí, Leo es el futbolista más importante de la historia del club, pero, aun así, el Barça está por encima de todo y de todos. Es por ello que la nostalgia no ha de invadirnos ni debemos llorar el fin de la era Messi y la generación de oro. Despidámosla con honores y esperemos pacientes, pues, más pronto que tarde, otros elegidos del fútbol devolverán la gloria a nuestro club y escribirán sus nombres en la historia del Barça.

Luis Enrique da indicaciones a sus jugadores. [Natursports]

EL ÚLTIMO BAILE DE LUIS ENRIQUE

Cuando Guardiola se bajó del barco azulgrana, parecía que sus gestas serían irrepetibles. Se entendió que daba comienzo el famoso fin de ciclo que tanto ansiaba la prensa mesetaria y que llevaban tantos años pregonando. Lo que no esperaban era que Luis Enrique hiciera renacer a aquel equipo que lo había ganado todo y lo condujera de nuevo al olimpo futbolístico.

La época Guardiola tuvo un corto epílogo con el desafortunado Tito Vilanova —quien logró ganar la Liga y alcanzar los 100 puntos—. Lo relevó el «Tata» Martino, quien fue incapaz de reanimar una plantilla repleta de estrellas y de futbolistas descomunales. El equipo parecía entrar en parada cardíaca. A pesar de sus genialidades, el Barça se había convertido en un equipo previsible, opaco, plano, vulgar y sin rebeldía. En ese contexto, en 2014, apareció Luis Enrique.

Lucho es un tipo temperamental, directo, trabajador y honrado. Pero ni tiene pelos en la lengua ni le tiembla el pulso. Cuando se hizo cargo del primer equipo del Barça prácticamente no tenía experiencia en la élite. Y eso frente a una plantilla repleta de figuras, con un gran ego y una mochila cargada de títulos a sus espaldas, complica y mucho la tarea de imponerse. Un gran reto para el que, sin duda, el asturiano era el más indicado.

Su entrada en el vestuario no fue la mejor, pues ciertos pesos pesados no estaban en disposición de cambiar ciertos vicios y dinámicas que venían arrastrando desde hacía años. El equipo estaba acomodado y sin hambre. Parecía una situación irreversible. El temible tridente ofensivo de la plantilla —Suárez, Messi y Neymar— era intocable en el once. Aunque el equipo requiriera alguna variante, o a pesar de que el marcador justificara una rotación, los tres de arriba eran inamovibles. Eran los futbolistas más determinantes de la plantilla, sí. Tan cierto como que jugaban por decreto…, hasta que llegó Luis Enrique.

En su temporada inicial, la 2014-15, Lucho repitió la hazaña de Guardiola al alzarse con el triplete. Pero en el parón invernal nada hacía presagiar aquel feliz desenlace.

El Barça andaba segundo en la tabla, a rebufo del Real Madrid, y en la primera jornada del nuevo año le tocaba visitar el siempre complicado estadio txuri-urdin. Allí, Luis Enrique dio un golpe sobre la mesa y mostró a aquellos futbolistas tan exitosos y fenomenales quién mandaba en el vestuario, dejando en el banquillo tanto a Messi como a Neymar. Algo inaudito y que encima salió mal, pues el Barça cayó derrotado en Anoeta.

El temible tridente formado por Messi, Suárez y Neymar. [Christian Bertrand]

Sin embargo, aquel toque de atención que hizo ver a aquellas estrellas que nadie tenía un puesto garantizado en el once y que quien mandaba por encima de todo era el míster dio sus frutos. Lucho picó a sus futbolistas, los retó, provocó que se rebelaran ante esa situación, que volvieran a tomar el pulso de la competitividad y logró que, al final, todos remaran en una misma dirección.

Porque lo que necesitaba aquel plantel no era un gran estratega ni un loco de lo táctico, no. Requería de un líder, de un entrenador que les apretara las tuercas, que los sacara de su zona de confort para explotar al máximo las virtudes de una plantilla genial. Y Luis Enrique lo logró con creces. Porque llegar a lo más alto es muy difícil y solo reservado a ciertos elegidos. Pero devolver a la cima a quienes ya la coronaron resulta infinitamente más complicado.

Y ese inconmensurable mérito, esa ardua labor, en ocasiones se ha visto empañada por los comentarios más puristas de los guardianes de las esencias azulgranas. Es cierto que el fútbol del equipo de Lucho no era tan coral y espectacular como el de la era Guardiola. Ni el conjunto dominaba y controlaba el partido la mayor parte del tiempo. Pero, en cierto modo, no hay nada más cruyffista que adaptar el estilo táctico de tu equipo a las condiciones que ofrece la plantilla.

El Barça que recogió Lucho era un equipo más envejecido, que no podía presionar a campo abierto los 90 minutos ni podía mantener el control del partido a base de posesiones extenuantes. Pero disponía de tremenda dinamita en la delantera, aquel tridente eran los atacantes más en forma del panorama futbolístico del momento. Tipos que se iban de tres en una baldosa y que en cualquier momento creaban una avería en la defensa rival. Suárez era un depredador en su hábitat natural, el área. Neymar era el mejor regateador, un generador de ocasiones constantes y además con gol. Y en banda derecha un Leo Messi cuyas diabluras todos conocemos.

Con esos fenómenos arriba, Luis Enrique lo tenía claro y convirtió al equipo en un boxeador. Renunció al control total del partido y aceptó el intercambio de golpes. ¿Que había que agazaparse atrás en determinados momentos para después salir en transiciones largas? Ningún problema. Nadie podía golpear más fuerte que el Barça.

A la cuenta del asturiano debemos anotarle estos dos tantos imprescindibles para conducir a la máxima gloria a aquel equipo: imponer su jerarquía en un vestuario harto difícil y convertir a aquel Barça coral, aquella orquesta, en un púgil del fútbol. Y es que se trataba de un Barça al que no le importaba recibir, pero que después asestaba reveses mortales que mandaban a la lona a su rival. Un giro más al concepto futbolístico azulgrana. Una mutación necesaria para adaptarse a un fútbol cambiante y a una plantilla necesitada de un estilo de juego más acorde a sus características. El símbolo de aquella metamorfosis se encarnó en la figura de Rakitić, quien sustituyó a un ya veterano Xavi en la medular. El croata sacrificó su vocación ofensiva para convertirse en un medio de contención que cubría la banda de Messi con ahínco, balanceando el equipo y compensando con sus esfuerzos defensivos la poca ayuda que ofrecían en ese sentido los tres tiburones de arriba.

En las tres temporadas que Lucho ocupó el banquillo del Barça, además de lograr la última Champions que ha levantado el club, se embolsó tres Copas del Rey y dos Ligas. Amén de otros títulos menores como la Supercopa de España, de Europa y el Mundial de Clubes. Un bagaje excelso. Consiguió que el mundo del fútbol, con admiración y asombro, volviera a posar su mirada sobre el Camp Nou. Una dulce despedida a una generación que ya había entregado su mejor fútbol a la causa azulgrana. Ese fue el último baile de una hornada irrepetible, de un conjunto de leyenda que con toda probabilidad será recordado como el mejor equipo de fútbol de todos los tiempos.

Barça somos todos:
peñas, socios y afición

El Camp Nou es la Santa Sede del Barça; el gran templo de los creyentes; el epicentro barcelonista; el lugar de peregrinaje y exaltación del sentimiento blaugrana. Pero los culés practicantes no siempre pueden acudir al gran santuario para disfrutar de la misa dominical de 90 minutos. Es por ello que los más ortodoxos necesitan capillas; iglesias azulgranas más cercanas donde comulgar con su fe futbolística.

Así empezaron a nacer las peñas blaugranas. Lugares donde el culé podía reunirse con otros feligreses y dar rienda suelta a su sentimiento. Porque ser del Barça no consiste tan solo en simpatizar con un equipo; sino que entraña un ideario, unos valores e, incluso, un estilo de vida. Por ende, las peñas no son meros centros de congregación; su función va mucho más allá. Son el catalizador de la fraternidad blaugrana. Organizan actos lúdicos, sociales, culturales, festivos e incluso benéficos, y, por descontado, son grandes promotoras del deporte en su ámbito territorial.

Su historia, como no podía ser de otra manera, está íntimamente ligada al club. Para encontrar la primera referencia a este tipo de agrupaciones hay que bucear hasta las profundidades de la historia del FC Barcelona. Hace más de 100 años, en 1918, se menciona por primera vez la existencia de una peña vinculada al Barça, la Penya dels Apàtics, como organizadora de un baile nocturno, tal y como informaba el diario *La Vanguardia* en su edición del 29 de agosto de 1918. En 1919 aparecen referencias a otra peña primigenia, la Penya Barcelonista del FC Barcelona, que la señalan como organizadora también de un baile, esta vez de gala y con motivo de la verbena de San Jaime.

Aunque ninguna de las peñas anteriormente mencionadas se había constituido formalmente como tal; más bien se trataba de grupos de aficionados culés que organizaban actos de forma puntual. A lo largo de los años siguientes siguen apareciendo alusiones en diversas fuentes a actos impulsados por agrupaciones (todas ellas oficiosas) de barcelonistas. Muchas de estas se perdieron en la bruma de la historia y nunca se volvió a tener noticias de las mismas. Otras, en cambio, adquirieron cierta regularidad y fueron mencionadas de forma recurrente en los periódicos hasta el estallido de la Guerra Civil, cuando desapareció el rastro de todas estas peñas incipientes.

Para la aparición de la primera peña oficial azulgrana, la Penya Solera, tuvimos que esperar algunos años más. Esta agrupación nació en 1944 en el Bar Solera de la Rambla en Barcelona; cerca de Canaletas por sí tocaba ir a celebrar alguna victoria. Entre sus promotores estaban Samitier e ilustres futbolistas como el Pelucas, Biosca y el gran Ramallets. Además, gozó de la inestimable presencia de Nicolau Casaus como uno de sus miembros más destacados y activos.

En su seno, y llevando siempre por bandera el *seny* y los valores azulgranas, se organizaban desplazamientos para seguir al equipo y apoyarlo en los partidos de visitante. Y es que las peñas barcelonistas desde sus inicios han destacado por promover un ambiente festivo y fraternal con las aficiones rivales.

La primogénita oficial de todas las peñas vivió su mejor época durante las décadas de los 50, 60 y 70. Logró erigirse como un auténtico bastión, con el poder de crear estados de opinión y de influir en el ánimo de la masa culé.

¡Y las directivas las tenían muy en cuenta! Tanto es así que, durante la ceremonia inaugural del Camp Nou, varios miembros destacados de la peña fueron quienes tuvieron el honor de cargar a sus espaldas con una imagen de la Moreneta que procesionó por el césped del estadio ante la atenta mirada de los socios durante la misa que tuvo lugar en dicha celebración. Parece que, en ocasiones, se ha producido una unión sincrética entre la fe católica y la devoción azulgrana. Tal y como queda patente con la inconmensurable figura de otro destacado socio de la Peña Solera, Joan Rovira i Andreu, hombre de profundas convicciones religiosas y ferviente sentimiento barcelonista, quien se ha encargado durante años del mantenimiento y adecuación del pequeño oratorio ubicado en la boca del túnel que conduce al campo.

Por desgracia, esa primera peña oficial fue perdiendo fuelle a lo largo de los años hasta acabar disolviéndose en los noventa. Pero, como pionera, ya había sembrado la semilla y marcado el rumbo. A los pocos años de su creación empezaron a aparecer más peñas, algunas de ellas aún en activo, como la Penya Barcelonista Barcino (1947), Unió Barcelonista Catalonia (1950), o Penya Solera de Castellar, la heredera directa más antigua de la Peña Solera, fundada en 1952. En los años 60 empezaron a surgir peñas fuera de Cataluña: Peña Barcelonista de Avilés (1960), Íllora (1961), Peña El Barça de Mengíbar (1961), Peña Blaugrana Principat d'Andorra (1961), Peña Barcelonista de Segorbe (1962), Peña F.C. Barcelona Alfaro (1962), Peña Conquense F.C. Barcelona (1966), incluso en el feudo madridista nacieron, en 1968, la Peña Blaugrana de Madrid y la Peña Barcelonista de Alcalá de Henares. En 1986 apareció la primera peña azulgrana fuera del continente europeo, en concreto, en Buenos Aires, Argentina (Peña Barcelonista Nicolau Casaus).

En 1972, desde la Penya Blaugrana de Manresa, se impulsó la celebración de la *Trobada Mundial de Penyes*. Esta primera reunión tuvo lugar, como no podía ser de otra manera, en la mística montaña de Montserrat, centro religioso por antonomasia de Cataluña, que ese día se convirtió en la capital del sentimiento culé. Esta oda al barcelonismo se celebra, casi siempre, de forma anual y se trata de una fiesta de hermanamiento entre las distintas agrupaciones y de un solemne tributo a los colores de la bandera que nos ampara a todos: la azulgrana.

Pero el fenómeno de las peñas experimentó su gran eclosión en los años 90, y, a día de hoy, ya son más de 1200 agrupaciones azulgranas repartidas por cuatro continentes (datos de 2021). Hay peñas en Europa, América, Asia y África; en lugares tan alejados como Shangai, Bishkek, Ciudad de Guatemala o Johannesburgo.

Estas agrupaciones repartidas por todo el mundo son un hervidero de auténtico fervor barcelonista. Ejemplo paradigmático de ello es lo que ocurre en Córdoba, cuyas peñas azulgranas gozan del privilegio de poder celebrar los títulos y victorias del Barça en Canaletas. Sí, habéis leído bien. Pues en 1982, el consistorio cordobés le otorgó a una de sus avenidas el nombre de Barcelona. A modo de agradecimiento, el ayuntamiento de la Ciudad Condal les regaló una réplica de la mítica fuente azulgrana. Desde entonces, los aficionados y seguidores culés de la Ciudad Califal tienen el privilegio de festejar los triunfos del Barça en su Canaletas particular. Las peñas, de vez en cuando, también nos regalan a personajes ilustres, como el célebre Joan Casals de la Penya Blaugrana de Guardiola de Berguedà, quien se ataviaba de *l'Avi del Barça* —personaje creado por Valentí Castanys en la revista *Xut!* que caricaturizaba al culé prototípico— y así amenizaba al aficionado durante los partidos.

Pero, ¿por qué el Barça cuenta con tantas peñas y cómo ha sido posible que un club de fútbol haya alcanzado tales niveles de popularidad entre gentes tan diversas?

Es un asunto complejo y admite matices y apreciaciones, pero la principal respuesta está, sin duda, en la vocación social de la propia entidad, en el *més que un club,* en la voluntad de participar de forma activa en la vida de sus seguidores. Y es que el Barça, gracias al aval de su historia y a su genuina filosofía, ha conseguido traspasar las fronteras de lo institucional y formar parte de la identidad de sus aficionados.

De hecho, el FC Barcelona es de los pocos clubs que no pertenecen a un fondo de inversión o a un archimillonario con alma de mánager de PC Fútbol, afincado a miles de kilómetros de la ciudad donde se ubica el equipo del cual es propietario. El Barça pertenece a sus socios, quienes eligen (y deponen) a sus directivos, forman parte de las asambleas generales e intervienen en las decisiones más relevantes del club. Eso convierte al equipo en una entidad más cercana y susceptible a los anhelos y aspiraciones de sus socios, que pueden ser partícipes, de un modo u otro, del rumbo que toma el club.

Y, por último, no menos protagonistas son los aficionados sin carnés, porque el Barça lo conforman todos aquellos que lo sienten, todos aquellos que, vivan donde vivan o hablen el idioma que hablen, siguen al equipo, celebran las victorias con pasión y sufren la amargura de las derrotas. No en vano, el Barça es el club de fútbol más querido en todo el planeta, pues se calcula que hay más de 340 millones de culés en todo el globo. Aficionados que contribuyen a la gloria del equipo siguiéndolo desde la distancia, adquiriendo camisetas y llevando por bandera el azul y el grana. La familia culé es extensísima, variada y heterogénea. Y esa es una de sus mayores riquezas; porque ya lo dice nuestro himno:

> *Tan se val d'on venim*
> *si del sud o del nord*
> *ara estem d'acord, estem d'acord*
> *una bandera ens agermana*

El tercer tiempo

Una vez, el viejo y sabio Arrigo Sacchi dijo: «El fútbol es lo más importante de las cosas menos importantes». Y cierto es. Sin embargo, el Barça ha alcanzado dimensiones que trascienden al fútbol. Nuestro club ha traspasado la frontera de lo meramente deportivo, y, gracias a la renuncia a la máxima maquiavélica de «el fin justifica los medios», ha logrado ir mucho más allá. Y es que el Barça no es solo un equipo. Barça es ya un concepto en sí mismo; una nueva virtud a incluir en el diccionario de la lengua universal, sinónimo de valores tan grandes como pundonor, elegancia o *seny*.

Ese carácter distintivo que se ha forjado a lo largo de la historia de nuestro club es nuestra verdadera gran victoria. No nos dejemos cegar por los destellos de la gloria alcanzada y estemos muy atentos ante las tentaciones de la inmediatez, las cuales ponen demasiadas veces en jaque el ideal azulgrana.

Nuestra envidiada y temida filosofía futbolística es la mejor estrategia en esta encarnizada e incierta guerra en la que se ha convertido el deporte rey.

Enarbolemos con orgullo la bandera de los valores azulgranas y legaremos un club del que las próximas generaciones barcelonistas puedan sentirse, al menos, tan orgullosos como nos sentimos nosotros hoy.

Tengamos siempre presente que el dulce sabor del triunfo es efímero, pero que la honra de una trayectoria de virtuosismo en el juego y de fiel compromiso a una distinguida identidad futbolística nos puede catapultar a la eternidad.

Y, a pesar de que las embestidas de un mar rugiente azotan el navío azulgrana cuando el capitán pierde el rumbo y nos conduce a aguas turbulentas y traicioneras, el barco culé siempre sale a flote y retoma más pronto que tarde la ruta que nos conduce a buen puerto. Porque, cuando hay mucha mar de fondo, el ruido de las olas parece enmudecer el mensaje del fútbol, pero, al final, tal y como nunca dijo Galileo Galilei: «Eppur il pallone si muove. E ritorna il silenzio». (Sin embargo, el balón se mueve. Y retorna el silencio).

¡Visca el Barça!

Este libro se acabó de imprimir el 17 de marzo de 2023. Tal día como hoy, hace 122 años, Gamper anotó 9 goles en un solo partido contra Aficionados Unionistas de Football de Tarragona. Ningún futbolista azulgrana ha sido capaz a día de hoy de alcanzar su excepcional marca, aunque es probable que, algún día, alguien logre igualarla. Pese a ello, Gamper continuará siendo una figura insuperable, porque siempre será suya la inmensa gloria de haber fundado el equipo de fútbol más extraordinario que ha parido la historia: el Fútbol Club Barcelona.